U0041698

Meters
Series
4

Annapurna
South Face

Chris
Bonington

Words
162,807

Pages
456

7.4 x 5.04
inches

靈魂的征途

林友民＝譯

詹偉雄＝策畫・選書・導讀

臉譜

各界讚譽

如果看到我手上這本又老又醜的《Annapurna South Face》原文書，可以看到在前兩頁有我的簽名與日期「一九八〇年九月十九日」，後一頁則有斗大的「雪岩藏書」鈐章，它表明了所有人的身分：「雪岩俱樂部」。民國五十九年，我們僅以口頭約定成立俱樂部，但它代表的是一群又一群、一代又一代在象牙塔裡有夢想的年輕朋友，無怨無悔前仆後繼，幻想有朝一日去喜馬拉雅攀登雪峰，在十年、二十年後，我們做到了。當時我們把《Annapurna South Face》及《Everest The Hard Way》等書奉為海外遠征必研讀的參考文獻，這些書都太棒了！謝謝友民完成《Annapurna South Face》的中譯本，以自己熟悉的文字，有心的讀者更易產生共鳴。

——黃一元｜中華民國健行登山會理事長、亞洲山岳聯盟（UAAA）財務長、前國際山岳聯盟（UIAA）山域發展委會委員一九八一年春天，我們組成了一支四人的遠征隊，前往攀登安娜普納山群北方的祖魯西峰。我們十分幸運，之前已經從鮑寧頓這本扎實的「報告書」中吸取了豐富的知識，尤其是如何組織一支相處默契的隊伍。經過反覆的閱讀，我們才能夠有效率的融入非凡的喜馬拉雅登山方式（Himalaya Style），最後成功達成夥伴及國人期望的目標。

——張文溪——一九八一台灣喜馬拉雅祖魯西峰遠征隊隊長

登山與現代——meters書系總序

詹偉雄｜meters書系總策畫

現代人，也是登山的人；或者說——終究會去登山的人。

現代文明創造了城市，但也發掘了一條條的山徑，遠離城市而去。

現代人孤獨而行，直上雲際，在那孤高的山巔，他得以俯仰今昔，穿透人生迷惘。漫長的山徑，創造身體與心靈的無盡對話；危險的海拔，試探著攀行者的身手與決斷；所有的冒險，顛顛簸簸，讓天地與個人成為完滿、整全、雄渾的一體。

「要追逐天使，還是逃離惡魔？登山去吧！」山岳是最立體與抒情的自然，人們置身其中，遠離塵囂，模鑄自我，山上的遭遇一次次更新人生的視野，城市得以收斂爆發之氣，生活則有創造之心。十九世紀以來，現代人因登山而能敬天愛人，因登山而有博雅情懷，因登山而對未知永恆好奇。

離開地面，是永恆的現代性，理當有文學來捕捉人類心靈最躍動的一面。

山岳文學的旨趣，可概分為由淺到深的三層：最基本，對歷程作一完整的報告與紀錄；進一步，能對登山者的內在動機與情感，給予有特色的描繪；最好的境界，則是能在山岳的壯美中沉澱思緒，指出那些深刻影響我們的事事物物——地理、歷史、星辰、神話與冰、雪、風、雲……。

登山文學帶給讀者的最大滿足，是智識、感官與精神的，興奮著去知道與明白事物，渴望企及那極限與極限後的未知世界。

這個書系陸續出版的書，每一本，都期望能帶你離開地面！

推薦序

跨越半世紀鴻溝的鎖鑰

張元植｜台灣新生代登山家

我常說：「若論登山（Mountaineering），台灣落後世界水準半個世紀以上。」台灣今日的「頂尖」登山者，甚至無法重複人家五十年前就做過的事。一九七〇年，由克里斯．鮑寧頓率領的安娜普納南壁首登，就是這樣的歷史事件。這場攀登的歷史意義早已被述說得十分清晰：喜馬拉雅大峭壁攀登的濫觴、人類探索垂直世界的里程碑。

克里斯．鮑寧頓是個直來直往的硬漢，他的書沒有太多修飾及詞藻，也不是充滿哲思的山岳書寫，更不像一些冒險故事那般激勵人心。他就只是平實的，將這趟遠征的一切細節，白描的刻畫出來。行前整備、大型遠征的後勤規畫、在高海拔進行未知高難度攀爬的心理、攀登過程的技術細節，甚至到人心，以及士氣。

於我而言，能看到本書的中文版面世，內心是另一種激動。

登山是一種強調扎根、傳承的運動。紀錄片《攀登梅魯峰》(*Meru*)中，曾深刻的描寫美國攀登者馬格斯・史敦普(Mugs Stump)之於康拉德・安克(Conrad Anker)的「Mentor(導師)」關係。這是一種類似師徒的技藝傳承。嚴肅的技術登山有太多源自經驗的決斷，需要先行者指點如何從冰雪岩構築的迷宮中，走出一條生之道路。而在鮑寧頓生長的英國，如果你想去哪個世界最角落的荒僻山區，在山稜間的空白畫布上畫下屬於自我的創作，大概都能在皇家地理學會的檔案庫中挖出一狗票資料。這是百年探險歷史的沉澱與積累。

當北美、歐陸，甚至日本、韓國的新生代攀登者，要對某個歷史難題，或者未知絕壁發起進擊時，他們並非處於全然的神祕中。在他們背後，有探險史上最熠熠生輝的事蹟與人物，那些光暈，將照亮他們身前一步之地，讓探索的心，飛向更遠的地方。《靈魂的征途：安娜普納南壁》一書，就是這種為後代闢建路徑的代表作，也是攀登歷史的地層節理中，不可忽視的一個斷面。

也許是語言的隔閡，這種後盾，正是我們這群生在亞熱帶的島嶼台灣，內心卻無由迷戀冰雪的攀登者，最欠缺的指引。對我們而言，無論是安娜普納南壁，或者任何峭壁新路線的攀爬，都像籠罩著一層迷霧，充斥著各種傳說與臆測。

今日《靈魂的征途：安娜普納南壁》一書的翻譯與出版，就是對現況的祛魅。看完這本攀登紀實，你可以很清楚的知道，五十年前那場傳說中的遠征，到底發生了什麼事？安娜普納南壁很困難，到底難在哪？攀登者又以哪些方法突破、克服，最終將這面無人踏足的巨牆，納入人類登山知識體系的版圖。這些都將成為中文世界攀登者心智上的後盾。也是我們在晚了五十年以後，開啟屬於自己的大峭壁年代的鎖鑰。

譯者序

林友民

一九六九年，簡正德、黃一元與張文溪三劍客，在《野外雜誌》創辦人韓漪的支持下，開辦爬岩訓練班，推動攀岩技術，進口登山書籍，開發岩場、製作攀登器材，與一九六〇年代的約瑟米提大岩壁開拓者的作為相仿。眾人理念逐漸成熟後，更進一步成立了以發展冰雪地生活與登山為旨趣，以喜馬拉雅登山為目標的「雪岩俱樂部」。

「那是個大縱走的時代。」——簡正德

一九七一年林文安與邢天正發起中央山脈南北會師後，大縱走、大會師、百岳熱潮興起。與此同時，「雪岩俱樂部」成員默默的進行岩場開拓與冰雪地攀登訓練工作，致力於翻譯推介西方的登山技術與登山活動，懷抱著一個看似遙不可及的大夢。

一九七四年六月三十日，簡正德登上了北美洲最高峰——麥金萊山（Mt. Mckinley，六一九四公尺），為華人首登，敲響了台灣海外遠征的第一聲春雷。

一九七〇～一九八〇年代，松江路康寧大廈是台灣登山者匯聚之地，南來北往各路英雄在此駐足，夜不閉戶，像是一顆磁石，任何人推門進來，閒聊幾句，就走不開了。康寧有一櫃「雪岩藏書」，是眾多前輩經年累月珍藏的山書，也是知識的寶庫。《靈魂的征途：安娜普納南壁》即是雪岩藏書中的一冊，一本小小的企鵝口袋書，其貌不揚，卻隱藏著重大的密碼。年輕登山者捧書研讀，揣想著自己的遠征計畫。

一九五〇年安娜普納峰的首登是一個奇蹟，她隱身於錯綜複雜山嶺背後，當時地圖上的稜線山谷標示的位置不精確，也未經探查，法國遠征隊的首要目標是卡利康達基河對岸高聳入天的道拉吉利峰。然而幾週密集偵查後，無法找到一絲弱點，因此將目標轉向了安娜普納。等到他們找到一條通道切入安娜普納北面冰河谷建立基地營時，已經是季風即將壓境的五月中旬了。這一群卓越的阿爾卑斯好手，短短幾週內在盤根錯節的冰河谷中找到一條路線，順利的翻越了鐮刀冰壁。六月四日，莫里斯·赫佐格與路易斯·拉修納爾終於登上了峰頂，然而季風已經開始壓境了。下山途中，他們在橫越鐮刀冰河時遭遇雪崩，逃得九死一生，赫佐格的手腳嚴重凍傷，奧都醫生在歸途的火車上為他進行手術截肢，真是驚心動魄的一幕。

探險的過程中，登山者所面對的挑戰不只是嚴酷的環境，最大的挑戰是面對未知的世界的心理，那一個不斷折磨、驚懼、懷疑與猶豫的過程。然而它並非登山者所獨有，古往今來各個時代的探險拓荒者，甚至於科學家，無不面對著未知世界的嚮往與挑戰。

探險是推動人類文明前進的動力之一。人類早期的探險著眼於開疆闢土與經濟貿易，促成了種族與文化的遷徙、衝突與融合。絲路就像東方與西方世界之間的一條臍帶，流過了多少旅人與戰士的血淚；撒馬爾罕、布哈拉、柏格達這些千年古城遺留了各個時代不同文明層層疊疊的痕跡。而湮沒在沙漠中的「樓蘭古城」與漂移的湖泊「羅布泊」，吸引了普爾熱瓦爾斯基（Nikolai Mikhailovich Przevalski）、斯文・赫定（Sven Anders Hedin）、史坦因（Marc Aurel Stein）等探險家與科學家相繼來到這個亞洲的心臟地區。

近代的作家與科學家更是推波助瀾，凡爾納（Jules Verne）的科幻探險小說《從地球到月球》，激發了康斯坦丁（Konstantin Tsiolkovsky）以科學的方法研究火箭。一百年後，馮布朗（Wernher von Braun）終於成功的將人類送上了月球。一九三一年奧古斯塔・畢凱（Auguste Picard）乘坐自己發明的熱氣球，飛抵了五萬五千八百英尺高空的平流層，三十年後他所發明的深海潛艇「翠斯堤號」（Trieste）到達了地球最深處的馬里亞那海溝底部；在劇作家的妙筆下，他更化身為《星艦迷航記》（*Star Trek*）中英勇果決的畢凱艦長，駕著「企業號星艦」（Enterprise Starship）航行在無垠的宇宙星際中探險。

登山探險和科學一樣，都是一個不斷猜想、辯證、嘗試、失敗、再挑戰的過程。一八六五年懷恩泊（Edward Whymper）歷經了七次的失敗，終於登上了瑞士最著名的地標馬特洪峰（Matternhorn）。登山者並不以此為滿足，他們開始嘗試更為困難的登山路線，當所有的山峰與路線都被克服了，愛格北壁（Eigerwand）則是阿爾卑斯「最後的難題」了。

愛格北壁聳立於葛林瓦德（Grindewald）與克蘭斯德格（Kleine Scheidegg）山村的背面，整片懸垂的山壁高達一千八百公尺，落差很大形成了一個微氣候的地形，北面吹來的鋒面不時形成一團雲霧，惡劣的氣候加上不斷的落石與雪崩，被視為一個絕無可能達成的目標。年輕的登山者胸懷大志，自一九三五年夏季陸續駐紮於愛格北壁的山腳，等待著最佳的攀登時機。山下的村落也沒閒著，風聞而來的媒體四處散播著這個聳動的消息，居民與遊客擠在望遠鏡前，愛格北壁就像是一個超級巨大的螢幕，登山者在這片山壁上演著行動劇，一吋一吋的往上攀登，觀眾們則隨著攀登的劇情屏氣、凝神、驚呼、哀嘆。往往一陣雲霧過後，登山者消失了蹤影，一夜風雪之後，他們又現身了。愛格北壁上許多著名的地標，例如：「死亡露宿地」（Death Bivouac）、「神仙橫越路」（Hinterasse Traverse）、「白蜘蛛」（White Spider）等，都是這些年輕人開創的攀登路線或是遭難的地點而流傳於世。

一九五〇年代正當台灣的登山者「重新發現中央山脈的時代」，戰後的英國登山者卸除了貴族登山的傳統，以草根的蘇格蘭冬攀硬核技術，重返阿爾卑斯，企圖趕上歐陸登山者的水平。美國登山者羅耶・羅賓斯（Royal Robbins）與雷登・科爾（Layton Kor）把約瑟米提大岩壁技術在小針峰（Petit Dru，三七四八公尺）西南壁上小試身手，立刻震動江湖。約翰・哈林（John Harlin）在愛格北壁峰頂畫了一條鉛垂線，全力推動愛格北壁直登路線（Eiger Direttissima），成為英美聯隊與德國隊競逐的目標。遠征後期某一天，在克蘭斯德格的旅館陽台用望遠鏡注視著北壁上動靜的記者佩特・吉爾曼，發現白蜘蛛冰壁附近墜落了一個紅色的物體，它在空中慢慢的旋轉飄落——愛格北壁成了約翰・哈林人生劇場的最後一幕。寒冬末期的愛格北壁正當風雨飄搖，漫天飛雪，遠征隊員歷經三個月的戰鬥，已是傷兵累累，面對著意志力最後的考驗。正當其他隊員都要放棄之際，有個人卻挺身而出堅持要完成約翰．哈林的夢想：道格爾．哈斯頓帶著德國隊的兩名傷兵，沒有繩索，沒有冰斧，僅憑著一根冰樁與求生的意志力，從「飛天之地」（Flyer）奮力拚上了愛格北壁山巔。

喜馬拉雅山脈的開拓，歷經了類似的過程。但是它絕對的高度，對於人類生理所帶來的障礙，以及它孤遠未明的地理位置，每一座主要的喜馬拉雅巨峰都是歷經了半個世紀以上許多代登山者前仆後繼的奮鬥，才終於揭開神秘的面紗。每一座喜馬拉雅巨峰的攀登，就像尋找南方大陸、探查北冰洋的航路、北極與南極探險一般，都是一本史書，記載著許多動人心弦的故事。

一九七〇年安娜普納南壁，正如愛格北壁，標示著喜馬拉雅登山運動的轉捩點。登山者不再以登頂做為唯一的目標，而是尋找具有挑戰性的目標，突破心理的障礙界線，精心計算風險後，奮力一擊。此後，新的登山思潮，如高海拔的大牆攀登、阿爾卑斯式攀登、無氧攀登、冬季攀登，如同一波又一波的浪潮，在喜馬拉雅燦爛壯麗的山景襯托下，演出一幕又一幕盪氣迴腸的劇目。

《靈魂的征途：安娜普納南壁》這本書正是這一齣連篇戲劇的序幕。

鮑寧頓與這一群英國最傑出的登山者，各自頭角崢嶸，個性迥異：鮑寧頓深謀遠慮充滿熱情與野心；唐．威廉斯冷靜睿智，高傲嘲謔；道格爾．哈斯頓沉靜深邃如一匹蓄勢待發的野馬；湯姆．佛洛斯特虔誠懷抱夢想，仍臣服於上帝的指引；馬丁．波以森技能高超，面對危險分外寧靜，胸懷大志卻致力於團隊合作；米克．白克堅毅不拔；尼克．艾斯考特聰明而愛抱怨；伊安．克勞福貼心細緻，誠懇無私；麥克．湯普森身心飽受摧殘，仍盡其全力扮演高地挑夫的角色；凱文．肯特機智、思慮周密且使命必達。這些人物交錯穿插，演出這一齣精采絕倫的戲劇。做為旁觀者，我不免思索，若少了其中任何一個人物，安娜普納南壁是否足以成功呢？

二次大戰以後，台灣走出殖民地時代成為自己的主人，登山運動經歷了相同的過程，從探險拓荒、百岳縱走登山、技術攀登到海外登山，四大天王與三劍客以及許多隱身江湖的民間高手各自扮演著推動台灣登山運動進步的腳色。然而環顧世界登山運動發展的進程，我們深知不足，需要更多的沉潛、實踐與協力合作，本書的翻譯是其中小小的一步。

正如莫里斯・赫佐格所言：「每個人都有自己的安娜普納。」期望您在閱讀這本書後，也能發現您的安娜普納。

林友民，二〇二一年四月二日

導讀

每個人心中，都有一座他的安娜普納！

詹偉雄

每個人心中，都有一座他的安娜普納。

There are other Annapurnas in the lives of men.

——莫里斯．赫佐格（Maurice Herzog），一九一九～二〇一二

你曾經喜愛喜馬拉雅山嗎？喜愛他，但是恨她。

Did you like the Himalayas? Liked him, hated her.

——英國關於懦夫的俚語（Idiom of Coward）

每年至少要爬一座山，……因為那種快感，因為那必然會引發的歡愉，驚嘆於群山

浩瀚量體的奇景，一如往常，你在群山之間，高舉起你的頭殼。

...(O)r at all events to climb one mountain every year. ...For what, think you, is the pleasure, what the joy affected as it should be, to marvel at the spectacle of the mighty masses of the mountains, and lift up one's head, as it were, among the mountains.

——康拉德・葛斯納教授（Professor Konrad Gesner），〈致友人信〉（A letter to a friend），一五四三

風，是最駭人的對手，它摧毀你的心、你的身體、你的靈魂。

The wind is the appalling enemy. It is mind-destroying, physically-destroying, soul-destroying.

——克里斯・鮑寧頓（Chris Bonington），一九三四～

這本書所描繪的，是一九七〇年英國隊遠征安娜普納南壁的故事，一趟靈魂的壯舉。雖然是半世紀前發生的事，但它對人類的心智史，具有著轉捩點的意義。十九世紀

以降，西歐人蜂擁攀登高山，由海拔四千的阿爾卑斯來到八千雲端的喜馬拉雅，但在安娜普納南壁遠征之前，登山者總是尋找最容易趨向山頂的路來爬山，自此之後，人類轉過頭來，開始尋找最困難的路來攻頂。卓越登山家爬山的理由，不再是因為「它，就在那兒！」（二〇年代前輩喬治．馬洛李面對記者詢問為何要爬聖母峰時，一句膾炙人口的回答），而是「它，非常困難」。

安娜普納海拔八〇九一公尺，是世界第十高峰，位於尼泊爾境內，聖母峰以西三百公里。一九五〇年，法國人莫里斯．赫佐格（Maurice Herzog）與路易斯．拉修納爾（Louis Lachenal）由北面山壁完成歷史上的首登，也是十四座八千公尺以上巨峰被人類足跡踏上的第一座。在接下來的十四年間，所有八千高山都被登山家攻克了，累積的焦慮一舉宣洩殆盡。如果人們全都踩上了世界最高之處，那麼人還要做哪些努力？

於是，「安娜普納南壁」便被創造出來了！

現代人與傳統人最大的不同，是他們會發明一些「創造性的困難」（creative obstacle），這些難局並非生物物種延續所必須，甚且會危害到生命的延續，但放大歷史格局來看，這些起初看來毫無經濟價值的挑戰，卻在時間、空間之外的某個當下，激勵起了某些人，讓他們在具備各色產值潛能的領域裡，帶來翻天覆地的改變。而即便在那些看似無價值的唐吉軻德式奮鬥中，我們後世者也讀到了興味盎然的故事，感到文明並非淺薄酸腐，而是有一種雋永、豁達、深邃的興味穿梭其間，覺得身為人類，有其幸運、光榮、超脫塵俗的一面。

有兩個向度可來理解「創造性的困難」，第一，它並不來自前人的設定，而是當下的我們所發現、選擇、標定，並且賦予意義的，換言之，全屬創造；第二，它更大的創造性在於：它不僅對吾人此一世代有意義，它還影響了後代更多的行動者。如果世界是一張密密麻麻連結起大多數人的網絡，這個「創造性的困難」的被提出與被克服，便是那網上陣陣引發回響的巨大漣漪。

而為何現代人要去發明這些困難，傳統社會的先人卻不會這麼做？從社會變遷的角度看，現代社會的勞動分化，使個人的產值遠大於生存所需，相較於前人，現代人擁有更多可支配時間，而且現代人還具有一種獨一無二的氣質——反思性（reflexivity）。在《現代性的後果》（*The Consequences of Modernity*）一書中，英國社會學家安東尼・紀登斯（Anthony Giddens）指出：人們不再依據傳統經驗來生活，而是靠著新的知識及資訊，隨時隨地對於生活經驗做出評價和修正來過日子。在反思性的生活裡，個人天生具有某種懷疑的習慣，以及隨之而來要透過經驗中的體驗，去確證某些心意嚮往的未知，和自身心性是否契合的行動慾望。紀登斯強調，這種主動出擊的行動，是構成現代人自我的重要敘事環節。人們總是選擇大大小小未曾經歷過的困難，在冒險犯難中，探尋著「我是誰、我從何而來、又該當何去」的意義線索。從外在角度看，人的一生因而是開放的，人可以發明自我，藉著選擇和經歷挑戰，歧路亡羊般的——走向傳統人難以想像的人生軌道。

由十八到十九世紀，在「現代人」這類新物種逐漸形象浮凸的時代場景裡，「創造性的困難」成為許多歷史主角的天命：庫克船長必定要指揮奮進號來到太平洋（他的名言是：「不僅要抵達前人到過之處，甚而要去到人所未及的遠方」）、亞歷山大．馮．洪堡德也一定得要在南美洲奧里諾科河遭遇巨鱷、達爾文多方波折後終究來到他的應許之地——加拉巴哥群島中面積只有一．三平方公里的「達爾文島」（這當然是多年後《物種源始》出版後才取的名字），而珍．奧斯汀連續寫出《理性與感性》和《傲慢與偏見》與羅曼史小說一刀兩斷。抱著這種發明情懷的英雄人物還包括貝多芬，今天我們聽他和莫札特音樂的差距，難以想像兩人年紀只差十四歲。

因而，當一九六〇年，鮑寧頓擔任一支英國、印度與尼泊爾聯合遠征隊的隊員，登上安娜普納山塊中的二峰（海拔七九三七公尺，位於主峰東方二十英里處）時，他在山頂向西一望，安娜普納主峰下的壯大南壁赫然在目，不禁心頭一凜，那是一段長度超過五公里，垂直高度超過三千公尺的浩瀚大岩壁，在底下的冰河之上，有著陡峭的岩脊、高懸的冰塔與晶亮岩溝中不斷滾動奔落的雪崩，在海拔七千一百公尺之處，更有一整塊橫貫的巨大岩階，在陽光中閃著金色光芒。多年以後，這個場景和畫面總是揮之不去，隱約浮現，鮑寧頓內心明白，這個山岳史上最著名的「創造性困難」，終究是要被他「發明」出來。

一九七〇年三月底，由鮑寧頓籌組的遠征隊，經歷各種波折，終於抵達安娜普納南壁的山腳下，兩個月的時間中，八名攀登隊員與雪巴協作在惡劣天候與危險路徑上接力運補，終於在五月二十七日稀有的天氣窗口，由攀登隊伍中最強勢的兩名攻擊手唐·威廉斯（Don Whillans）與道格爾·哈斯頓（Dougal Haston）成功登頂。原本兩人還要在第六營上架設第七營，但他們攀上最後一道岩階後，赫然發現山頂在望，他們拋下裝備，徒手登峰，取出攝影機相互拍下攻頂畫面。五天後，這批膠卷經過基地營的野跑信使、公路快遞和航空接駁運送，抵達倫敦的電視台，在黃金時段播出，引起英國社會的狂熱與奮。這本書便是由鮑寧頓主述，加上隊友們的日記做為立體觀點的登山報告，書成之後，立刻成為大岩壁攀登的敘事經典，鮑寧頓因此成為當代登山教父，擘劃著一條條更加艱難的喜馬拉雅遠征路線，隱隱然引發了登山史上「後八千年代」的盛世。

安娜普納南壁引發的漣漪，迄今歷久不歇，這些故事有人覺得悲愴，有人覺得崇高更多於憾意，如同歷史或夜晚中的星河，值得長時間捉摸玩味。

一九八四年，年方二十五歲的瑞士青年登山家埃哈德・羅瑞坦（Erhard Loretan）與同伴諾伯特・朱斯（Norbert Joos）結伴攀登安娜普納，他們選擇的路線是無人走過的東脊，這意味著他們要在平均海拔七千五百公尺以上的稜脊跋涉足足七公里。在他們的左邊，是直下三千米的安娜普納南壁；在他們的前面，是數不盡的岩稜山頭與副峰；環繞在他們四周的，則是四面八方捲起冰晶的颶風。在登頂前的整整四天，兩位阿爾卑斯式登山家承認：天與地之間，只剩下全然又徹底的孤獨，在《怒號八千米》（*Les 8000 Rugissants*）這本書裡，羅瑞坦這麼寫道：「我從來沒有如此覺得——離活著是如此的遙遠，而離死亡卻又是這麼的逼近。」

一九九二年，四十一歲法國登山家皮亞利．貝金（Pierre Béghin），帶著二十七歲學徒項－克里斯多福．拉法葉（Jean-Christophe Lafaille）來到南壁的山腳下，他們找定一條不同於英國隊的路線，打算運用和瑞士前輩一樣的阿爾卑斯式攀登法，正面對決這面大岩壁。之前成功登頂的英國隊與日本隊都是採用大團隊接力運補、包圍式的攻頂策略，讓固定繩上的隊員能在當日先鋒攀登行程結束後，回到各個高地營帳內休息，行程末段，再由領隊挑選體能最強的隊員前後衝鋒攻頂，即使最終決定撤退，也有一條安全的繩索可資憑藉，協助大家快速返抵基地營。由羅瑞坦倡行的阿爾卑斯式攀登法強調的是另一種路數：在低溫的夜間攀登，而在高溫的日間休息，因而不必攜帶帳篷、睡袋、氧氣瓶甚至繩索，大幅減低負重，提高速度，將置身死亡之區的時間縮到最短，但也相對要求隊員的技術攀登技巧與耐受力。在羅瑞坦遠征安娜普納的那個年代，他們信仰這種攀登法，但也沒有把握能直上這麼一片巨大岩壁，故而改從東邊脊梁攀上安娜普納稜線，用橫渡來取代大岩壁攀登。但不多久後的一九八六年，羅瑞坦與他的另一位瑞士同伴吉恩．特羅耶（Jean Troillet）自身就寫下一個傲然的紀錄，他們僅僅花了四十三小時，就完成了世界最高聖母峰北壁的攀登，其中由峰頂回到基地營只用了五小時。

六年時間過去，阿式攀登法戰功豐碩，貝金覺得時機成熟，可以一試，遺憾的是：他和拉法葉爬到七千四百米，遭遇颶風，不得不撤退，下撤過程中，貝金的一隻單凸輪下降錨從岩壁脫出，讓他直直摔落南壁，瞬間命喪，驚魂未定的拉法葉抱住一塊巨冰，沒有跟著滑墜，但他失去了同伴也沒有繩索，還被落石砸斷了右臂膀，全賴他卓越的技術攀登能力，花了五天才下降到基地營（這段過程被後來的登山史家譽為「喜馬拉雅攀登史上最完美的自救」）。他說在岩壁上艱難下撤的過程中，最絕望的莫過於看見底下村莊中走動的人，以及夜晚健行客們的頭燈明滅著，但都無法對他施以援手，「無時無刻不想著：算了，就加入和皮亞利一齊吧。」當他返抵基地營，才知道山下的其他隊伍都相信他已經死了，有人誤認歸來的他是個鬼魂。

接下來幾年，拉法葉受困心中陰影，無法攀登高山，覺得自己是個「安娜普納的囚犯」，他於一九九五、一九九八兩度回到南壁，都無法爬上山頂，一直到二〇〇二年，他和西班牙巴斯克登山家阿伯托．伊努亞特吉（Alberto Iñurrategi）循著東稜脊，走上瑞士人羅瑞坦當年的橫渡之路，才登上安娜普納主峰頂，「此時，安娜普納終於不再是一個陰影數字，或代表生命墜落的地方，她終於成了一位『豐饒的女神』（Goddess of Abundance，「Annapurna」在梵語中的原意），」他說。拉法葉恢復信心後，決意完成世界十四座八千公尺巨峰的完登。二〇〇五年冬天，他打算以世界第五高峰馬卡魯（八四八五公尺）的冬季首攀做為他的第十二座功勳，在荒蕪寂寥的世界邊緣，他獨自運補物資，風雪中屢敗屢戰，最終在七千四百米的一處雪巖營帳打給妻子的一通衛星電話後，就此消殞於世間。

二〇一三年秋天，有「瑞士機器」稱號的登山家烏力．史特克（Ueli Steck）來到南壁之下，他為當年法國二人組的奮鬥故事所感動，計畫循著當年貝金與拉法葉爬上七千四百米的同樣路線，攻頂安娜普納，做為一種致敬。在十月八日那天，他和同伴來到冰河裂隙的起登點，隊友仰望山巔後決定撤退，史特克只好獨攀直上，沒想到他一路快馬加鞭，居然只花了二十八小時就完成了整趟南壁的上下，這趟不可思議的壯舉，為他贏得了當年度法國夏慕尼《山岳》雜誌頒發的年度金冰斧獎。史特克是阿爾卑斯式登山法的當代見證者，他的家就位於瑞士阿爾卑斯山區著名的艾格峰之下，曾經以兩小時四十七分鐘寫下艾格北壁的速攀紀錄，也因為曾經是十九世紀天險的艾格北壁做為他的訓練場，他才能以這麼快的時間，讓人類的氣息得以片刻的——對峙於宇宙洪荒般的安娜普納南壁。

這是多年來陸續得見的故事，這些安娜普納故事的主角，一代啟發著一代。悲劇的是，這些厲害的登山者一個接著一個消殞在山峰之間：瑞士人埃哈德．羅瑞坦是踵接義大利人梅斯納爾和波蘭傳奇庫庫奇卡之後，第三位完成世界十四座八千巨峰攀登的人。二〇一一年四月，他帶著一位女性客戶攀登瑞士阿爾卑斯山區一座四千米的山峰，客戶不慎滑墜，引動羅瑞坦跟著滑落，當時他的訃聞遍及各個語言的主要報紙。二〇一七年四月，烏力．史特克來到尼泊爾聖母峰的基地營，他打算在攀登季節裡由困難處處的聖母峰西稜，順著洪賓雪溝直上峰頂，然後橫渡到隔鄰的世界第四高峰羅茲峰，再往南走稜線到七八六一公尺的努子峰，完成史無前例的「馬蹄形聖母峰縱走」路線。因著他過往的功績，當時幾乎沒有人會懷疑這條路線的可能性，在YouTube上他的贊助商每日都發布衛星動態，但就在正式出發前的高度適應練習中，他從努子峰壁面摔落一千米下的冰河，不可思議的死亡，社群粉絲在五月一日的早上看到網路新聞，震驚到說不出話來。

在本書一個個發散英雄氣息的主角中，伊安・克勞福（Ian Clough）是最悲劇的一員，當五月二十七日隊友成功登頂，他在興奮中下山，卻於第二營下方，隊友們暱稱為「達摩克利斯之劍」（Sword of Damocles）之處，被斷裂的冰塔引發雪崩吞沒，當場身亡。達摩克利斯是希臘傳說中的一位朝臣，他頗得君王信任，也羨慕國王權傾一時。有天主人跟他說，且讓你坐幾天君王之位，體驗滋味，達摩克利斯快意的坐上帝王之座，不料抬頭一看，卻見一巨大利刃受馬鬃懸吊於頂上，他大驚失色，趕忙推辭。原來國王怨敵頗多，此劍提醒著：即便權傾一時、大局在我，仍應時時留心冷不防的意外。伊安之死，是被頭頂上巨大的兵劍擊落，帶著微妙的警世意義。

安娜普納是世界十四座八千公尺高山中，登頂成功與喪命者比例最高的山峰，平均每三位登頂者，即要對應著一位殉難者，幾乎每一趟面向南壁的遠征，都必須呼吸著死亡的黑色氣息。為何登山家們如此的向死而生？二〇〇五年冬天消失在馬卡魯峰高地的項－克里斯多福・拉法葉曾經這麼評價：「我發現這星球迷人之處，是仍有地方現代科技拯救不了你的，在那裡，你萎縮到最基本與最核心的自我。大自然創造了艱困的處境，帶來痛苦與死亡，但也產生了狂野的內在豐富性（wild interior richness）。最終，這兩方的衝突是無法和解的，我能做的就是存活於兩者的邊緣，在那個狂喜與恐怖間的狹縫裡。地球上的每件事，都是一樁平衡的行動。」

鮑寧頓在這本書裡，引用了首登者法國人赫佐格說過的那句燦爛的話語，做為終曲——「每個人心中，都有一座他的安娜普納，不管是對登山家，還是在生活中奮鬥的人。」但細數後來的諸般漣漪，我們自當公允的說：是這本《靈魂的征途：安娜普納南壁》，才真正的創造了萬千人心目中，獨屬自己的安娜普納。

跋涉途中的挑夫隊。

7

8

9

10

11

12

7 麥克・湯普森，糧食官，負責規畫準備遠征隊的菜單，遠征期間最盡力運送補給至高地營的隊員。

8 湯姆・佛洛斯特，來自美國的登山者，參與了冰崖的開路工作，與米克・白克協力打通大岩階帶，以第二波攻頂隊獨自攀登至上部雪原。

9 米克・白克是個堅毅的傢伙，遠征初期高度適應不良，仍堅持待在前線，爭取在第一線開路的機會。與湯姆・佛洛斯特協力打通了大岩階帶的關鍵路線。

10 遠征隊沙達，帕桑・卡密，帶著雪巴隊伍，協助運補至第四營。

11 凱文・肯特，基地營經理、運輸官與通訊官，紀律嚴明又機靈應變，使命必達，在貨輪延遲的情況下，迅速的克服了尼泊爾當地的通關與補給作業。

12 大衛・蘭伯特，遠征隊醫生，協助艱苦的運補工作。

1

2

3

4

5

6

1 領隊克里斯·鮑寧頓，運籌帷幄，推動遠征隊最後的成功。

2 唐·威廉斯，遠征隊的軍師，藉著敏銳的直覺與豐富的經驗，規畫了攀登路線，與道格爾·哈斯頓協力完成登頂。

3 道格爾·哈斯頓，攀登隊的火車頭，一路勇往直前，最後在季風即將來臨的前夕，完成了安娜普納南壁的登頂。

4 馬丁·波以森，擁有高超的攀登技術，打通冰脊的靈魂人物。

5 尼克·艾斯考特，協助打通了冰脊，與湯姆·佛洛斯特組成第二波登頂隊至第六營。

6 伊安·克勞福，協助打通了冰脊，遠征結束前下山途中，因冰塔崩塌罹難。

上｜挑夫牽著騾馬進入聖殿，背後是莫迪河的源頭山谷。

下｜安娜普納南壁，由西到東有三片大牆（Buttress）。一九七〇年英國隊攀登最西側的大牆，圖上左側下半部的冰脊，是此次遠征中最艱險的一段攀登，花了五個星期才突破，上半部是明顯的大岩階，米克與湯姆沿大岩階底部斜向橫渡往上，登上了左側的鐵砧，打開了登頂的契機。

上｜南安娜普納冰河上的冰塔，從基地營往島丘上的第一營，需要越過這片冰河。

下｜伊安・克勞福沿固定繩攀登冰脊側面的冰壁。

第一營上方冰河旁邊的冰塔，伊安·克勞福在這附近因冰塔崩塌喪生。

冰崖上部的攀登，上方是高聳的大岩階。

上｜克里斯・鮑寧頓在冰崖處開路，艱難的冰雪岩混合攀登。
下｜位於大岩階帶底部大裂隙中的第五營，米克・白克與湯姆・佛洛斯特協力打通的大岩階帶，開啟了登頂的契機。

道格爾·哈斯頓自冰崖沿固定繩下降。

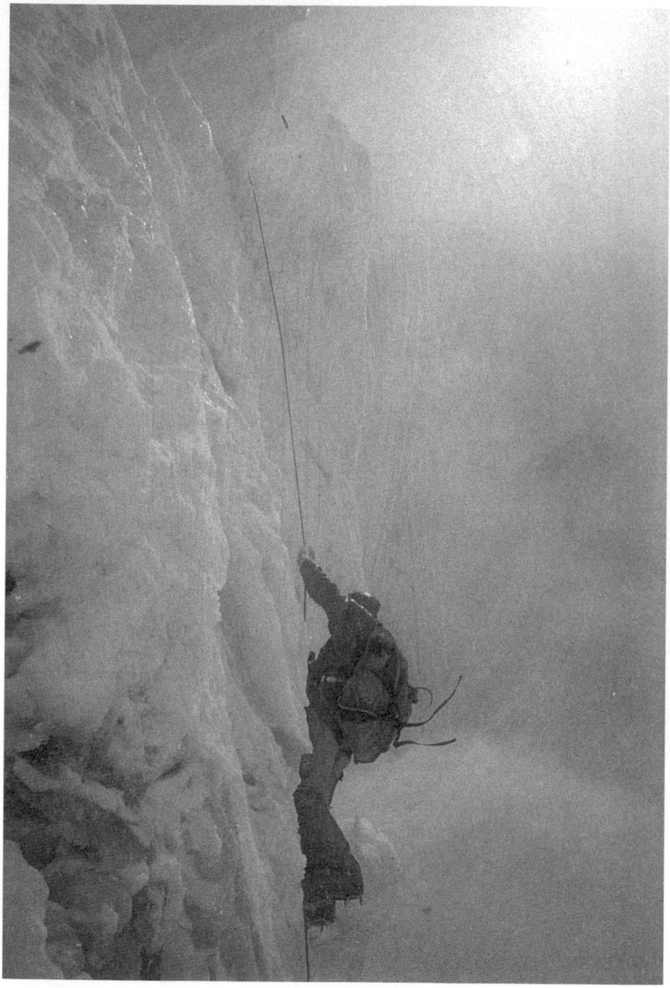

沿固定繩攀登冰崖，上面是巨大懸垂的雪簷。

克里斯・鮑寧頓。

伊安・克勞福沿固定繩攀登冰脊側面的冰壁。

獻給伊安・克勞福（Ian Clough）

無盡的懷念

1

遠征隊的誕生
Birth of an Expedition

遠征隊的誕生有不同的方式，一種是由委員會來指揮的大型國家遠征隊，另一種是由三五好友組成的登山隊伍。一九七〇年我們的安娜普納南壁遠征隊，則是介於這兩個極端之間的一個綜合體。

一九六二年我放棄了正常的工作，擔任了八年的軍職，又在聯合利華公司（Unilever）當了九個月的儲備幹部後，對於工作內容不滿足，又期待生活能夠更貼近於登山。但我在踩出了這一步後，卻比許多朝九晚五的上班族更少登山。一九六八年十月以前的三年間，我浪跡天涯在世界各地採訪報導探險活動。這是一段精采的日子，曾經到厄瓜多爾攀登一座活火山，隆冬時節到巴芬島（Baffin Island）獵捕北美馴鹿，一九六八年夏天參加一支陸軍遠征隊循藍尼羅河（Blue Nile）下溯，這是第一支完成藍尼羅河全程航行的探險隊。然而這種生活方式卻讓我離登山越來越遠，總覺得我是一個旁觀者而非實踐者。

一九六八年秋季，我從藍尼羅河下溯歸來。這次探險活動十分驚險，有三回差點沒命，有一次船在激流中翻覆，陷在漩渦中奮鬥了八次終於脫困，另外兩次則是遭遇到原住民的攻擊。我在這個探險活動中非常的投入，而且實在太過刺激了，然而並不感到滿足，畢竟那不是我熟悉的環境，需要面對太多無法掌控的危險。這一次的探險活動使我對於專注在一個登山計畫的念頭益發強烈，然而，那是一個什麼樣的活動，卻一點頭緒都還沒有。

當時我萬分躊躇。與溫蒂在湖區（Lake District）[1]住了五年，風景秀麗，對登山而言那又是一個極其理想的環境，大多數人也以為我很幸運可以住在這個地方。然而我卻是極度的焦躁不安，部分是對於未來要何去何從仍無所定見；想成為一個成功的報導攝影作家，同時又只想要登山。住在湖區讓我失魂落魄，與世隔絕，一來遠離登山主流，又與我所思考報導攝影的生涯也距離遙遠。我甚至考慮搬到倫敦，拖著一個不快樂的老婆在倫敦北部繆斯威爾丘（Muswell Hill）和倫敦中心區伊斯靈頓（Islington）度過了好幾個悲慘淒涼的週末，而她卻只眷戀著湖區的石頭圓屋。

我們終於達成一個協議，決定搬下去到曼徹斯特[2]，在倫敦、威爾斯、湖區與德比郡（Derbyshire）砂岩之間取得一個妥協。

啟程前往藍尼羅河探險之前，我們在曼徹斯特西南市郊波頓（Bowdon）買了一間房子，我天真的以為，當我安全歸來之時，溫蒂早已經搬進去安頓好所有的房間了。然而，實際上我回來時才剛簽約完成，建築師另外又花了三個月的時間裝修所有的房間，才讓這房子適合居住。

這段期間我們只得住在朋友家。尼克・艾斯考特與卡蘿琳（Nick Estcourt and Carolyn Estcourt）在曼徹斯特南邊砂岩高地的奧爾德利坪頂（Alderley Edge）有一間兩房的公寓，原先只打算借住個幾天，直到我們找到一個有家具的棲身之地，結果一待就待了兩個月

1 湖區，位於英格蘭西北，濱大西洋，鄰蘇格蘭，湖光山色，地靈人傑，自古為征戰之地。浪漫派詩人華滋華斯（William Wordsworth）與山岳自然畫家羅斯金（John Roskin）幽居於此，波特小姐（Beatrix Potter）寫下了膾炙人口的童書《彼得兔》，以版稅所得購置大片荒野信託保護。詩人、畫家、作家、登山者，群賢畢至，使湖區成為大不列顛自然人文的寶庫。（全書注解若未特別標示則皆為譯者注。）

2 曼徹斯特，位於英格蘭中部的工業城，也是英國登山者的匯集之地，英國山岳委員會（BMC）也位於曼徹斯特。

之久，帶著十八個月大的兒子睡在他們起居室的地板上，那麼長的時間兩家人竟然相安無事，這似乎是個奇蹟。對於遠征隊員之間的相處而言，確實是一個不錯的考驗。

這段期間也是安娜普納南壁遠征隊誕生、或者說演化的時候。初時它只是一個簡單的構想，並不像整個計畫完成時那般富有挑戰性。

尼克和我，以及另外一位朋友馬丁．波以森（Martin Boysen）這兩年不時討論有關遠征的構想，然而並沒有什麼具體的進展。一九六八年十月，我們終於下定決心預計在一九七〇年進行一次遠征，合適的目標卻很有限。當時所有尼泊爾境內的山峰，以及巴基斯坦與印度境內比較有吸引力的山脈，因為政治的因素並未開放攀登，主要是因為西藏邊境的緊張情勢所致。我們可以選擇攀登阿富汗境內的興都庫什山脈（Hindukush），或是巴基斯坦喀拉崑崙山脈外圍的山峰，然而我對於這些目標沒有興趣，它們只能夠蹲伏在喜馬拉雅巨峰的陰影之下。我們因此將目標轉移到阿拉斯加州，那兒仍有數以百計未被登臨的山壁，比起喜馬拉雅山脈而言，阿拉斯加尤其空寂而孤絕，但它的海拔高度卻差了一大截。

我跟馬丁認識了約八年之久，當年在倫敦東南肯特郡通布里奇泉（Turnbridge Wells）

郊外露頭的哈里遜砂岩（Harrison Rocks），他還在學時已經是個爬岩天才。他現年二十八歲，已經是英國最佳的攀岩者之一，雖然初見面很難給人這個聯想。平地上，他那雙長手長腿似乎不太協調，可觀的體能也被外衣給遮住了。然而當他在岩壁上攀登時卻行走自如，像一個平順運轉的攀登機器。馬丁就像是一隻巨大聰明的樹懶，天生就生活在垂直的世界裡。

馬丁與他的妻子瑪姬（Maggie）是我們在湖區家裡的常客，過去我們曾在國內各地一起攀登，卻從未到過阿爾卑斯山脈或更遠的地方。從通布里奇學院畢業後，馬丁進入曼徹斯特大學（Manchester University）就讀，之後就擔任老師的工作，利用教職的長假保持一個快樂的業餘登山者的角色。做為一個才華洋溢的登山者，他明顯是非競爭性的，或許因為天分，而懶得去加入英國登山界永無休止的競爭。儘管如此，他在威爾斯與英格蘭等地所開創的新路線，均被視為英國至今最困難、最具挑戰性的路線。他也曾經到訪阿爾卑斯山脈嘗試一些高難度的攀登，完成了一些新路線的首登，以及一些路線的英國人首登紀錄。

尼克截然不同，他並非一個天生的登山者，精瘦而結實，十分的敏感且富競爭性，他驅使自己成為一流的登山者。某些方面而言，他具有戰前中產階級的背景，與一九五三年首登聖母峰之前大部分的英國遠征隊員相似。他曾就讀於東柏恩學院（Eastbourne College），然後就讀於劍橋大學（Cambridge University），並成為劍橋大學登山社（Cambridge University Mountaineering Club）的社長。尼克的父親在他學生時代就帶他到阿爾卑斯山脈登山，這是很典型的愛德華皇室傳統，因此尼克對阿爾卑斯登山有很廣博的背景。劍橋時代他曾經參與一支北極地區格陵蘭島的遠征隊，這也是他唯一一次歐陸以外的遠征經驗。

尼克有工程學位，在奈及利亞做了一年的海外志工服務後，進入土木工程領域。雖然他從事傳統正規的工作，然而他盡力投入登山，並試圖將自己的事業往登山靠攏，最後，他捨棄了相當束縛的工程專業，進入了電腦領域。一九六七年他在費蘭蒂（Ferranti）電力工程公司謀得一職，工作地點在曼徹斯特，所以他有很多的機會登山，尼克與他老婆卡蘿琳也是我們在湖區週末的常客。

接下來我們試著找尋第四位隊員，那是道格爾・哈斯頓（Dougal Haston）。我們曾經一起參與一九六六年冬季愛格峰北壁直登路線（Eiger Direct）的開拓，當時我擔任隨隊的攝影師，攀登到愛格峰北壁四分之三的高度。前一年冬季，我們也曾經一起嘗試德洛提斯峰（Les Droites，四千公尺）北壁的冬季首登，結果卻完成了阿簡提爾針峰（Aiguille d'Argentière，三九〇一公尺）北壁的攀登。馬丁與道格爾也很熟，曾一起攀登巴塔哥尼亞的托雷岩塔（Cerro Torre，三一二八公尺），這座山雖然僅高於海平面一萬英尺，卻是世界上最陡峭困難的山峰之一，過去只有一次的攀登紀錄。他們試圖攀登一條稜脊的新路線，卻被技術上的困難與惡劣的天候打敗。

道格爾．哈斯頓無疑是當今英國登山界最傑出的登山者之一，十分的內斂沉默寡言，不易探知他的內心世界；同時他又是一個好夥伴，不論是在山腳下把酒言歡的時刻，或是困頓在半山腰的風雪之際。道格爾的長相十分的精緻淳樸，以現代的語彙來說，可說是一個十分「流行」的人物，完全自我放縱，又是個十足的苦行主義者，一種相當怪異的組合。道格爾曾就讀愛丁堡大學（Edinburgh University），待了幾年卻未完成哲學士的學位，離校後在蘇格蘭高地創立了一所登山學校。他所往來的愛丁堡登山人物是一群飲酒作樂反社會分子，專門打群架搞破壞。道格爾也和羅賓．史密斯[3]一起開創了一些極度困難的路線；而羅賓．史密斯於一九六二年在帕米爾高原喪生以前，他可能是當時英國登山界最有希望的登山者。

道格爾一九六三年攀登了愛格北壁（Eiger，三九七〇公尺）[4]，然後一九六六年愛格北壁直登[5]，至今仍是阿爾卑斯山脈最困難的路線。約翰・哈林（John Harlin）在瑞士創立國際現代登山學校（International School of Modern Mountaineering），並鼓吹推動愛格北壁直登路線的開拓，卻不幸在攀登途中因繩索斷裂而喪生。道格爾繼約翰・哈林後接任國際現代登山學校的校長。與尼克及馬丁不同，道格爾全力的投入登山事業，夏季在登山學校內指導學員登山技術，其他時間則參與遠征活動，然而，至今他也未曾造訪過喜馬拉雅山脈。

我記得曾經看過一張安娜普納峰南壁的照片，是由吉米・羅伯特（J. O. M. Roberts）中校拍攝送給一位朋友的。吉米・羅伯特中校曾任英國駐加德滿都武官，也是我所參與一九六〇年安娜普納二峰（Annapurna II，七九三七公尺）三軍聯合遠征隊的領隊。

我提議：「我們就來爬這座山壁吧！」然而當時我對於這個目標要付出多少代價卻不甚了然，其他人也毫無所悉，但大夥就這樣決定了。有另外一支英國遠征隊也曾經造訪那個山區，攀登的目標是瑪恰普恰峰（Machapuchare，六九九三公尺），它是一座雄偉的

3 羅賓・史密斯（Robin Smith，一九三八～一九六二），一九五〇年代英國最傑出的登山者之一，一九六〇年二月偕吉米・馬歇爾（Jimmy Marshall）在班奈維斯（Ben Nevis）七天內開創了最困難的六條蘇格蘭冰攀路線。羅賓・史密斯一九五六年就讀愛丁堡大學，加入愛丁堡大學登山社（EUMC），以登山為志業。一九六二年參加英俄帕米爾聯合遠征隊，與威爾弗雷德・諾埃斯（Wilfrid Noyce，一九一七～一九六二）登頂費琴科冰河（Fedchenko Glacier）深處的迦莫峰（Garmo，六五九五公尺）下山途中發生繩隊墜落雙雙罹難。

4 愛格北壁（Eigerwand）被視為阿爾卑斯登山最後的難題，經過多次山難後，一九三八年由德奧登山者 Anderl Heckmair、Ludwig Vörg、Heinrich Harrer、Fritz Kasparek 合力完成首登。Heinrich Harrer 這位後來寫了《西藏七年》描述他攀登楠迦帕貝峰撤退後被英軍逮捕逃獄跋涉至拉薩與達賴喇嘛結交經歷的奧地利登山者，也寫了一本《白蜘蛛》（*The White Spider*）詳述愛格北壁可歌可泣的攀登故事。愛格北壁是阿爾卑斯登山的指標，登山者自然以阿爾卑斯印象映照到喜馬拉雅登山，如馬丁・康威命名魔峰為 Ogre，鮑寧頓把 Flat Iron 搬到了安娜普納南壁。

5 愛格北壁直登（Eiger Direct, Harlin Route），一九六六年英美與德意志兩支登山隊競爭此路線首登，約翰・哈林固定繩斷裂墜落身亡後，兩隊聯手完成首登。約翰・哈林是愛格北壁直登路線的掌旗手，也是把約瑟米堤大岩壁攀登技術帶到阿爾卑斯登山的靈魂人物之一。一九三八年首登愛格北壁的經典路線是嘗試在山壁上循著地形上的弱點一一克服，迂迴曲折的找到一條求生之路。而直登（Direttissma）是從山頂畫一條鉛錘線直達山腳，挑戰登山者的勇氣，這種不畏艱難的精神爾後也被視喜馬拉雅登山的最高境界。

雪峰，又名為「魚尾峰」，座落於安娜普納峰南壁正對面。吉米．羅伯特在攀登途中首先看到了南壁。等待吉米．羅伯特回覆我詢問的期間，我先以電話請教了仍定居國內的兩位遠征隊員。第一位是大衛．考克斯（David Cox），他任教於牛津大學大學院（University College, Oxford University）教授現代史，「南壁？我不太記得了，似乎很龐大；對了，有一大堆雪崩從上面沖刷下來，我認為是從雪溝中下來的。」另外一位定居倫敦的會計師羅傑．喬利（Roger Chorley）的看法更為悲觀，「攀登安娜普納峰南壁？」他一副不可思議的語調，「南壁被雪崩毫不間斷的沖刷著。」此時，我已經開始動搖，考慮其他可能的目標。正當此刻，吉米．羅伯特的回信來了：

> 安娜普納峰南壁很有挑戰性，比聖母峰更困難，然而運補比較簡單。它確實非常困難，我本人不是一個氧氣迷，但我認為兩萬四千英尺以上的高難度攀登，可能還是需要氧氣吧！

這封信給我了一絲鼓舞。數日後，我收到了大衛．考克斯寄來南壁的彩色幻燈片。

我們把幻燈片投射在房間的牆壁上，投射出六英尺高的照片，反覆的端詳、揣摩，初時頗為興奮，後來卻不寒而慄。

馬丁說：「看，這裡看似有一條路線，但它真是龐大啊！」是的，我從未看過一座山的照片那麼的龐大而陡峭，就像把四個阿爾卑斯山壁疊在一起那般高聳。但那兒確實似有一條路線，非常困難，整條路線上去，一點破綻都沒有。一道蹲伏的雪稜（snow ridge）像一座哥德式教堂的拱壁斜倚著南壁的低處，這是攀登路線的起登點。或許可以沿著這道雪稜山腳下的冰河邊緣蜿蜒繞行，但雪崩的風險有多少呢？拱壁以上是一道冰刃稜線（ice arête），從照片上的距離遠眺，也看得出來那是一道貨真價實的刀稜。我曾經在紐布茲峰（Nuptse，七八六一公尺）看過類似的地形，有些地方在稜脊下方百呎處，就可以從許多孔穴中看穿整個稜線，真是非常可怕，而這道冰刃稜線似乎更恐怖。這道冰刃稜線最後接上了一片冰崖（ice cliff）。

尼克說：「我滿懷疑它是否穩固？」我也有同感，雖然不太有把握，還是試著在畫面上揣摩著一條貫穿冰崖的路線。這片冰崖最後接上了一片大岩階帶（Rock Band）。

「這片岩階帶至少有一千英尺高吧！」

「它的起點海拔究竟有多高？至少是兩萬三千英尺吧！你可以想像嗎，在這個海拔做高難度的岩壁攀登？」

「是的，但看那一道像攤開的書本一般的大岩溝（groove）[6]。」它將這道大岩階帶劈成兩半，一道巨大深長的切口，非常誘人，但毫無疑問，它的難度與高度在這個海拔，從未曾有人嘗試過這樣的挑戰。

這一片岩階帶接上了一個積雪的山肩（snow shoulder），最後通往了山頂。

「這張照片由下往上拍攝，必然壓縮了上部，雪肩距離山頂想必還有一大段高度。」

我試著找出一些一九六〇年從安娜普納二峰拍攝的幻燈片，當時我對安娜普納南壁一無所知，一來它距離很遠，再者在那個年代，也不會斗膽考慮這個目標。從安娜普納二峰的角度看過去，岩階帶的頂端約莫在整片山壁四分之三的高度，以上還有三千英尺的高度才接上一道陡峭的雪刃稜線，它的頂端是一道岩脊。

我們敬畏的看著這一片龐然大物，它的高度與困難度，遠超過過去任何被嘗試過的路線。我們將一九六一年我曾經攀登過的紐布茲峰南壁幻燈片重疊投射上去，在龐然的安娜普納南壁面前，紐布茲峰南壁可說只是一個侏儒。

然而，我有信心，只要有恰當的組合，我們有機會可以登上安娜普納南壁。過去的登山歷程冥冥中讓我一步一步的邁向這個目標。我們必須以在愛格北壁直登路線發展出來的技術應用在喜馬拉雅的環境。我曾經攀登過一面喜馬拉雅山壁——紐布茲峰南壁，雖然它比安娜普納南壁的簡捷許多，然而，它可以做為一個比較的量尺。我們未使用氧氣登上了紐布茲峰，因此我有無氧攀登二五八五〇英尺的經驗；另一方面，我們使用氧氣攀登安娜普納二峰，我也有使用氧氣器材的經驗，因此了解使用氧氣對於攀登能力所帶來的巨大的效益。

我曾經著迷於以一支堅強的四人小隊攀登喜馬拉雅山的想法，隊伍越小，越能無拘

6　一九九二年法國登山者皮亞利．貝金（Pierre Béghin，一九五一～一九九二）與項－克里斯多福．拉法葉（Jean-Christophe Lafaille，一九六五～二〇〇六）嘗試此安娜普納南壁大岩溝路線，於七千四百公尺大岩階頂部遇強風撤退，貝金下降時因支點崩潰墜落罹難，拉法葉獨自一人無確保裝備由大岩壁下攀求生，自此受了安娜普納南壁的詛咒，成為了「安娜普納的囚徒」，直到二〇〇二年由南壁完成天際線縱走至安娜普納主峰，才脫離此困境。此路線二〇一三年由烏力．史特克（Ueli Steck）多次嘗試後終於獨攀完成。

無束的親近山巒，不需要耗費心力去處理大型遠征隊所帶來的龐雜後勤作業與繁複的人事糾葛。然而，安娜普納南壁的尺度非四人小隊所能，需要更多的人力，我們曾討論是否可以增加到六人，似乎還是力有未殆，最後增加到八名攀登隊員。

接下來的問題是該找哪些人呢？在英國登山界有許多頂尖好手，但我們需要一組人馬，必須擁有高超的冰雪岩攀登能力、堅忍卓絕的毅力，願意犧牲個人的野心以達成團隊的目標，最後也是最重要的因素是相處的默契。第一流的登山好手天性自負，通常是以自我為中心的個人主義者；某方面而言，最佳的遠征隊員是那種肯吃苦耐勞負重的苦行者；然而，以安娜普納南壁而言，必須要有高比例的頂尖好手能夠在艱鉅的環境下奮戰，當其他人疲憊放慢腳步時，能夠挺身而出，站上第一線持續的克服最困難的挑戰。此外，每一個人在高海拔攀登的表現很難預期，高度適應的速率因人而異，有些人完全無法適應高海拔的攀登。當然最保險的方法是只選用那些過去有高海拔攀登經驗的成員，然而因為尼泊爾與巴基斯坦在六〇年代晚期的封山政策，造成一流的阿爾卑斯登山者（Alpinist）普遍缺乏喜馬拉雅山脈高海拔攀登的經驗。在英國不乏曾經參與聖母峰攀登經驗的登山好手，然而，攀登安娜普納南壁是全然不同的挑戰。

伊安・克勞福（Ian Clough）是我第一位邀請的對象。我曾經與他共享一生中最美妙的攀登經驗，包含一九六一年白朗峰佛萊奈中央柱稜（Central Pillar of Freney）的首登，一九六二年大喬拉斯峰沃克肋稜（Walker Spur of the Grandes Jorasses，四二〇八公尺）[7]的攀登，這是阿爾卑斯山脈最美的岩攀路線之一，登頂後，繼續完成了整個喬拉斯峰與羅徹福特連嶺縱走[8]。兩天後，我們登上了愛格北壁。伊安不但是一個傑出的登山好手，也是我的登山同伴中最善良、最不自私的一個人；他毫無疑問是最佳遠征隊員人選，毫無私心，隨時隨地都準備好為整個團隊成功而全力以赴。他曾經參加過三個遠征隊：一次是和我同行攀登南美洲南端巴塔哥尼亞高原的派內中央岩塔（Central Tower of Paine，二四六〇公尺），另一次是尼泊爾險峻著名的高里桑卡峰（Gaurishankar，七一三四公尺），並且擔任一支成功攀登巴塔哥尼亞高原南側城堡峰（Fortress）遠征隊的領隊。

7 大喬拉斯峰為阿爾卑斯三大北壁之一，沃克勒稜一九三五年由李嘉圖・卡辛（Riccardo Cassin）等首登。

8 羅徹福特連嶺（Rochefort Ridge），介於大喬拉斯峰與巨牙峰（Dent du Géant）之間的冰雪瘦稜，介於義法國界，為白朗峰山群最壯麗的縱走路線。

伊安同樣也將登山做為他的事業，在蘇格蘭高地格蘭科伊（Glen Coe）經營一所小型的登山學校。對他而言，物質的需求很低，他與妻子及週歲稚齡的女兒在格蘭科伊的小木屋中安享闔家之樂。他從登山教學獲得真正的快樂，也以無比的熱情持續開拓蘇格蘭地區新的攀登路線，夏日在遠僻的西北地區，冬季時節就回到格蘭科伊周遭，這些新路線的開拓經常是在授課中帶領著學員一起攀登。

二十八歲的米克・白克（Mick Burke）是我第二位探詢的人選。他來自曼徹斯特西北大城威根（Wigan）地區，具有工人階級的背景。就讀於當地的小學，十五歲畢業後就進入了保險業。約略也是這個年紀開始了他的登山生涯，他坦承，主要是為了在週末時遠離家裡。兩三年後，就像許多年輕的英國登山者一樣，他拋棄了工作，一年中大部分的日子定居於湖區一帶，靠打零工生活，夏季則造訪阿爾卑斯山區。他並不像馬丁・波以森是一個天生的登山好手，但靠著無比的毅力，使他成為一名極富競爭性的登山者。

我曾經在愛格峰頂與他共處三日，那時正是愛格北壁直登路線首登的最後階段，他擔任我的助手。阿爾卑斯山脊上華氏零下二十度的低溫與時速八十五英里的強風，這種酷寒艱困的環境，真是一種奇妙而興奮的經驗。我們必須要攀登隨時可能發生雪崩、險象環生的雪坡，住在雪洞裡過著隨時會斷糧的日子。我對於米克在這麼惡劣的環境下堅苦卓絕的能力格外的敬佩與珍愛。

第三位邀請的對象是唐．威廉斯（Don Whillans）。某方面而言，他無疑是最佳人選；然而他也是我最為疑慮的傢伙。我與唐相識十年有加，毫無疑問他是英國戰後至今最傑出的全能登山家，但近幾年來，他自我墮落缺少運動，酗酒成癮，撐了一個大啤酒肚，體能衰退至極。他對於大不列顛島國的岩場，甚至於阿爾卑斯攀登，已經失去了興趣，寧可參加遠征隊去攀登那些更高遠的山嶺。此外，我們兩人之間的關係總是緊繃著。儘管如此，我們曾經一起合作過我這輩子至今最出色的幾次攀登；我深信唐是長久以來，我曾經合作過最佳的登山夥伴。唐．威廉斯與我初識於一九五八年，當時我與哈密希．麥克因斯（Hamish MacInnes）一組繩隊嘗試達成德魯針峰西南柱稜（South-West Pillar of the Dru，三七五四公尺）英國人首登的紀錄；唐．威廉斯與包爾．羅斯（Paul Ross）一組繩隊在一天夜裡也抵達了我們露宿的地點。這一次攀登費時四日，哈密希被落石擊中頭部，接近峰頂時彈盡糧絕又遭遇暴風雪。若非唐．威廉斯的登山天分與與意志力，我們可能小命不保，當時我的經驗不足。

我們在一九六一年第二次結隊攀登，在愛格北壁下徘徊了一整個夏天，嘗試了好幾回，總是被惡劣的天候擊退。最後，轉而首登了白朗峰佛萊奈中央岩稜，當時被譽為阿爾卑斯山脈最後的偉大難題的一條攀登路線。第二年，我們再次結隊攀登愛格北壁，參與了第二冰原（Second Icefield）頂端布萊恩・納理（Brian Nally）的救援行動；然而，惡劣的氣候再次阻絕了攀登的機會。

爾後，我們一同參加了攀登巴塔哥尼亞高原派內岩塔（Towers of Paine，二八八四公尺）的遠征隊，攀登期間大多時間各自行動，只在最後登頂期間結隊，登上了派內岩塔。

儘管在登山期間相處良好，我們兩人個性南轅北轍，或因為兩個人個性都很強，以至於一直未能成為親近的朋友。我這個人充滿熱情又情緒化，衝動又善變，不斷的提出新的構想。唐・威廉斯截然不同，他謹慎小心，下決定前必經深思熟慮，很少會一時興起而衝動。

唐在曼徹斯特西側的薩佛郡（Salford）出生長大，那是一個灰暗沾滿塵污的北方工業城鎮，十四歲畢業後就擔任水管工人。十六歲開始登山，很快就展現出攀岩的天分。他精於攀登恐怖的懸岩，那些路線只要失手墜落必死無疑，許多當年唐・威廉斯開拓的路線，直到今日仍被登山者所敬畏，而少有登山者重登這些困難的路線。

唐・威廉斯運氣不佳，他曾經三度前往喜馬拉雅山脈，表現絕佳卻從未登頂。一九五七年他參加了一支喀拉崑崙山脈的遠征隊，在兩萬三千英尺以上海拔持續活動八週以上，最後在距離馬歇布魯峰（Masherbrum，七八二一公尺）峰頂一百五十英尺處，因為繩伴體力用盡而被迫折返。他的第二支遠征隊，前往希斯帕冰河攀登特利瓦爾峰（Trivor，七七五七公尺），這是另外一座兩萬五千英尺級的山峰。他持續在地面運補，以支援登頂隊員進入攻頂位置，而犧牲了自己登頂的機會。

一九六四年他是高里桑卡峰遠征隊的攀登隊長，伊安・克勞福也是攀登隊員之一，好運再一次未能降臨。他們找不到通往山腳的路線，因此被迫繞道至高里桑卡峰北邊西藏側尋找可行的攀登路線。他們的無線電波過於遙遠，最後被迫撤退。

唐・威廉斯身材短小結實，神似漫畫的喜劇人物安迪卡普（Andy Capp）的模樣，以堅毅而聞名。外面流傳了有許多關於他打架的傳聞，幾乎像傳奇一般。這些年來他越漸溫和，但是沉著好鬥的本性依然不變，他不跟你爭辯或是討論，只表達他的見解或是決定，而毫不妥協。

唐與我再相像不過，各自挑釁對方，同時又巧妙互補對方的缺點。到目前為止，我所邀請的隊員，比較缺乏喜馬拉雅遠征的經驗，而唐的特質似乎能夠彌補這一方面的不足。但我依然憂慮，他是否讓自己過度沉淪，以至於在山上不能發揮作用。

有一個週末我邀請他一起登山，但卻沒有告訴他我的打算。我們準備在週五夜裡北上蘇格蘭地區，然後在週末前返回。我在夜裡十點三十分來到他家裡，發現他還在酒館徘徊未歸，他說一個小時後就會回來，結果等到半夜兩點三十分才回到家裡，灌了十一品脫的啤酒。我們直接出發，我懷著一肚子怨氣一路開車，擔心唐喝太多了不能開車，直到清晨抵達了格蘭科伊地區。第二天，我們與湯姆・佩第（Tom Patey）結隊攀登一條新路線，湯姆・佩第是蘇格蘭最傑出而經驗豐富的登山者，後來在我們遠征期間不幸遇難[9]。我們嘗試阿格都爾大雪溝（Great Gully of Argdour）的冬季首登。在上登過程中，唐悠哉悠哉的落在後方；進入了雪溝後，他還是停留在繩隊後面，在比較困難的繩距路段接受繩伴的確保，慢慢的跟上來。然而，就在最後一段繩距，一個魔鬼煙囪岩的地形，跨距很大，撐開雙腳很不容易搆到，但岩壁上又結滿了滑不溜丟的冰層。這時，他說：

「讓我試試吧，該輪到我來領先攀登了！」

有一陣冷風從煙囪岩下方猛灌上來，跨距實在太大，上攀過程中幾乎要將身體撕裂成兩半才能撐到岩壁，頂端又有一塊沾滿冰屑的大石塊阻斷上方的通路，必須要懸空外攀上大石塊，才能夠突破這道障礙。唐在沒有使用任何的中繼支點與繩環保護下，以無比快速流暢的節奏完成最困難的這最後一段繩距，隨後輪到湯姆和我時，著實費了好一番力氣才能夠跟上。當時，我就立意要邀請唐．威廉斯參與這一次的遠征。當我把安娜普納南壁的照片給他看時，他說：「看來確實不容易，但應該有機會，我要參加。」他顯然是副領隊的人選，而我即刻邀請他擔任這個職務。

9 湯姆．佩第（Tom Patey，一九三二～一九七〇），一九五〇年代英國最傑出的登山者之一，一九五六年首登穆斯塔格岩塔峰（Muztagh Tower，七二四五公尺），一九五八年首登雷加波希峰（Rakaposhi，七七八八公尺）。湯姆．佩第為外科醫生，畢業於阿伯丁大學醫學院。就讀阿伯丁大學期間參加登山社（Lairig Club），在蘇格蘭高地開創許多冰攀路線，而故意不留下記錄，讓後來者享受初登的樂趣。湯姆．佩第創作許多登山歌謠，被譽為登山詩人。一九七〇年在蘇格蘭Sutherland海崖下降途中墜落罹難。

到目前為止，選擇遠征隊員幾乎都是以我個人的好惡而定，邀請的對象都曾共患難，我了解他，他也了解我，隊員們彼此間也都相互了解。對我而言，這是一支團結的遠征隊最重要的基礎。每一個人都有他的優點與缺點，互相了解，也彼此接受；做為一個團隊，這些夥伴，以及彼此之間的關係，過去都曾經共同經歷過肉體與心靈上的試煉。最後這第八位隊員，卻是受到了財務面的影響。我們的代言人，喬治・格林菲爾德（George Greenfield）語帶懇求的說：「是否可以考慮一位美國人，那會使我在大西洋彼岸的募款工作大有幫助。」

起初我對此存疑，過去我不曾熟識任何適當的美國登山者，但我們還是需要錢，最後還是勉強的同意了。有一些人來毛遂自薦，有一個名字因為曾經聽說過，讓我特別的留意，那就是湯姆・佛洛斯特（Tom Frost）。唐與道格爾兩人都認識他，且極力的推薦他。湯姆・佛洛斯特是一家登山用品工廠的合夥人，也是美國當代傑出的攀岩者之一。美國加州約瑟米提山谷是舉世聞名最光滑而最堅實的大岩壁，湯姆・佛洛斯特與他的夥伴們，為了攀登約瑟米提大岩壁發明了一些特殊的器材與攀登方法。然後，他們應用這些新技術以攀登南美洲與北美洲各地更為巨大的岩壁，這一群美國登山者所開創的新技術，對全世界的登山者都帶來了深遠的影響[10]。湯姆・佛洛斯特給我的邀請函回信很特別：

> 我剛從阿拉斯加歸來，辛苦的登上了麥金萊山[11]的健行路線。藉此經驗，我多少有點自信可以登上兩萬英尺的海拔，這個履歷讓我接受您的邀請與您同行，並參與安娜普納的攀登。

10 一九五〇～一九七〇年，美國加州約瑟米堤（Yosemite），一群登山者為了攀登山谷兩側巨大光滑的花崗岩壁，發展出獨特的大岩壁攀登技術。一九六二年羅耶・羅賓斯（Royal Robbins）與約翰・哈林在小針峰（Petit Dru）西南壁開闢了一條大岩壁直登路線，震動了歐洲阿爾卑斯登山者，將花崗岩大岩壁的攀登技術帶入了世界登山舞台。湯姆・佛洛斯特的登山裝備事業合夥人伊凡・修納德（Yvon Chouinard）也是約瑟米堤大岩壁攀登的開創者之一，發明了六角岩楔取代了岩釘，以避免破壞大岩壁的裂隙。

11 麥金萊山（McKinley，六一九四公尺）位於阿拉斯加，北美洲最高峰，一九七四年簡正德完成台灣國人首登。

其實，湯姆．佛洛斯特曾經到訪過喜馬拉雅山脈，並攀登了康地嘉峰（Kantega，六七八二公尺），一座兩萬三千四百英尺的山峰。他也曾經在南美洲安地斯山脈的布蘭卡山群（Crodillera Blanca）以及在阿爾卑斯山脈開拓了一些新路線。

當我發現湯姆．佛洛斯特是一位虔誠的摩門教徒時，不禁好奇他如何能夠忍受我們這些人；後來事實證明湯姆．佛洛斯特不僅是一位和善的摩門教徒，而且他有很好的修養可以接納我們這群人。

如今隊員總數八人，想必是有史以來英國組成實力最堅強的喜馬拉雅遠征隊。我們確實需要這些頂尖的登山者，但很快我們就發現我們還需要其他一些人力願意承擔比較簡單卻是必要的運補工作，以確保下方營地間的補給線可以通暢無阻。我找的第一位人選是我最熟的一位朋友麥克．湯普森（Mike Thompson），現年三十二歲。他雖然不是頂尖的登山者，也難得前往阿爾卑斯攀登，但他卻是一位很好相處兼具好脾氣又意志堅定的個人主義者。我們是在聖德豪斯特軍校（Sandhurst）的同事，但都發現軍職的發展有限。麥克退伍後擔任國會助理，然而有一項法律限制軍職人員不可擔任國會議員的候選人，因此他去就讀大學研究人類學，取得學位以後，有一段期間在建築公司當工人以準備他的論文，此論文發表後被推崇為具有原創性。

我們同時需要一位醫生，要有能力到達山壁的上部，卻願意扮演支援的角色。讓醫生到最前線攀登並非明智之舉。當我正在尋找適當的人選時，一位在新堡（Newcastle）當地醫院的一位醫生大衛・蘭伯特（David Lambert）來電，現年三十歲，他從一個朋友那聽說了遠征隊的事，因而來電詢問我們是否需要一位醫生。第二個週末他來到我家。大衛・蘭伯特是一個活躍、健談、充滿熱情的人，他甚至願意自費參加。他曾經攀登阿爾卑斯山脈，雖然不是第一流卻也是一位全能的登山者；因此，當下我就邀請他加入這個遠征隊。

我仍然擔憂整個補給線的起點，讓登山器材與糧食能夠依照正確的順序往高地運補，是遠征成功的必要條件。一位專職的基地營經理（Base Camp Manager）看來是必要的。我們可以找一位年紀較大、有經驗的登山者來扮演這個角色，然而，他或許會有太多的主見。因此，我詢問查理斯・魏理中校（Lt-Col. Charles Wylie）是否有適合的軍職人選，他是現役軍人，曾經參與一九五三年聖母峰遠征隊。他推薦凱文・肯特（Kelvin

Kent），一位駐紮在香港的廓爾喀信號軍（Gurkha Signals）上尉，他可以說流利的尼泊爾文，也是一位無線電專家，同時具備登山所需要的後勤補給計畫的實務經驗。攀登一座喜馬拉雅巨峰與戰爭類似，後勤補給與計畫是成功的關鍵因素。若非適時提供必要的糧食與裝備，前線作戰的戰士無論如何的英勇堅毅，很快就會耗竭停止。

一般而言，攀登喜馬拉雅山的理想年齡大約是三十五歲左右，就我們的成員而言，平均年齡大約三十出頭，略低於這個標準，最年輕的只有二十六歲，最老的是三十五歲。然而，我第一次在喜馬拉雅登山時才二十五歲，卻高度適應良好；唐．威廉斯攀登馬歇布魯峰時才二十三歲，卻表現傑出。

另外一項有趣的統計資料是，全隊除了凱文．肯特與大衛．蘭伯特兩人未婚外，其餘都已成家，且四個人已經有小孩。

如今整個遠征隊共有十一位登山隊員，預計要聘用六位雪巴高地挑夫協助運補工作。以這支遠征隊的規模而言，這樣的雪巴人數算是很少，然而因為安娜普納南壁實在太陡峭，雪巴挑夫似乎只適合在山壁低處進行運補工作。

最後一刻，我們的人力又再度擴增加入了電視轉播小組。我們將這個遠征隊的故事賣給了ＩＴＮ獨立電視台與泰晤士電視台（Thames Television），原先期望只有一位導播兼攝影隨行，然而泰晤士電視台堅持要有一組完整的轉播團隊，包含一位攝影師、一位控音師、一位導播兼主播；同時，因為這是一個合資團隊，因此ＩＴＮ獨立電視台也派了一位代表同行，以照顧己方的利益。

帶著這麼一支龐大又自給自足的團隊同行，不禁讓我擔心。因為遠征期間人際關係比較緊繃，一支報導我們故事卻又置身事外的轉播隊伍，或許會讓這問題更為複雜。然而，我們確實要這一筆贊助經費；在與泰晤士電視台的導播約翰・愛德華（John Edwards），以及ＩＴＮ獨立電視台的代表艾倫・漢金森（Alan Hankinson）會面後，我就釋懷了。約翰是個快人快語而外向的人，他很顯然可以快樂的融入任何一個團隊；艾倫現年四十四歲，是年紀最大的成員。我們曾經在一九六六年碰面，當時他代表《十點新聞》（*News at Ten*）報導愛格北壁攀登的新聞。我對他印象深刻，他駕馭著一個荷蘭攝影隊，穿越愛格北壁山腳下陡峭的雪坡至北壁正下方訪問攀登隊員。他是一個不受拘束、有點不修邊幅、又有點異想天開的人物，完全不像電視台之流。他對於登山運動擁有永不休止的熱情，參與這次遠征對他而言，似乎個人童稚熱情的成分，比為他的雇主報導這次遠征活動的目的來得更為重要。我想要利用他的這份熱情，讓他也擔任挑夫的角色，以增加運補能力。

最後，整個遠征隊的人數來到二十一人，此外還需要郵差、廚師小弟，以及一些當地的挑夫等等，這個隊伍的總人數遠超過過去我在軍隊中所統率的十二個人和三輛坦克。

2

為何選擇安娜普納？

Why Annapurna?

每當讀遠征報告時，我總是會有意的跳過那些討論登山史或介紹以前遠征隊經歷的篇章。但如今為了說明所挑戰目標的重要性，以及她在喜馬拉雅登山史的地位，我必須依例在此做一番介紹。

二六五四五英尺高的安娜普納主峰是世界第十高峰。由於安娜普納峰是第一座被征服的八千公尺巨峰，她在喜馬拉雅登山史上扮演著無比重要的意義；一九五〇年由莫里斯・赫佐格（Maurice Herzog）所率領的法國遠征隊成功登上了安娜普納峰頂。這次登頂標示著一個時代的開端，大多數的八千公尺巨峰在短短的十年內相繼被人類踏上峰頂。一九五三年的聖母峰（Everest）和楠迦帕貝峰（Nanga Parbat）、一九五四年的K２峰和卓奧友峰（Cho Oyu）、一九五五年金城章嘉峰（Kangchenjunga）和馬卡魯峰（Makalu）、一九五六年羅茲峰（Lhotse）和馬那斯鹿峰（Manaslu）。位於西藏的高僧贊峰（Gosainthan）[1]是最後一座印上人類足跡的巨峰，於一九六四年由中國隊登頂。時至今日，唯一超過兩萬六千英尺未被登頂的巨峰是加歇布魯三峰（Gasherbrum III）。

雖然喜馬拉雅山脈仍有數百座高於兩萬一千英尺及少數高於兩萬五千英尺的山峰未被登頂，然而峭麗誘人的峻峰多被登頂了，僅有極少數如拜佛冰河（Biafo Glacier）的食人魔峰（Ogre Peak，七二八五公尺）、巴特羅冰河的排優峰（Paiju Peak，六六一〇公尺），及許多不丹境內的峻峰，由於政治上的限制而未被登臨。

一九六八年以前只有極少數的山峰，如世界第一高峰聖母峰，有過一次以上的登頂紀錄；而聖母峰也是兩萬英尺以上唯一有多條登頂路線的山峰。中共宣稱他們於一九六〇年由戰前英國人所採用的東北稜路線登上峰頂，但是他們的證據不足，極少數西方登山者相信中共的登頂。而一九六三年美國人做出漂亮的一擊，完成了聖母峰西稜的登頂，並由東南稜縱走下山[2]。雖然西稜路線極為冗長，但是以現代的阿爾卑斯登山技術而言，並沒有太多的困難。

在喜馬拉雅登山史上，我們已經走到和一八六五年阿爾卑斯登山史相同的一個轉捩點。當時，馬特洪峰是最後一座被登頂的主要山峰[3]，登山者從此轉而由較困難的路線攀登，先是由稜脊，然後是巨大的山壁，因而發展出新的技術與裝備，以克服每一個繼之而來的障礙。

然而，今日的喜馬拉雅登山者自然希望跳過阿爾卑斯登山緩慢的發展歷程，使用在較低海拔發展出來的技術與裝備，嘗試等同於愛格北壁難度的喜馬拉雅山新路線挑戰，

1 高僧贊峰，又稱為希夏邦瑪峰，位於蘭唐山群東北。

2 一九六三年美國聖母峰遠征隊，兵分兩路，分別由東南稜與西稜攀登。湯姆・洪賓（Tom Horebein）與威利・安索德（Willie Unseold）經西圈谷登上西稜，橫渡北壁，由洪賓雪溝穿過黃階帶，轉西稜上部登頂，並由東南稜下山。在一個以登頂為主要目標的團隊裡，他們兩人認為東南稜是已經鋪就的道路，而堅持孤身深入聖母峰北壁，爬上黃階帶頂端的煙囪懸岩後，即無回頭的機會，大步邁向了未知之境。

3 馬特洪峰為瑞士的地標，是一座冰河侵蝕形成的角峰（horn）。一八六五年馬特洪峰為阿爾卑斯最後未被登頂的一座高山，成為登山者競逐的目標。懷恩伯（Edward Whymper）經過七次失敗後，藉由法國與瑞士嚮導的協助由Hornli稜脊完成首登，惟下山途中發生墜落，七人隊伍有四人罹難。義大利嚮導Jean-Antoine Carrel與Jean-Baptiste Bich三天後也由義大利側完成第二次登頂紀錄。

從最簡單的路線直接越級攀登最困難的路線。

如果拿喜馬拉雅登山和阿爾卑斯登山的發展來比較，會發現在喜馬拉雅這樣的跳躍發展的速度是多麼的驚人。馬特洪峰於一八六五年首登，最困難的馬特洪峰北壁直到六十六年後才被施密特兄弟登上[4]。

喜馬拉雅登山史的第一階段於一九六四年告一段落，當時中國隊在毛澤東的精神感召下，征服了高僧贊峰。即便相較之下，這些巨峰的攀登路線並不困難，但仍然是難能可貴的成就。譬如：聖母峰若放在水平面上，它不比一座小山難爬，但是一九五三年希拉瑞與騰星首登前，七支遠征隊就犧牲了十一條人命的代價。如今不過十七年的時間，我們正嘗試向喜馬拉雅巨峰中最艱難的一面山壁挑戰。以攀登技術而言，它的困難度相當於愛格北壁，但它的規模卻是愛格北壁的兩倍大，再加上高海拔攀登的種種困難。

其實我們並不孤單，有一支德國遠征隊正準備嘗試楠迦帕貝峰巍峨的魯帕爾壁（Rupal Face）[5]，日本隊也將嘗試攀登聖母峰西南壁[6]。

回到一九五〇年，莫里斯·赫佐格和他的法國隊員們也面臨了許多未知的挑戰。尼泊爾政府有史以來第一次開放疆界讓登山者進入，當時的地圖多不正確，因此登山者首先必須先找到他們要爬的山峰。法國隊計畫要攀登道拉吉利峰或是安娜普納峰兩者之一。道拉吉利峰較高且位置明確，自然是他們首要的目標。它是聳立在尼泊爾丘陵上一片巍峨的山脈，卻少有分支稜線與副峰；而且道拉吉利峰各面都極為陡峭，因此法國隊在它四周低坡做了短暫的嘗試後，認為這座山峰難度太高，非他們的能力所及——在喜

4 馬特洪峰北壁，阿爾卑斯三大北壁之一，一九三一年由施密特兄弟（Franz and Toni Schmid）首登。一九九九年，賴明佑與葉國偉完成台灣人首登。

5 一九七〇年卡爾．赫利高佛（Dr. Karl Herrligkoffer）率領國際登山隊攀登楠迦帕貝峰魯帕爾壁，原先計畫以藍紅兩色火箭信號表示天氣好壞，若天氣不好，由梅斯納單獨攻頂，若是天氣良好，則由梅斯納兩兄弟一起攻頂。結果信號施放錯誤，誤以為是壞天氣，就由梅斯納出發攻頂，後來發現錯誤後，根特．梅斯納才隨後追趕，最後兩兄弟聯袂完成首登，惟根特．梅斯納已氣力耗盡，只得在峰錐旁鞍部露宿一夜。隔天早上，梅斯納以天氣轉壞以及根特的體能考量，轉而由西面的岱瑪爾壁下山，弟弟根特．梅斯納接近冰河底部時失蹤。

6 一九六九年日本山岳會勘查聖母峰，山學同志會小西政繼為攀登隊長，計畫於一九七〇年嘗試攀登聖母峰西南壁。早稻田大學畢業的探險家植村直己也參與了攀登，一九七〇年由東南稜完成日本人首登。

馬拉雅登山發展史上，這個階段尚未來到。

法國隊因此將注意力轉向安娜普納峰。他們的第一個難題是要先找到這座山峰，因為她隱身在錯綜複雜的副峰與稜脊之後，地圖上標示的隘口並不存在，所看到的只有兩萬英尺高的冰壁與稜脊。他們花了一個月的時間偵查外牆，直到發現一條經由「迷離斯提河」(Miristi Khola)的安全通道，這道河谷直接指向安娜普納北壁。由安娜普納冰河登上上部雪原的坡度不大，但是隊伍在探勘路線過程中已經非常疲憊，而且在季風來襲前，所剩的時間有限。直到五月中旬他們才建立了基地營，通常這個時間大多數的隊伍已經登上峰頂，或者至少非常接近成功了。當赫佐格和拉修納爾(Louis Lachenal)登頂時，季風已經壓境了，他們以全部的腳趾和手指做為勝利的代價，而從百死中逃得一線生機[7]。

雖然安娜普納山群的副峰，到今天多半已被登頂，但是安娜普納主峰在一九七〇年以前，並沒有第二支隊伍登臨。吉米・羅伯特中校是廓爾喀軍團的一位英國軍官，同時也是一位極有經驗的登山家，他是第一個進入安娜普納南方冰河圈谷「聖殿」(Annapurna Sanctury)的歐洲人，聖殿的唯一出口是莫迪河谷(Modi Khola)，經由一道狹窄的峽谷流向南方的丘陵，最後注入印度平原。這是一個十分龐大令人難以置信的冰河圈谷，它的入口處一方由聳立的瑪恰普恰峰護衛著，她側面是一整片光滑的岩壁直趨峰頂；而另一側則是興丘利峰（Hiunchuli），一座兩萬一千英尺的處女峰。由興丘利峰聖誕糕餅狀的峰頂以降，一道刀刃狀冰稜盤旋繞上莫迪峰（Modi Peak，又稱安娜普納南峰，七二一九公尺），由此處開始，整個冰河圈谷偶有陡峭的岩牆露頭以外，被一整片布滿冰蝕槽的冰壁環抱著。冰壁經由狼牙峰（Fang）繼續延伸到安娜普納峰，有三片主要的大岩壁（Buttress）俯瞰著圈谷，讓人聯想起法國阿爾卑斯山群的大喬拉斯峰北壁[8]。安娜普納峰之後，整個

7 一九五〇年集結法蘭西菁英的法國遠征隊揮軍尼泊爾，首要目標為白色大山道拉吉利，兵分多路由南面、東面、北面進行勘查，因山壁十分陡峭，均未能找到可攀登的路線，只得把目標轉向安娜普納。一組勘查隊尋覓地圖上標示的大障壁（Great Barrier），越過了鐵力卓鞍部沿馬斯央迪河下溯，過了馬浪村（Manang），仍未能找到大障壁上面的安娜普納主峰。一九五〇年六月四日，法國遠征隊赫佐格與拉修納爾由北面登頂安娜普納峰，為第一座被人類登頂的八千公尺大山。下山途中穿越鐮刀冰河時，遭遇雪崩，困陷於冰河裂隙，手腳嚴重凍傷。

8 大喬拉斯峰北壁高約一千兩百公尺，有三道顯著的扶壁（Buttress），包含Walker、Croz、Marguerite，鮑寧頓以此類比於安娜普納南壁的三道扶壁。

冰壁顯得更為破碎，有一整列的支稜與副峰深入了聖殿；包括冰河丘峰、蹲伏的三角峰康加普納峰和安娜普納三峰諸峰。自此以後，環繞聖殿東面的冰壁就轉個弧度擁抱著瑪恰普恰魚尾峰了。

一九五七年吉米．羅伯特在威爾弗雷德．諾埃斯（Wilfrid Noyce）率領攀登魚尾峰的英國遠征隊中，率先探查此峰。他們在聖殿入口處建立了基地營，而諾埃斯與大衛．考克斯攀登至距離峰頂兩百英尺處，因為冰壁過於陡峭而被迫撤退。

瑪恰普恰峰至今仍是處女峰，吉米．羅伯特當時在加德滿都有相當的影響力，他建議尼泊爾政府，為了維持一種神聖的象徵，必須有一座山峰禁止攀登。尼泊爾政府接受了這個提議，因此時至今日，想獲得尼泊爾群峰中這一座最誘人山峰的攀登許可已經是絕無可能了。

至於安娜普納山群的末端，由二峰及四峰組成的另一個山群，以一個一萬七千英尺的鞍部與主山群相隔，按理說應該可以擁有一個屬於自己的尊稱，卻長久以來被扭曲為安娜普納名下的副峰[9]。

一九五〇年由偉大的探險家比爾．提爾曼（Bill Tilman）所率領的一支小型遠征隊曾試攀安娜普納四峰沒有成功。一九五四年另一支德國遠征隊成功了。三年後，首登金城章嘉峰的領隊查爾斯·伊文斯（Charles Evans）和丹尼斯·戴維斯（Dennis Davies）兩人帶領四位雪巴嘗試攀登安娜普納二峰，這是一支小型隊伍的終極挑戰，他們成功的登上了安娜普納四峰，卻受阻於通往二峰漫長的稜脊，整條稜脊長度三英里，全部高於兩萬三千六百英尺。

9 安娜普納山群由東向西橫亙在尼泊爾中部，從波卡拉一覽無遺，魚尾峰孤峰突起最是引人注目。安娜普納山群可區分為東西兩大山群，東邊是安娜普納二峰與四峰，西邊是安娜普納三峰與一峰。分隔東西山群的鞍部是塞提河源頭的薩巴奇冰河圈谷，東西兩側的四峰與三峰山牆高達七千五百公尺，而背牆的鞍部只有五千五百公尺，圈谷內是一片陡斜坡，雪崩落石不時墜落在這片廣大的圈谷，形成一個特異且不穩定的冰磧地貌。二〇一二年五月，大量春雪積聚在薩巴奇圈谷，融雪山崩形成了堰塞湖，河水被阻斷為涓滴細流，春雪融化從薩巴奇圈谷不斷的注入了塞提河峽谷。五月五日早上，安娜普納四峰南稜上的山脊冰河突然斷落，大量的冰雪與土石直墜三千公尺，長距離的墜落過程中，冰雪與土石磨擦，高熱融化成雪水，大質量的雪崩高速衝擊到薩巴奇圈谷不穩定的冰磧地層，衝擊波夷平了附近山坡上的森林，同時把超大量的土石與雪水灌入塞提河峽谷，暴漲的洪水漫過了堰塞湖的土石壩，一瞬間堰塞湖潰堤，峽谷積聚的湖水一股腦兒沖向了下游河口的村落，而造成了大量的傷亡。

安娜普納二峰於一九六〇年，被吉米．羅伯特所率領的一支英軍聯合遠征隊登上，我是其中的一名隊員。我和服役於皇家海軍的一名上尉艦長迪克．葛蘭德（Dick Grant）以及雪巴安格．尼瑪（Ang Nyima）一起登上峰頂。最後一段攻擊漫長而艱苦，我們使用了氧氣，由安娜普納四峰峰頂正下方的肩部開展綿延三英里長的稜脊，然後是雪岩混合兩千英尺高通往峰冠的攀登。然而整體來說，這仍不脫於喜馬拉雅傳統的攀登方式，大半都在坡度和緩的雪地上蹎步前進。

安娜普納主山群的其他山峰在往後九年之間相繼陷落。一支印度隊於一九六一年由北面登上安娜普納三峰；而第一支由南面登上安娜普納主脊的卻是一支日本遠征隊，他們於一九六四年由聖殿登上冰河丘峰（Glacier Dome）。次年，一支由根特．豪瑟（Gunther Hauser）率領的德國隊獲得由南面攀登安娜普納一峰的許可，但領隊卻決定改攀康加普納（Gangapurna，七四五五公尺）處女峰。

此後四年尼泊爾政府閉關，禁止登山者進入。一九六九年由魯德威．葛雷索（Ludwig Greissl）率領的德國隊嘗試由南面攀登安娜普納一峰。他們計畫先登上冰河丘峰，然後循著漫長的稜脊相繼取下安娜普納東峰、中央峰與主峰三個山頭。這是一個野心勃勃的大計畫，試圖在高海拔展開橫斷縱走的路線；但這仍未脫離傳統發展的模式，經由比較困難、綿長的路線登上一座山峰。他們甚至未曾試圖染指巨大的安娜普納南壁。德國隊很不幸受到天候的阻撓，強風不斷的吹襲稜脊，最後一陣凌厲的風雪使他們在洛克諾爾峰頂（Roc Noir，七四八五公尺）的營帳裡足足困陷了八天，迫使他們中止遠征活動。這兩支德國遠征隊的領隊，根舍・豪瑟與魯德威・葛雷索在我們組隊的計畫階段，都藉著圖片給我們建議，但對我們的計畫也都不表樂觀。

我們的遠征計畫係根據一些相片的分析，而這些分析又以過去的登山經驗為基礎。但我仍不時為有限的研究所下的決策，以及這個計畫所將面臨的攀登技術的挑戰和所需要的龐大的經費感到震撼。原先我們談好於一九六九年秋天季風後，由我和唐・威廉斯先做一次探勘，以觀察南壁上的雪崩危險的嚴重性。我不太擔心技術上的難題，因為以現代的裝備與技術，幾乎任何的困難都可以突破，只要別在半途被雪崩沖了下來。雖然從相片上看來，南壁中段幾乎都是平整的，大體上相當安全，只有一列冰崖突出來。如果這部分不穩定的話，那這條路線無疑將有自殺性的危險，但我和唐判斷它應該是穩固的。

然而這一次先遣偵查任務終究還是無法成行，儘管有足夠的經費，卻沒有充裕的時間讓我們準備完成，並適時出發前往尼泊爾。我已經預訂好大量的裝備和全部的氧氣設備，和廠商簽訂了一大堆的合約，如果日後說聲「不走了」，那未來的任何機會都將蕩然無存。因此我們被迫實施計畫，大步邁向未知的世界。尼泊爾行前，我曾經作惡夢，站在安娜普納南壁的山腳下，仰望著她，而了解到這是全然不可能的任務。儘管理性告訴我這不可能發生，但是它仍然潛藏在內心深處，這是全體隊員都害怕的問題，但是沒有人敢於敞開心門來討論它。

喜馬拉雅山脈有兩個攀登季節，季風大約是在六月初降臨安娜普納山區，一個攀登季節就是在冬季末期到季風前的這個季節，另一個是季風後到冬雪前的時間。這兩個攀登季節各有優劣，季風後期天氣比較穩定，但比較寒冷，一般遠征隊傾向於利用季風前的春季攀登海拔較高的山嶺。

我們選定於一九七〇年季風前的春季進行攀登。根據攀登計畫，預計在三月二十二日抵達波卡拉（Pokhara），一個距離安峰南壁一百公里遠、有停機坪的小鎮。跋涉行程估計需要八天左右，而期望在四月初可以開始攀登南壁，如此將有九週的時間由基地營攻抵峰頂。我曾經考慮早點出發以換取更多的攀登時間，但是積雪總是帶來無比的危險。依照理想的計畫，我們期望雪巴挑夫能將遠征隊所有的行李運送上到正式的基地營址，但實際上要他們揹負行李超過雪線行動是萬般困難的。

我們的遠征隊很快的由一支小型精銳的隊伍，成為龐大的團隊；原本採用快速攻頂的構想，成為全盤長期的圍城之戰。有許多登山者都有同樣的想法，將喜馬拉雅巨峰視為超級的阿爾卑斯式攀登。以小型隊伍輕裝攀登喜馬拉雅巨峰的時機到了，這是一脈相承的方法，屏棄以固定繩架設補給線、藉支援隊伍往返運補物資的攀登方式，而嘗試在一次往返攀登中完成登頂的任務。這個方法在美洲大陸許多巨大的山壁上曾有一些成功的紀錄，例如：阿拉斯加的韓丁頓峰西壁（West Face of Huntingdon）曾被戴夫・羅伯特（Dave Roberts）隊嘗試過，葉歐巴哈峰東壁（East Face of Yeupaja）也被英國登山者克里斯・瓊斯（Chris Jones）與美國人鮑爾・迪克斯（Paul Dix）攀登，這種做法試圖同時把握攀登時機與攀登危險這兩個登山上的關鍵因素。現代攀登技術與裝備的進步，特別是膨脹錨樁的使用，使得毫無裂隙架設錨樁與與固定繩的路段都可以攀登，隊伍可以安全的撤退、休息、再補給。往後的攀登，沒有一座低於兩萬一千英尺的山峰是不可攀登的。

但是喜馬拉雅山脈的情形卻截然不同，過去曾有幾次以小型隊伍攀登的嘗試，特別是來自奧地利的登山者。最成功的一次在一九五七年，由赫曼·布爾（Hermann Bühl）[10]率領的四人遠征隊，登上布羅德峰（Broad Peak，八〇五一公尺）後，轉攻朱格麗沙峰（Chogolisa，七六六五公尺），最後登頂途中受困於暴風雪，他們決定回頭，但赫曼·布爾卻因雪簷崩潰墜落死亡。

布羅德峰的輕裝攻頂是個偉大的成就[11]。但更重要的是，他們以精簡的隊伍置身在世界上最動人的峰巒山景中，想必已嚐到登山探險的真滋味。組織越龐大，毫無疑問你與山就隔得越為遙遠。你失去了幽寂、失去了平靜，甚至失去了對山巒美景全心感受的機會，只因太多人在你四周活動。

然則赫曼·布爾與丁伯格（Kurt Dienburger）攀登布羅德峰的路線以現代攀登技術而言是相當直捷的，若換做是喜馬拉雅山峰中一面巨大的冰壁，是否有人能採用阿爾卑斯式攀登的方式就不無疑問了。

我曾經考慮過以六人小隊攜帶足以維持六週的裝備與糧食，以集體行動的方式攀登安娜普納南壁的可行性。理論上這是可能的，而在未來的某一天，也終將被大力的嘗試。然而，時間因素不允許採用這種方式，畢竟在高海拔待得越久就越為衰弱。單是這個因素，以固定繩鋪設的生命線就有其必要性，登山者方可藉此回到基地營安適的休息。高海拔的休息不容易恢復，一旦上了兩萬一千英尺，在任何時刻即便是休息，體能都將一分一分的削弱。另外一項因素是，技術上的困難使得攀登時間拉長，而人體在高海拔的健康狀況又無法預期，因此一條安全的撤退路線事屬必要，萬一某些人身體狀況不適，能夠安全的運送下山。

即使採用圍城戰法，儘管加上所有可能的資助，我們仍將面臨頑強的抵抗。我們決定在南壁上部使用氧氣，因為大岩階帶始於兩萬三千英尺，它的困難度與愛格北壁相當，每一點都是登山者的一項挑戰，它無疑比過去相同海拔高度的任何嘗試更為困難。

10 赫曼・布爾（Hermann Bühl，一九二四～一九五七），一九五〇年代最偉大的登山家，一九五三年由最後營地單獨完成楠迦帕貝峰首登。下山途中站立露宿一夜，回到最後營地恍如隔世。

11 赫曼・布爾等四人，一九五七年以阿爾卑斯式輕裝方式攀登布羅德峰成功，被視為一九五〇年代最偉大的登山紀錄之一。

我們無法預料，在高海拔如果沒有氧氣，如何進行高難度的攀登。例如：法國隊曾在一九五八年首次嘗試攀登非常困難的賈努峰（Jannu，七七一〇公尺）時失敗，主要是因為氧氣系統故障所致。而一九六二年再次的嘗試，他們使用氧氣成功了，而且是以規模更為龐大的遠征隊為後盾[12]。

使用氧氣有個問題，由於氧氣鋼瓶很重，使得運補的重量倍增，而實際運上高地營的氧氣瓶數量卻很有限。我們也計畫在全線架設固定繩，以確保有一條足以信賴的補給線，為此我們得攜帶一萬五千英尺長的登山繩。

每當有人問我為何要攀登安娜普納南壁，我傾向於以馬洛李（George Herbert Leigh Mallory）[13]的名言：「因為山在那裡」（Because it is there）來回答，雖然未必合宜，但也可說是完全貼切的。人類登山有許多的理由：在陡峭的冰雪岩壁上伸展四肢攀登運動的暢快，在未知的世界探險的滿足感，或儘管它是小山丘旁的一片小岩壁，而更重要的是親身經歷以探求自己對於新奇經驗的反應能力。山有無比純真的美麗與莊嚴，它的孤寂撫慰人類不安的心靈。而那潛伏的危機，正是登山的真義，是我們盤算危險因子後，以生命為賭注所下的判斷。而這並非說要盲目的冒險，或是孤注一擲的抉擇。登山者在潛存危險的境遇中獲得滿足，而在危機四伏中，憑藉自身的技能與經驗來求生。

我從十六歲開始登山時，經常把自己推到與生命挑戰的處境，恐懼害怕、渾身冷汗下在岩壁上繼續奮戰，這完全是不成熟的。我繼續登山是因為健忘，很快的就遺忘了恐懼的經驗，所以就此繼續下去。最強烈的情緒來自登山過程的樂趣，新發現的顫慄，和成為一個登山者自我成長的過程。

人從經驗中學習更會掌握自己。這使在各種因素最惡劣情況下的奮鬥帶來了真正的樂趣。令我記憶最深刻也是最痛快的是，阿爾卑斯山中連日暴風雪中的攀登，風雪在我

12 賈努峰，位於金城章嘉山群，如大鵬展翅，被視為喜馬拉雅山脈中最壯美的高山之一，一九六二年由李歐納爾・提雷（Lionel Terray）率領的法國隊完成首登。提雷、拉修納爾、加斯頓・雷彪飛（Gaston Rébuffat）等法蘭西登山嚮導，於一九四七年完成愛格北壁第二登、一九五〇年安娜普納首登、一九五二年費茲羅伊岩塔首登、一九五五年馬卡魯峰首登、一九六二年賈努峰首登、一九六四年韓丁頓峰首登。

13 喬治・馬洛李，一九二〇年代英國登山家，一九二一年參加第一次英國聖母峰勘查隊，登上北鞍。一九二四年第三次聖母峰遠征隊，與Sandy Irvin登頂途中失蹤，兩人是否登頂成為世紀之謎。馬洛李的遺體一九九九年在聖母峰北壁上被發現。

的套頭外套上撕扯著，它覆蓋在肢體上；當心靈與理智伸展到最大的極限，無論外在的環境如何，我一直保持在最巔峰的狀態。

高海拔的攀登很少有肉體上的樂趣，每一個動作都是十分吃力而勞累的，然而探險登山的挑戰與夢想則遠大於低海拔的登山。

一座巨峰的攀登基本上是團隊的努力，一群隊員裡只有兩個人有登頂的機會，而登頂是團隊合作努力的結果。每個人自然都渴望成為攻擊手，傾向於保留自己的體能以做攻頂之準備，而不願為團隊整體利益發揮極限全力奉獻。過去兩次遠征的最後階段，我也曾經有過為自我思量掙扎的瞬間——一種往回走的挑戰，不只是體嚐到發覺自我的興奮，也為了改善自己的表現，不只是做為一名登山者，也是做為團隊的一員。

以上所言是我選擇安娜普納南壁的動機。這必然是我生命中最大的一次挑戰，一方面是因為南壁龐大的規模是登山的一道難題，但主要還是我承擔了這個遠征隊領隊的職責。登山，和我所認知的生命本身，是一個連續不斷探索的過程，使我傾注全力以追求新的極限。每一個步伐都充滿了興奮，一旦實現了目標，就不再回首那過往的標記，你必須繼續追求新的地平線。在這個時刻，一個悠遊者嘗試性的踏出第一步，必能享受到全然的滿足，就像在花園盡頭爬上一株樹梢一般；如果選擇登山做為你的生命旅程，當你第一次擔任領隊，和你第一次站在喜馬拉雅山頂那一個瞬間是同樣的興奮——但也同樣的短暫。

我常在擔心，我的能力是否足以統御一群優秀且崇尚個人主義的登山者成為一個團隊。過去八年，我一直是一個自由工作者，除了自己之外無需對任何人負責。最近一次我負有領導的職責，已經是早在一九六〇年的事了，當時我身在軍職，藉著肩上的階級以及軍隊紀律所賦予的權力來領導。而領導一支登山探險隊全然不同，一個領隊的權威只存在於隊員間的誠意與尊敬。

就在出發前不久，有位記者問我，如何在隊伍中施行紀律，以及如果有人回頭不幹了，那怎麼辦？而我的回答是，萬一發生了這種情況，我也無能為力，但我將避免這類事態的發生。而事實上，這種情形真要發生，可以說我已經失敗了。

做為一個領隊，似乎扮演一個外交家與意見協調者的角色，比力行紀律的角色來得重要。紀律唯有來自於隊員本身，如果任何人回頭，說他不想做某些事情，那想必是他太累了，或者是環境過於險惡，我必須接納他的態度。而同時我也了解，我必將會經常做出一些不受歡迎的決定，而對我的命令是否服從，則端視隊員對我決策的尊重以及他們自己的團隊精神。

我們不是從事一場戰爭，而比較是一場精緻而有潛在危險的遊戲；因此每一個人都有權利決定自己將推進到什麼位置，以及什麼樣的風險是他所願意承擔的。

除了湯姆·佛洛斯特、大衛·蘭伯特和凱文·肯特三人以外，每一位隊員我都熟識多年，曾在艱險困難的環境下結伴登山，對於登山也有相同的態度，而對於即將面臨的種種問題，也似乎能夠對於解決問題的辦法做出相近的理解。我期望我做為一個領隊或協調者的角色可以輕鬆一些，基於一套可以遵循的計畫形式，使團隊中的成員，無論是傑出者或是個人主義者，都可以感受到對於指揮領導的需要。在籌組這支遠征隊的期間，我在管理統御範疇的探險，正像是南壁攀登時所面臨的未知旅程。

3

準備（一九六八年十月～一九七〇年三月）
Preparations

我幾乎為我現在的作為感到恐懼。雖然我曾經參加過兩次遠征，也曾經參與部分的組織作業；但我未曾幹過領隊，也從未將自己想像成領袖型的人物。自一九六八年十月至一九六九年五月，我以七個月的時間完成了遠征隊的組織作業；同時，設法取得登山許可，並籌募遠征隊的經費。

在遠征當中，實際的攀登過程不過是冰山一角，為期兩個月的攀登，需要一整年的準備。而在這最後的六個月內最為緊張，也是遠征之中最為緊湊的一段日子。這期間充斥著繁重的工作與責任，以及對於實踐計畫能力的考驗。

在遠征組織的初期，能找到喬治・格林菲爾德（George Greenfield），真是萬幸。他是位精明能幹的經紀人，專業於遠征探險的財務代理，曾經為法蘭西斯・齊薛斯特男爵（Sir Francis Chichester）、羅賓・諾克斯瓊斯頓（Robin Knox-Jonhston）及哈伯特（Wally Herbert）等多位探險家服務。他給了我第一次真正的鼓勵，對於這份計畫，他滿懷興奮並頗具信心的說至少能募得兩萬英鎊的鉅款。原先我初步的預算不過一萬英鎊，雖然這似乎是個天文數字，而實際上仍遠低於此次遠征探險最終的開銷。

即使撇開我們這些成員，遠征隊似乎已漸成氣候。喬治為遠征隊募款和佩特・皮利高登（Pat Pirie-Gordon）舉行了一次會議，佩特是格林工業公司（Glyn, Mills & Co.）的董事之一，代表銀行家們及在背後操縱此次遠征的一股勢力。由於他的熱心支持，我們方能獲得聖母峰基金會（Mount Everest Foundation）的全額贊助。

突然間，似乎我們將置身於商業鉅子們的羽翼之下，由於極少涉足商業界的社交圈子，這種發展令我們全體倍覺難以置信。其實，早在六〇年代，我曾以不贊成的態度涉足於此，當時我開始以登山為主題從事寫作、演講而賴以維生，特別是在大庭廣眾隨興所至的談論關於我和伊安・克勞福攀登愛格北壁的經歷。

沒多久，一個負責照料我們的遠征委員會即組成了。成員們有道格拉斯・巴斯克男爵（Sir Douglas Busk）——曾任英國大使與英國山岳會（Alpine Club）現任副會長，也是此次委員會的主席；佩特・皮利高登；安東尼・羅林遜（Anthony Rawlinson）——一位資深的財經官員；查理斯・魏理上校（Colonel Charles Wylie）以及湯姆・布雷克尼（Tom Blakeney）——聖母峰基金會祕書長等人。格林工業公司位於白宮（Whitehall）附近，那是一棟建築在林蔭深處的華廈，內部陳設古老而莊嚴，其董事會的辦公室，正是我們經常召開會議的場所。另外，很榮幸的獲得約翰・亨特爵士（Lord John Hunt）、唐格雷爵士（Lord Tangley）及查爾斯・伊文斯男爵的首肯，擔任我們的名譽贊助人（patron）。

聖母峰基金會源於一九五三年的聖母峰遠征隊之結餘經費所創立的一個商業組合，目的在資助遠征登山探險的活動。它是由英國山岳會與皇家地理學會（Royal Geographical Society）兩個贊助聖母峰遠征隊的母體所共同掌管。聖母峰基金會每年撥放贊助基金，用以資助海外遠征探險活動；而過去唯一的一次全額贊助即一九五五年金城章嘉峰遠征隊。如今，聖母峰基金會將目標朝向我們，竟也給予我們如此優渥的機會——提供此次遠征的全額贊助，這真是天大的消息，令人如釋重負、驚喜若狂！就在這個時候，喬治・格林菲爾德滿懷信心的自認能夠為遠征募集充裕的經費，這些經費來自於電視、雜誌及出版商各界；而出資金額的多寡，端視於我們此次遠征成敗的程度——是否到達了基地營，或是完成了四分之一的路程。喬治滿狡猾的堅稱：只要我們能攀爬到岩階帶，他就能募得全額的經費。事實上，在登山過程中，總是有些無法完全掌握的因素，可能阻礙隊伍繼續攀登，而這些風險很可能導致成功率降低，我們則必須為此負擔完全失敗的風險。我們也曾設法為這個意外投保，但保險公司要求的保費是個天文數字。聖母峰基金會將遠征隊置於羽翼之下，把一切疑慮一掃而空。即便如此，我仍為遠征終了是否能有盈餘而感到焦慮，雖然有此機會，但在尼泊爾及其他山區日趨高漲的遠征開銷，基金會此刻也需要強而有力的一劑。

除此之外，我還獲得一筆溫斯頓．邱吉爾信託基金（Winston Churchill Trust Fellowship），這對整個遠征隊無疑是一大財務支援。

以往我未曾參與任何委員會的諮商，但我們的委員會再好不過，不但提供全額的贊助，並且讓我自由的繼續遠征隊的組織工作。直到一九六九年七月，我們才得到了攀登許可。在此之前這是個心理障礙，讓我們不敢預訂糧食與裝備。此刻大多數隊員仍在阿爾卑斯避暑，我則是忙於履行一些承諾他人的故事撰寫工作裡，當然也是為了籌措家計所需。所以直到九月初我才真正展開訂製糧食與裝備的實際作業，而至今我也確實為初步計畫發出了數以百計的信件。

因為多半成員因為工作分身乏術或是距離太遠，我們決定精簡組織，以小組核心成員來掌握進度。我自己待在家裡處理繁瑣的文書事務，並且僱用了一位祕書協助；同時，唐・威廉斯負責裝備設計；而麥克・湯普森則規畫糧食。伊安・克勞福在秋末趕來幫助我和唐，分擔了大部分的重擔；只是聖誕節後，他又得回到蘇格蘭料理自己的課程。

遠征隊的幕後工作泰半相同。首先是繕寫購物清單，然後到處行乞求借，最後迫不得已才花錢購買。在行乞上我們獲得可觀的成就，結算只付出極少的費用。我們有一批專為此次遠征打造的裝備，由於時間倉促，不可避免的仍發現許多設計上的瑕疵。請參考附錄B所列詳細的設計與建議。

我幾乎整個秋季都在無比繁忙的工作中度過。每天早晨六點起床，為遠征隊工作就一直忙到下午四點半左右，隨即跳上車往八十英里外的某處疾馳而去，做一場演講，當晚再原路回來，隔天又是六點起床。在一生中我未曾像這個秋天如此賣力的工作，我卻在其中尋得了樂趣。在別人的探險故事籠罩下三年，這回總算輪到我的好戲登台。我不再是個觀眾，如今是完全的投入了。雖然經常為自己擔負責任之巨大而感到驚懼，但同時我又很興奮，很高興能夠自行下決策，並且眼看著計畫與夢想逐步實現。

即使在組織工作這些緊張刺激的日子裡，我仍不時擔憂我們可能面臨任何遠征隊所遭遇的難題，無法在最後期限前將所有的物資打包完成，如期送往印度。

我們以曼徹斯特北郊羅登斯托城（Rawtenstall）唐・威廉斯住處附近的一間家具店做為打包中心，一萬五千英尺的繩索、數以百計的錨樁、桶子、盤子、營帳和所有遠征的行頭，逐漸在原本就擁擠的家具間裡堆積起來。

要將所有物資裝備安全的運送至基地營，是遠征隊風險最大也最令人憂慮的地方，過去曾造成許多登山者未能與他們的目標照面前就完全失敗了。將遠征隊物資運送到尼泊爾有三種途徑——空運、陸運或海運。法國隊於一九五〇年曾經採用空運的方法，但真是太昂貴了，包租一架合適的飛機得花費五千英鎊。陸運有許多的優點，我未來的遠征隊應該都會選擇採用這種方式，至少所有的物資都在你身邊，而通往尼泊爾的路況也相當不錯。可以設法購買或是借到兩輛大卡車，由部分隊員隨車；但這也意味著會離家較長的時間，而我們多數已婚，受到家庭的約束。雖然車禍也是一項風險，然而和海運的諸多陷阱比較，這又顯得微不足道了。

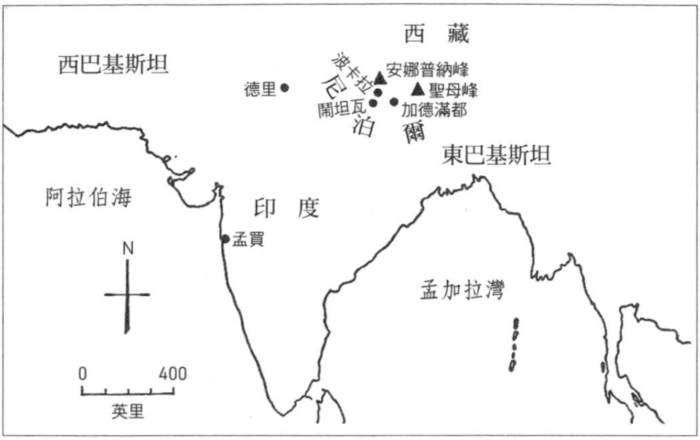

印度與尼泊爾

我們選擇了海運，如此所有的隊員都可以搭機飛往印度。海運中行程可靠的只有客輪，而約莫在適當時間由英國開往印度的只有一艘秋森號郵輪，她將於元月初由南安普頓港啟航前往印度完成最後的航程；然而時間太早，裝備無法及時整理打包完成。另外唯一的可能是一艘貨輪，我們將裝備登記在元月二十三日利物浦的啟航日。我們幾乎無法及時備齊，由於許多特殊設計的項目無法完成。在這方面唯一的解藥得自陸軍登山隊，他們將飛往尼泊爾與我們同時自北面法國隊路線攀登安娜普納峰。他們欣然同意協助我們裝運一千五百磅的裝備。

啟航前兩天，船務代理商撥來一通電

話：「你們的船由於引擎故障已拖進乾塢，恐怕三週內無法復航。」這真是致命傷！我們的行程緊迫毫無寬裕，原先預計貨輪將在二月二十八日停泊孟買，唐．威廉斯和大衛．蘭伯特將飛往印度接收這批裝備，再用兩週的時間以卡車載運通過印度抵達波卡拉；我們計畫在此會合唐，並且在主隊前一週時間先行勘查南壁。如果航期遞延三週，我們就絕無可能依行程表展開攀登，成功的機會也將因此大打折扣。

「有沒有其他的船將要開航呢？」我追問。

「我會設法。」船務代理商回答道：「但我也不敢確定。」

爾後的二十四小時我如坐針氈，片刻不得稍安。即使不發生這項延誤，在登山過程中我們將遭遇的麻煩已經夠多了。隔天傳來了好消息，已經找到另外一艘貨輪——喀拉拉州號，她將於二十三日原定日期自倫敦啟航。

百萬火急狂亂的將所有的裝備運抵碼頭後，我仍擔心再來一次塢損，或是貨輪上可能發生的任何耽擱，但她總算是準時啟航，首航孟買。

感覺上已經克服了最大的問題，如今沒有任何事會讓我們再走錯一步。唐和大衛將在孟買與船會合，然後在卡車背上很不舒服的馳過印度，然後就可以準備挑戰那座山了。

萬事紛雜，最後總算塵埃落定。從未謀面英勇的凱文・肯特上尉，此刻已經在加德滿都為我們的到來鋪路。麥克・湯普森帶著妻子與兩個小孩一家人已先行飛往加德滿都；他準備租一棟房子，把一家大小安頓在加德滿都等候遠征隊，自行前往庫魯（Kulu）——印度喜馬拉雅山中一處美麗的田園山谷，做為期一年的人類學田野考察。他已經將一切安排妥當，無須忍受原始生活的不便，他將有一棟配備電力和自來水設施、五個房間的農舍。

唐和大衛於二月二十七日飛往孟買。我曾向船公司倫敦辦事處求證，輪船確實於倫敦準時出發，並將依原定時間於二十八日駛抵孟買。

當天我正坐在辦公室，整理少數未及纏緊的繩索，電話鈴響了——越洋電報：

「船於南非開普頓引擎故障可能三月十三日抵孟買，估計二十八日抵達鬧坦瓦（Nautanwa）——威廉斯。」

我第一個反應是完全絕望了。但仍然靜坐下來，開始計算如何將損失減至最低的程度。就像回到軍中的時光，我將現況評估記下，包括所有的問題，以及我的因應之道。

變更計畫——一九七〇年三月五日

一、變更原因

裝載遠征隊裝備的輪船，由於引擎故障現泊開普頓而擱延。船於元月十三日由特柏利港啟航，原定二月二十八日駛抵孟買。很糟糕的是，船公司在倫敦的代理商不但未將意外告知，還向我們保證，船將準時到港。但這也不能完全怪他們，因為輪船的總公司位於印度。

直到唐·威廉斯於二月二十七日飛抵孟買時，方才發現這項延誤。他即刻將這壞消息以電報通知我，並告知新的進港日期為三月十三日於孟買，而裝備將於三月二十八日運抵鬧坦瓦，這段時間包括卸貨、結關手續，以及印度境內的車程。鬧坦瓦距離波卡拉一天的車程，因此裝備將於二十九日運抵終點。接下來需要三天時間拆卸、重新打包並準備出發，直到完成跋涉前一切準備已是四月二日了。

二、現況評估

主隊原定出發日期為三月二十二日，如此即有十二天的延誤。這種規模的遠征，時間是個首要的因素，我們無法承受這項損失，因此我們勢必從各方面設法將延誤的時間減至最少。這將可由兩方面著手：

（a）以各種可能的手段加快由船上運抵波卡拉的速度，以縮短孟買代理商允諾的十四天時間。

（b）組成六人先遣隊外加兩名雪巴和攝影隊，依原定計畫於三月二十一日出發，建立前進基地營，並尋找通往南壁的路線。這在後勤補給上的可能性是由於我們已有：

（I）皇家空軍飛機上載有充足的裝備。

（II）為補足缺額將空運兩百五十磅額外的裝備。

（III）陸軍遠征隊同意借用一百人天的糧食，再由當地的食物補足即可。

這項借額將等我們的糧食到達時償還。

這項方案可將時間損失減至最低，真正犧牲掉的只是唐和我先行偵查的優勢，以及建設裝備往南壁輸送流路的延誤，因此在隊伍展開行動前，將有輕微的瓶頸，而後面這項因素並不很重要。

我以電報通知唐和大衛進駐加德滿都，他們沒有必要在孟買滯留一個月，而眼看著旅館費用日益高漲，而且我希望唐待在山上。因此我徵求伊安．克勞福的同意，請他接管這項煩人的工作，照料裝備通關並穿越印度大陸。伊安機智、老練、周密無比又有禮貌，是這項工作的理想人選。同時我也決定親自飛往孟買，看是否能夠分擔伊安的困難，孟買萬一再有任何耽擱都將是致命的傷害。

當唐知道我到達孟買時，他挖苦的說：「難道他以為就憑他一個人的力量，就可以把一艘船拖越整個印度洋嗎？」他的質疑其實有些道理，但現在整個遠征隊的成敗，就看主隊到達後如何設法將裝備儘快的送上基地營。難免我會有種罪惡感，埋怨自己為何不把所有的裝備用早一班船託運，儘管時間上這是不可能來得及的。

三月十日，春雪料峭，氣溫零下，我由倫敦機場啟程，印航波音七〇七毫不費力的升空，卻沒有絲毫的快感，我非常擔憂裝備如今的下落，而且幾週來工作的壓力與緊張已經令我瀕臨崩潰。出發當天下午又傳來一通電報，說明船期將續延，在三月十九日方能抵達孟買。

從英國出發前，我做了一系列的連繫以便能夠順利通關，事後發現沒有幫助。在孟買的三天裡，我找了船公司代表和海關官員，對所有人都頻頻陪著笑臉。我們的代辦人法瑞第．布哈里瓦拉（Freddie Buhariwala）先生，外貌和善，卻隱藏著敏銳堅實的內在，他向我保證裝備在兩天內就可通關，我相信這不是為安慰焦慮的客戶所編造的承諾而已，所以就安心的前往加德滿都。

這是寂寞又擾攘的三天。當我飛抵德里機場時，夾在一群板著面孔外表陰沉的俄國佬中間，他們看來似乎是貿易代表團之類的人物，望著他們擦身而過，禁不住要懷疑我們的計畫以及自己的能耐。

飛機再度起飛，穿越印度平原上空的一層陰霾，雪白的山巒像空曠海灘上的一排碎浪由遠方奔騰而至。那座氣勢磅礡的大山想必是道拉吉利，在她的右側一列匍伏伸展的山塊無疑是安娜普納了。我甚至於望見了安娜普納南壁的頂端，從這麼遙遠的距離望去，一道細小潔白的山脊接上聳立的冰壁，粉白卻夾雜著黑色的突岩。繼續往前飛行，此刻整列尼泊爾喜馬拉雅山脈展現眼前，一覽無遺。遠方的聖母峰墩伏的金字塔狀尖峰，隱身在紐布茲峰壁壘之後。下方羅列著棕黃塵綠的稜線，村落和羊腸小徑不可思議的環繞在稜線四周。當我們飛越加德滿都河谷，群山中一片開闊的平原，點綴著村落和城鎮，公路和田間小道交織如錦。我看到了雷娜宮（Rana palace），醒目的廣場，鏽蝕的波浪狀鐵皮屋簷，尖塔狀的宮殿在一片櫛比鱗次的平房中卓然聳立，像是穿越海面的危巖。十年前我飛臨機場時，它還像是一座破敗的印第安尖塔，以及一條崎嶇的草皮跑道，如今已經鋪上了平整的柏油跑道，以及雖不堂皇卻十分堅固的候機室。

麥克．湯普森和凱文．肯特在機場迎接我。凱文身材瘦削短小，卻散發著無比的精力。他有副冷峻、輪廓鮮明的臉龐，堅穩的雙唇和高聳的鼻尖格外的引人注意，但同時他又洋溢著溫暖。就在招呼我通過海關的時候，他直截了當的談及最近的發展情勢。

「你帶了幾部相機？」海關官員問道。

「六部。」我回答。

「依規定你只能帶一部，其餘的要課稅。」

凱文不慌不忙的說道：「這些相機是要分給其他隊員的。」

海關官員接受了這項解釋，揮揮手讓我通過。凱文顯然是箇中好手，爾後在山區活動時，他也以同樣的熱情與活力來處理管理上的問題，而其他隊員只專注在登山的問題。從這個角度來說，當我們離開加德滿都前，他可說是爬了一打以上的安娜普納群峰。

駐防香港的四八步兵旅的觀光旅行於元月份結束後，凱文設法與英國廓爾喀軍團尼泊爾總部保持密切的聯繫，為陸軍隊及我們兩支隊伍鋪路。凱文做事很有效率，倘若在尼泊爾沒有他的話，光是裝備通關可能就要幾個星期；過去有幾支遠征隊就曾因此受害。而凱文的表現極為出色。身為皇家通信隊的軍官，他曾提議在加德滿都和波卡拉之間架設後勤通訊系統，以利訊息之傳遞，特別是用在緊急意外事件之際。他借到了四部小型雷卡無線電機（Racal Squadcal Radios），因此我們能與安峰另一面的陸軍登山隊保持聯繫。尼泊爾當局，如同亞洲其他政府，對於保密極為敏感，並未允許遠征隊在境內使用長距離無線電通訊。甚至英國大使館都不情願與尼泊爾當局交涉，以保護他們與尼泊爾當地的兩個廓爾喀軍營之間的通信系統。然而凱文．肯特是那種不輕易放棄的人，他緊迫釘人的提出申請以獲得無線電機的使用許可，就像他在其他地方工作時一樣的倔強、充滿決心與機智。最後他終於得到了許可，但是加德滿都的一部無線電機必須配置在尼泊爾陸軍總部，他們才可以控制整個通信網路。而波卡拉的這一部，由凱文在馬來亞廓爾喀通信團的一位部屬畢希努帕沙德・譚巴中尉（Lieutenant Bishnuparsad Thapa）負責操作，其他兩部則由兩支遠征隊分別攜帶。凱文保證讓另一位廓爾喀無線電操作員岡巴哈達・普恩（Gambahadur Pun）來操作我們基地營的無線電機。

凱文的這項努力，為未來的遠征隊伍開創了一個重要的先例。波卡拉與加德滿都之間的通信系統，在意外事故發生時，將可拯救瀕臨死難的生命。結果陸軍隊就遇上了，隊員提姆・泰勒（Tim Taylor）在跋涉的最後階段肺炎病發。在高海拔這種疾病將是致命的，但他們藉由通線系統呼叫加德滿都派遣一架直昇機將患者運送下山，拾回了一條性命。

凱文還得抽空前往鬧坦瓦這個邊境小鎮一趟，疏通當地海關人員以利裝備通行入境尼泊爾。而且，他由麥克・湯普森陪伴，前往安娜普納途中的岡莊（Ghandrung），訂購我們所有的糧食與燃料，包括煤油、食油、米糧、馬鈴薯、青稞，以及十五隻雞，兩頭山羊，一條小水牛。由於運輸的延誤，勢得仰賴本地的糧食，因為在未開始攀登以前，希望不要動用到從陸軍隊借來的攀登糧食。

凱文並且完成了僱用平地挑夫的任務，他們負責將所有的物資挑運到基地營為止。

通常這件差事都得經由一個政府立案名為「喜馬拉雅會社」(Himalaya Society)的單位代辦。波卡拉當地有一位代表，他擁有一個響亮的頭銜，號稱為苦力喇嘛。他負責招募挑夫，並指定奈克（Naik），即挑夫的工頭。通常他都由附近土著及難民營裡的西藏難民中挑選。西藏難民刻苦耐勞且忠誠可靠，熟悉雪地的行進，而土著則較不可靠。由於前往尼泊爾中西部登山的遠征隊都是以波卡拉為起點，造成挑夫供不應求的情況日益嚴重。因此，凱文另外找了一位退役的廓爾喀軍官卡比爾・普恩（Khagbir Pun），他曾在廓爾喀通信團服役，目前在波卡拉機場旁邊開了一家「山岳旅社」(Parbat hotel)。凱文請他由山地村落招募挑夫，那裡的居民比較刻苦而且會照料自己。卡比爾把這件差事幹得極好，在十五天中走了三十二個部落，遍及一百五十英里往返的山路，總共招募了八十名左右的挑夫。同時我們為了討好苦力喇嘛，也讓他提供了五十名左右的挑夫。

其間在加德滿都，凱文一直忙著處理繁雜的官樣文章而四處奔走，幸運地，他得到廓爾喀軍團總部之助，而且與「山岳旅行社」(Mountain Travel)的麥克・錢尼（Mike Cheney）密切的合作。錢尼騰出自己所有的時間指導如何疏通文件，並且提供自己的車輛協助搜集物資。山岳旅行社的老闆吉米・羅伯特（Jimmy Roberts）也慷慨的將貴重的帳篷借給我們。遠在英國，我們不確定遠征隊的裝備的進口簽證需要何種文書格式。凱文寄來了十一份的裝備清冊，並且就何種裝備要帶回英國，哪些要留在尼泊爾詳加以分類。然後我們必須將個別項目，以英鎊與尼泊爾貨幣的幣值分別估價。

他先以三週的時間取得主要裝備的進口簽證。接下來，藉由所知道的門路，在各個部門緊迫盯人分送各式表格，並且從層層堆疊的文件堆底層抽出來，攤開在官老爺的鼻梁前，以求儘量縮短文書往來的時間。

凱文．肯特的一天充滿著啟示性，卻也是極端累人的。在飛往波卡拉展開跋涉前，我曾有這麼一次的體驗。

○六：○○

他已經起床，刮好了鬍子，穿著一件法蘭絨緊身的運動夾克，並繫上領帶。「你身著敞胸襯衫就會被視為當地的嬉皮，如果你想完成任務，就得穿體面一點！」馬上我就親眼見證了，此外當你要從官衙門外苦候的民眾群中，持續鑽至長蛇陣的前頭時，你需要披上犀牛的獸皮外衣，卻內蘊著大衛．佛洛斯特（David Frost）的精力。

〇七：三〇

他已經擬好了幾封信，此刻正奔往機場迎接攝影隊的人員。約翰・愛德華和艾倫・漢金森已經先到了，攝影隊的其他人員帶著所有的器材預定今天抵達。只不過這是個錯誤訊息，飛機遲到了。

〇九：三〇

我和凱文在英國大使館碰頭。匆忙的做了幾個禮貌性的拜會，上自大使，下至打字員辛西雅小姐，她是凱文施展魅力邀來做為遠征隊駐尼泊爾的非正式祕書。我發覺到這傢伙既迷人又有趣，當我們從一間間辦公室逡巡而過時，他偏能不慌不忙的吐出適切的感謝詞——如今不難想見咱皇家軍如何感受了。

一〇：三〇

再次前往機場，這回攝影隊總算到了。喬納森・藍恩，這位攝影隊員像是從地底下冒出來的怪物，身著一件楞條花布的超級喇叭褲，淡紫色的襯衫，加上滿臉的落腮鬍子。另一位是音控人員約翰・索丁尼，看來難以置信的胖，一付滿足舒泰的模樣，應該是那種待在家裡澆花樂得過清幽日子的人，一點也不像是在世界各地奔波勞累的攝影隊的一員。他們四周堆滿了攝影器材、腳架和六萬英尺的膠捲。凱文總算也見識到了一個對手，約翰・愛德華說起話來比我們這位遠征隊經理更為油滑流暢，這一役就看他表演了。他穿著一件剪裁合身完美無暇的越戰草綠服，戴著一付黑得不能再黑的墨鏡，在一直把持著海關門口的陰影裡，他鼓起如簧之舌說服海關人員這攝影隊不過是一般的觀光客，那四十二箱的行李只是裝著一對攝影機和僅僅幾英尺長的膠捲。

一二：〇〇

回到「努客」休息，它是位美國大使館後面的一間小咖啡屋，也是遠征隊員會合的地點。途中到英國大使館打個轉，取出自英國空運的十五份貨物清單。大衛・蘭伯特正和新結識的女友在那兒瞎扯，等候凱文的指示。剛吃下一客三明治，又要出發了。這回是到雷薩銀行（Rastra Bank），在尼泊爾它相當於英國的英格蘭銀行一般。經過一系列的程序取得了一份進口憑證，以便遠征結束後，可以將多餘的物品空運出去。我們奮力擠到一個窗口，從櫃員處取得一份表格，遞到下一個窗口，蓋個章，再投身於迷宮般的迴廊中，讓另一位官員簽名，再往返於其他的辦公室之間。這就像個尋寶遊戲，別奇怪，凱文第一次處理這件事時，可是花了三個星期的時間才釐清整個線索呢。

一四：〇〇

如今節外生枝。我們到另外一家銀行兌換總值兩千五百英鎊的盧比，做為挑夫的工資。這又花了一個鐘頭，在擁擠的辦公桌間頻頻打轉，盯著付款流程的職員們一一的正簽反簽。「如果讓他們自己來，那勢必耗上一整天的時間。」凱文說道。最後終於將錢收集好了，把厚厚一疊一疊一盧比的紙鈔塞進公事包，彷佛是一對搶銀行的大盜，衝出門口，跳上腳踏車，這是加德滿都最方便的交通工具。

一五：〇〇

「快！我們得趕在下個行程前，看看能否找到挑夫用的太陽眼鏡！」凱文大聲說道。我們闖進了一處市集，這是加德滿都的老城舊街，狹窄的巷道，兩旁盡是開放式店面的商家，販售著各式各樣的玩意，從玉米、香料到紡織機、雨傘應有盡有。街道上喇叭聲此起彼落，充斥著汽車、黃包車，還有玩鬧嘻笑的小孩、遊蕩的嬉皮和忘情漫步的遊客。這是個聲音、色彩和動作混雜交織成不和諧的奇幻世界。這氣氛頗適合閒暇享受，但絕不能和凱文一道。他踩著腳踏車，彷彿自以為是環法自由車大賽（Tour de France）中的一角，猛按喇叭，蛇行閃避迎面而來的汽車、牛車和擦肩而過同樣專注的行人。我費勁的跟上他，轉眼間已經跑了四家店找太陽眼鏡，但價錢都不對。他看著錶，「十分鐘之內，我們得趕到外交部。把單車丟在這裡，我們搭計程車。」我們把單車斜靠在大街上，它就相當於倫敦的牛津大道，然後鑽進了計程車。

一五：三〇

我們馳抵聖家達拔（Singa Durbar），這裡是尼泊爾政府機關雲集的首善之地，一度是世界上最大的私人宮殿，屬於瑪哈拉雅大王（Maharaja）所有。一九五〇年以前，尼泊爾一直由雷娜家族（Ranas）所統治，實際的權力掌握在世襲的首相瑪哈拉雅手上。國王是個傀儡，具精神的象徵，而無政治的實權。英國政府為應付北方疆界的爭端，提升了雷娜王朝的權力。印度獨立後，尼赫魯（Nehru）政府所鼓動放逐者的反對勢力，於一九五〇年推翻了雷娜王朝。民主政治的實行似曇花一現，未幾又為尼泊爾國王更為強硬的統治。雷娜家族雖然淪失了王權，但仍把持著高官顯位，特別是軍隊的勢力[1]。然而雷娜宮由於不夠舒適，維護費用日增，如今泰半已變相成為辦公機關或是飯店了。

聖家達拔是個萬頭攢動四通八達的輻射狀廣場。我們要找負責遠征事務的外交部官員，凱文下了車就成了平凡的路人，我可以很輕快的跟上他的步伐，沿途我們拜訪了兩三間辦公室，把進口文件申請書的影印本像聖經般的分發出

1 廓爾喀王國，來自藍穹山腳下的部落王國，領土分布在馬斯央迪河與特里蘇里河之間，王子Prithivi Narayan Shah藉由強大的武力，於一七六八～一七六九年間征服了富庶的尼瓦王國，入錫加德滿都，統一尼泊爾全境，並征服了錫金、庫瑪翁與卡瓦爾王國，稱為薩哈王朝（Shah Dynasty）。一八四六年武士階級的總理屠殺王族，任命家族成員掌理軍國大政，國王成為虛位元首，稱為雷娜王朝（Rana Dynasty），直到印巴獨立後，一九五一年革命推翻了雷娜王朝為止。獨立之後的民主政治推行不順，國王重新掌權，頒行部落自治法案，全國各地區部落各自推派五名代表實施地方自治，並定時與國王集會商討國政。一九九六年共產黨發動內戰，直到二〇〇八年最後一任國王退位，成為民主政體。

去。「喔！我想你也該見見禮賓司長。」我們推開一扇門，凱文像盒子裡彈出來的傑克玩偶般蹦的跳了進去，我尾隨於後。雷馬司長似乎另有要事，但仍撥空接見我們。

又拜訪了外交部另外幾個部門後，我們就到陸軍總部商議關於無線電頻道的使用與分配。凱文毫不費力安排著緊湊的行程，而且間不容髮的將我們自每一個會議中精準的抽身而出。

我們依約定時間準時的到達陸軍總部，但似乎沒有人聽說過這一回事。我們被介紹給幾位參謀官員，依例的閒聊，最後總算展開了會議。凱文單刀直入的詳細談及關於頻率、兆赫（megacycle）和一大堆嘰哩呱啦語焉不詳的專業術語。我覺得疲倦又無聊，開始想藉口開溜。我看了幾次錶，喃喃的說道有另一個緊急約會得先行告退，就一溜煙似的遁逃了。回到麥克・湯普森的房子，彷佛是紅塵中一片寧靜的小天地，我集中精神寫幾封信，但終於頹然熟睡於床頭。

一九：〇〇

凱文和喜馬拉雅會社會議結束後，才及時趕回來晚餐。他又和麥克·錢尼洽商借更多的器具，最後才回到自己的房間，安排遠征隊前往波卡拉的行程以至於凌晨三點。我未曾見過有幾個人能像凱文在如此繁重的壓力下工作，還能保持開朗樂觀的態度。他展現著充沛活力，又是個親切的好夥伴。

前往波卡拉之前，我有五天的時間待在加德滿都。凱文極有效率的進行他的工作，除了政策性的基本決策之外，我無需操太多的心。在我離開之前，唐已經不安的想上山，決定依原計畫推進勘察，定於三月十五日和麥克·湯普森一起出發。抵達聖殿後，麥克仍須回到波卡拉協助凱文處理海運過來的大宗物資。由於麥克負責糧食，他是唯一清楚什麼東西擺在哪裡的人。

其實我並不想讓唐前進勘察，一方面是因為無法確定在加德滿都可以借到多少裝備，而他手上的裝備也很有限；但主要還是因為我曾希望南壁的第一眼由我親眼看到，這雖說是眼見為信，再次肯定攀登的可能性，同時又純然是自我陶醉，讓自己親眼見到過去這一年來忙碌工作的目標。另外一項因素是，在跋涉途中以兩人小隊行進，拋開龐然的遠征隊主體，以及一切纏雜的問題，這似乎是個動人的主意。雖然凱文將待在後頭負責帶上主隊，而我是唯一清楚尼泊爾情形的人，在遠征隊依例要照顧大隊人馬。

勘察雖然誘人，但我必須接受事實。在到達加德滿都的翌晨，我滿懷忌妒的看著唐和麥克搭上了前往波卡拉的飛機。

湯姆．佛洛斯特自行由加爾各答飛抵加德滿都。他看來很有美國人的味道，蓄著短髮，幾乎像是海軍式的平頭，穿著一件夏衫，揹個鼓鼓的背包。相片中看來他有副輕巧的身材，本人卻比我想像得更為單薄。看得出來他在高級攀岩上有著超出常人的力量體重比，但是對喜馬拉雅攀登而言，他似乎太單薄了。

下一班由德里飛來的班機，載著道格爾．哈斯頓、尼克．艾斯考特、馬丁．波以森和米克．白克於五分鐘後到達。他們不像遠征隊，倒像是熱門歌曲合唱團的歌手，個個長髮披肩，穿著入時。我們已經遠離早期聖母峰攀登的時代，當時的登山者傾向於穿著儉樸戶外活動的服飾。

伊安．克勞福單獨留在德里，以飛往孟買接運我們日夜期盼的喀拉拉州號貨輪。整個行程安排得極為緊湊，回想在英國時，我曾盡量的緊縮前往尼泊爾的行程，以節省時間和旅館費用，只允許在德里逗留兩個小時，以及在加德滿都的一晚。我不允許在德里發生任何聯繫上的疏失，這將導致他們錯過往加德滿都的飛機，而這將是個連鎖反應，也會錯過預訂飛往波卡拉的班機。在運量如此沉重的航線上，將很難訂到往後的幾班飛機。

隔天，米克・白克、道格爾・哈斯頓、尼克・艾斯考特和我飛往波卡拉，其他人在往後幾天會陸續跟上來。凱文此刻已經在波卡拉做最後的安排，當我們飛進去時，他就飛出來，回到加德滿都做最後一刻的部署，隔天再度回到波卡拉。同一天，皇家空軍的運輸機載著陸軍登山隊來到了，也帶來了我們一千五百磅重的裝備。

前往波卡拉的旅程混亂而有趣。我們在國際航線的候機室裡，閒蕩著等待班機的播報，當然是白等了。最後才由路透社駐尼泊爾代表黎姿・霍利（Liz Hawley）小姐費了好大勁才找到我們，她幫了許多忙，招呼我們到國內航線的位置，那是一處露天的停機坪，擠滿了尼泊爾人和嬉皮。我們設法登記前往波卡拉的機位，打橄欖球似的把裝備擠上前去過磅，其他許多人也是嚴陣以待的幹同一回事，然後就耗坐兩個小時等待起飛。

波卡拉總是擠滿了候機的人，今天也不例外。我們的攝影隊也加入了興奮的場面，拍攝四名疲憊微蘊著怒氣的登山者歷史性光臨的一刻。裝備堆滿一整輛吉普車後，便顛簸的馳過塵沙飛揚的街道，前往小城另一頭的自助旅社。這裡有一片開闊的原野，四周散布著八間波狀鐵皮小屋和屋式帳篷。退役的廓爾喀軍人每年回來領取退休俸，有些人得徒步百英里走上八九天，來領取微不足道的施捨，十年資深的槍兵每年僅領取不到二十五英鎊。

過去幾週來的壓力與煩躁，於隊伍到達加德滿都會合時達到了最高潮。如今來到自助旅社，恍如置身於寧靜的天堂。負責我們後部聯繫的無線電操作官畢希努帕沙德中尉早已部署在此，他是個溫和、面帶微笑而頗具上進心的人，他和凱文．肯特已經先將皇家空軍運來的裝備先行整理出來，在整個遠征過程中，都將在這個退休金支付站負責後部的聯繫工作，處理郵件以及傳遞膠捲底片給英國的ＩＴＮ獨立電視新聞台。同時，還得擔負一系列繁雜的任務，小自鬧鐘大到潔淨燃料煤油的採買。在尼泊爾幹活，沒什麼事是輕鬆如意的。

他是個典型的廓爾喀族年輕一輩的軍人，另一方面也是尼泊爾的新生代，不再是個單純的山地人了。他的父親是一位退休少校，曾遷居至特拉伊平原以接近都市文明。畢希努本人曾遠道英國一年接受各種無線電訓練課程，在廓爾喀軍中服役十四年半之久才獲頒女王廓爾喀官階；這相當於英國陸軍的經理軍官的官階，同樣要領導一隊人馬的職責，但實質的地位與聖德豪斯特出身的英國正規軍官卻無從比較。畢希努相當年輕，不過三十歲上下就幹上了現在的官階，往後十週確實也證明他能夠勝任愉快。我不禁時時懷疑，他如何能夠應付我們不依軍規不按牌理的行事風格。

那天下午我們開始整理裝備，把衣服挑成一堆以分發給其他隊員穿著，測試無線電機，檢查帳篷是否完整。在度過充滿不安的數週後，這真是奇妙的治療法。即使知道載運大批裝備的輪船仍在波濤洶湧的大海中浮沉，只留下了伊安在孟買孤寂的守候著，我們能夠輕易的將再度擱延的憂慮拋諸腦後，畢竟已先站穩陣腳，有足夠的糧食與裝備推進至山腳下維持三個星期。

當晚我們四個到一位雪巴朋友家吃了一頓豐盛的咖哩大餐。飽餐後回到了旅社，在清朗、柔和、閃爍的星空下趺坐暢談。友情的薰陶以及對於目標的團結一致，在如許艱鉅任務中擔任領隊的角色，我獲得了信心、力量與滿足。我們終於要上山了！

4

跋涉（三月二十二日～三月二十七日）
Approach March

完成行前準備從波卡拉啟程時，已是三月二十二日，只比原定計畫慢了一天；多虧凱文．肯特馬拉松式不懈的努力，以及吉米．羅伯特和陸軍遠征隊的大力協助。載運大宗器材的輪船原定於三月十九日抵達，至今尚未獲得伊安．克勞福的消息。挑運行李的一百四十名挑夫於前一天就湧入了波卡拉，年紀從十四歲到五十六歲不等，許多人從自己的村落出來都得步行三天。他們身材瘦小，卻強健而耐勞，多半穿著清一色編織的軍服，有些是英軍的，其他則為印度軍服；這一帶是廓爾喀軍團招募傭兵的要地。包括三名奈克在內，有六名挑夫曾服役於英國陸軍。

以中尉退役的卡比爾．普恩是我們的奈克頭目，他將手下整頓得如同一支紀律嚴明的軍隊，相對於過去的經驗而言，這近乎不可思議。他依據軍階整隊，然後一一唱名挑夫上前，到各自指定的行李前頭坐下，最後再來一篇媲美蒙哥馬利元帥長篇大論式的演講。

啟程的當天早晨，挑夫們由三位奈克帶隊魚貫出發，亦步亦趨的前進。從自助旅社遠眺，正巧看到安娜普納南壁的頂端，底部被簾幕狀的高牆遮掩著，左邊是龐然大物的莫迪峰和興丘利峰，右邊則是尖塔似的瑪恰普恰巍然的豎立著。晨曦微光穿透朝霧，山巒浮游於波卡拉郊外田野和星羅棋布的土磚房子上頭。隔壁的陸軍遠征隊也將於明天出發。

八天跋涉行程的開端，跨越了塞提河（Seti Khola）。此處河流刻蝕了一道至少有三百英尺深的峽谷，而頂端的跨距卻不足十二英尺。一座龜裂的水泥橋巍巍顫顫的跨越其上，挑夫們魚貫通過，遠征隊員尾隨其後。

每一支遠征隊的跋涉行程幾乎都是相同的模式，過去已經被書寫了上百回。相較而言，我們的跋涉行程相當短，不過八天而已。這是一個理想的天數，足以讓我們放鬆心情，並逐步的適應，又不至於冗長乏味。此外，每一天都是新鮮的，形成一幕漸次升高的戲劇與好奇，直到最後當我們來到莫迪河峽谷的源頭，望著七英里之遙的安娜普納南

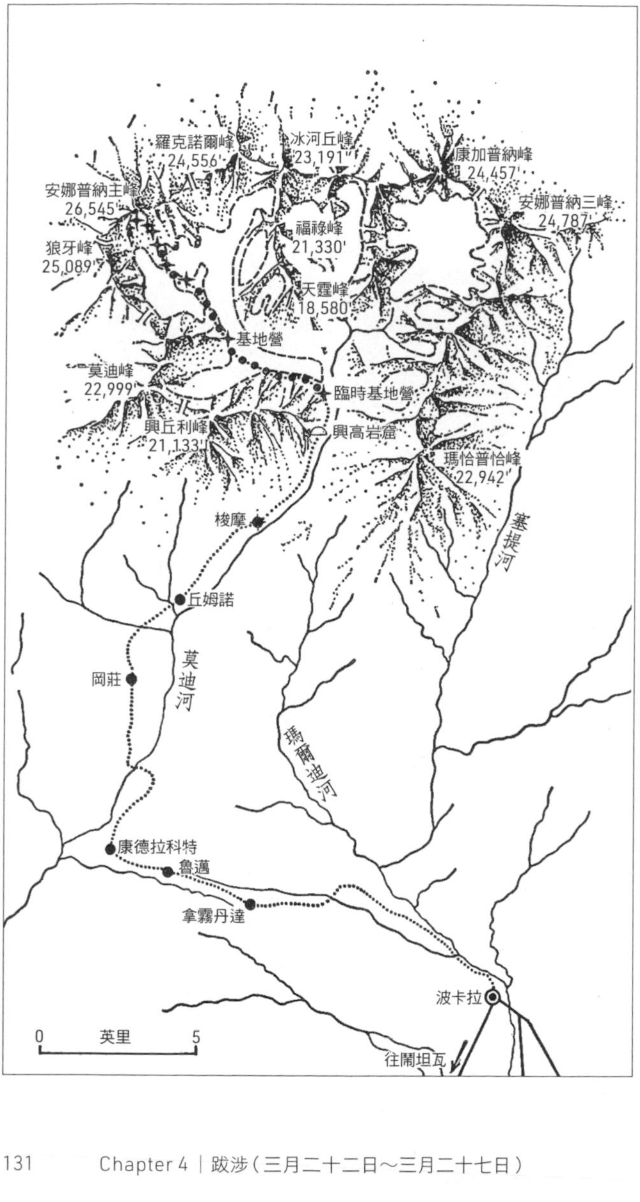
羅克諾爾峰
24,556'
冰河丘峰
23,191"
康加普納峰
24,457'
安娜普納主峰
26,545'
安娜普納三峰
24,787'
福祿峰
21,330'
狼牙峰
25,089'
天霆峰
18,580'
基地營
莫迪峰
22,999'
臨時基地營
興丘利峰
21,133'
興高岩窟
瑪恰普恰峰
22,942"
梭摩
塞提河
丘姆諾
莫迪河
岡莊
瑪爾迪河
康德拉科特
魯邁
拿霧丹達
波卡拉
0
英里
5
往闍坦瓦

壁的頂端，此刻達到了最高潮。

第一天起步走在寬廣河床上平坦無坡的吉普車路上。攝影隊僱了一輛吉普車，在第一天的行程中故作認真的拍攝遠征隊行進的畫面。他們飛也似的疾馳而過，揚起滿天的灰塵，跳躍到前面守候，當我們步行而過時，就舉起攝影機向我們狙擊一陣，然後又以跳蛙之姿躍向前去。

跋涉開始後，我已經卸下重擔而感到無比輕鬆，畢竟我們的超人凱文・肯特留在後頭等候伊安，料理大宗的裝備。我儘可能將工作分配下去，尼克是我們的小銀行，馬丁料理糧食，而雪巴沙達（Sirdar）帕桑・卡密（Pasang Kami）和卡比爾・普恩則負責管理挑夫。如今遠征隊竟然奇蹟似的成為一部注滿油圓滑運轉的機器。

我們這支主隊只有帕桑・卡密和安格・邊馬（Ang Pema）兩名高地挑夫隨行，其餘四名平均分配在唐的先遣隊和遠征隊的後部。我對於帕桑的印象極為深刻，雖然他說得一口標準、流利，甚至有點吹毛求疵的英語，讓我及其他的遠征隊員對他一視同仁，他仍然擔負起遠征隊日復一日的組織管理工作，緊盯著失散的物品，並且提供隊員們所要求希奇古怪的玩意。他的外表讓我想起一位很典型的法國嚮導，總是一身纖塵不染的服裝，頭戴白色尖頂帽，這是霞慕尼嚮導風行一時的裝扮。帕桑有一付很輕巧的身材，而且臉孔也比一般的雪巴人俊俏幾分。他比我第一次遠征時僱用的雪巴人進步許多，以前的雪巴嚮導只能夠講很有限的英語，而且是道道地地淳樸的鄉下人，伶俐、忠誠而患難不屈；但是遠征結束後，他們總是露出孩子似的不負責任、小氣、貪心的脾性。我認為帕桑可說是雪巴族新生代的一個代表，這部分得自於他們在尼泊爾角色的差異，一般人的工作比較侷限於為健行觀光旅行團組隊。而沙達這項職務，理想的資格是需要具備組織、語言和良好的態度三者。帕桑三樣俱全，雖然他的出身背景無異於傳統的雪巴人。他出生於有雪巴之鄉稱號的索羅昆布區（Sola Khumbu）[1]首府南崎巴札（Namche Bazar）。他的父親是以務農維生的小莊稼漢，帕桑和其他雪巴孩子一樣，夏天時得把父親的氂牛畜群趕上高山的牧場。他沒進過學校唸書，尼泊爾文、英文的閱讀寫作能力，完全是自修得來的。

高地挑夫是個令人羨慕的工作，雪巴族裡盛行著親親相護的制度，而帕桑．卡密卻

1 索羅昆布區，位於聖母峰山腳下都德河流域（Dudh Kosi），雪巴的故鄉。

少了這層關係。他一九五七年十八歲開始也是從平地挑夫幹起，為當地往來的商旅挑運行李。他的第一次遠征是一九六〇年的蘭唐山群（Langtang）[2]，但是在一九六三年美國聖母峰遠征隊的高地挑夫名單，卻被剔除在外，最後只幹個郵差的工作。爾後在印度聖母峰遠征隊中，幸運多了，曾三度上到南鞍（South Col），但仍然無法在雪巴群中展現他的長才。遠征任務相繼而來，他的組織長才卻是在健行活動中表現出來。

而吉米・羅伯特不但為我們多方張羅器材，並且從旅行社所屬的雪巴嚮導中為我們指定所有的挑夫。他有意在季風前期暫停健行方面的業務，以便他手下的雪巴有機會參加遠征。吉米原本指定安格・譚巴，一位老式的雪巴，擔任沙達一職，他曾和我在安娜普納二峰遠征中合作。但是安格・譚巴的老婆，鑒於近年來不斷發生的雪巴山難事件，堅持無論如何絕對禁止他再涉足任何一次的遠征活動，帕桑才在最後一刻代為披掛上陣。對於這項更動，我感覺是塞翁失馬焉知非福；雖然後來帕桑身體稍有不適，但他的組織管理能力卻貢獻良多。

安格・邊馬，隊中的另外一名雪巴，是我的老朋友，在安娜普納二峰遠征中他擔任廚房小弟；紐布茲峰時，已經升格當高地挑夫，並且和我結隊登頂。以他當時二十六歲的年紀，在攀登第一座大山有此表現，真是傑出的成就。他也參加了美國聖母峰遠征隊，在布雷登巴哈（John Breitenbach）罹難的那場山難中，他也是受害者之一，頭部受到重創，被認為死定了，但沒幾天竟然恢復了，再度負起挑運的任務。他連續四次負重上到南鞍，另外再四次負重上到西稜相同的高度。安格・邊馬和帕桑・卡密截然不同，無論外表或是態度他都接近於傳統的雪巴人，他有黃種人寬闊的臉龐，以及表示友善時通常溫和的咧嘴而笑。安格・邊馬是個懶散又不頂聰明的傢伙，但他卻是絕對忠誠的，又有副超人般強壯的體格。名義上他是大廚，這項職務並沒有額外的加給，但是卻賦予他一個雪巴副領隊的地位，而且在廚房四周，可以趾高氣昂一番。安格・邊馬從未真正的扮演大廚的角色，因為凱文已經另外為我們提供一位理想的基地營廚師，他是突克提（Tukte）。突克提也曾經是安娜普納二峰的廚房小弟，後來在英國陸軍的高地挑夫中被淘

2 蘭唐山群，位於加德滿都山谷北方，最高峰為蘭唐里龍峰（Langtang Lirung，七二四五公尺），南壁高達三千五百公尺，斯洛維尼亞登山者Tomaz Humar二〇〇九年獨攀受傷後罹難。希夏邦馬峰位於此山群東北相鄰。二〇一五年四月二十五日，尼泊爾七・八級強震，蘭唐里龍峰南壁發生大規模崩塌，摧毀了正下方山谷中的蘭唐村落，總計兩百四十三人罹難。

汰，轉而幹上餐廳的隨從。他剛從廓爾喀軍團退伍，凱文就僱用他來幹廚師。這項安排再好不過，安格．邊馬在山上高地挑夫幹得極為出色，而突克提則是個出色的大廚。他有副不錯的體格，卻缺乏高地挑夫耐勞的秉性。他有個特別寬廣的臉龐，很容易表現出哀傷或是欣喜。由於我們仰賴當地供給的食物，所以一開頭他的任務就很繁重。菜色中包括骨瘦如柴的雞子，霜凍的馬鈴薯和米糧，來供應我們的午餐和晚餐。

定居在聖母峰山腳下索羅昆布山區的雪巴族壟斷了高地挑夫的行業，他們居住在一萬一千英尺的高地，夏天時則趕著犛牛上到一萬六千英尺的牧場。雪巴族是具有西藏血統的佛教徒，整個社會結構也類同於西藏，而不合於尼泊爾的其他地區。廓爾喀族卻不同，他們屬於丘陵部族，只居住在分水嶺以南尼泊爾側的地區，也因此他們的宗教文化，也受到印度強烈的影響。他們信仰印度教，而遵循著種姓階級制度；然而仍有些不合常規的佛教徒，他們對於種姓階級制度的施行，遠較印度本土來得自由得多。事實上，尼泊爾是世界上極少數同時有兩種不同的文化、宗教、民族，而能夠和諧並存的國家之一。這與印度回教徒和印度教徒的衝突，或者是北愛爾蘭新教徒與舊教徒的爭端相比，真是個鮮明的對比。

我們所僱用的挑夫，大體上分別召募於瑪噶爾（Magars）[3]和固倫（Gurungs）[4]兩個不同的部族。卡比爾來自於一個名叫西卡的小村，這是瑪噶爾部族的一個支脈，族姓普恩；因此他僱來的挑夫多半名叫普恩。同時，卡比爾又請了一位退役的廓爾喀軍人齊斯巴哈德（Cheesbahardur）協助，他住在我們往基地營途中的一個村落岡莊，這裡是固倫部族的根據地；齊斯巴哈德也是我們的奈克之一，他也找了六十名的固倫人。

從波卡拉出發的第二天可做為往後所有日子的一個標準模式。

突克提和廚房小弟準時六點叫我們起床，然後依著一板一眼的程序進行著，一個人提著裝滿熱茶的大壺，另一個捧著一盤我們自波卡拉買來塗著亮漆的酒杯，而第三位則遞上一大碟土產的安娜普納煎餅（Annapurna biscuits）。

3 瑪噶爾族，定居在卡利康達基河以西，古代有十二王國與十八王國，是一個勢力強大的族群。廓爾喀王子 Prithivi Narayan Shah，自稱是瑪噶爾族。瑪噶爾語為藏語一支，以佛教為主要信仰。

4 固倫族，據說是來自西藏的遊牧民族，由卡利康達基河上游的木斯塘地區遷徙進入喜馬拉雅山脈南面，主要聚居在木斯塘、馬浪、藍穹等地。固倫語為藏語一支，以佛教為主要信仰。

習慣上禮貌性的一句「早安，大人！」(Morning, Sahib!)，彷彿回到了殖民地的時代。

在拿霧丹達村（Naudanda）旁的稜背上紮營，兩層樓的房子和商店沿著石板路兩旁零零落落而居。雖然距離波卡拉只有幾個小時的步程，除了吉普車和牛車外沒有任何的四輪的交通工具能夠來到這個村落。稜線兩側的山坡似羅列的階梯，跌落千英尺下的溪谷。清涼靜謐的晨曦中，太陽爬上了東面的丘陵，從參差的雲端背後射出光芒，大地繪上了暈黃的朦朧。挑夫們漫步走入了畫面，猶帶著濃濃的睡意，揹起六十磅重的行李，三三兩兩的上路，走過盤著稜線迂迴曲折的山路，這是我們新的一天的前奏。

昨夜在星空下著眠。早上把睡袋和個人的一些零什用品塞進了背包，便跟隨著挑夫的步伐出發了。可以隨性的成群結隊行進，或是獨自的漫步，沉醉於自個兒的思維與幻夢中，盡情的呼吸鄉野的美景與氣韻。這裡毫無機器聲破壞寧靜，只有牛兒哞哞的低嗅，嬰兒的哭聲，時時沸騰的茶壺和挑夫們響亮的話語。

在涼爽的清晨步行了兩個小時，沿著稜線走，然後下到了一處滿布森林的岩石河谷。北方的山巒從高低起伏的雲端高高拔起，凌駕於晨靄之上，渴望著早日上到那高處，卻只能眼巴巴的望著。南壁此刻隱身在護衛著聖殿的壁壘後頭；瑪恰普恰峰是一座歌德式教堂般的尖塔峰；與丘利峰雖僅二一一三三英尺高，仍是一座峻峭的處女峰；莫迪峰山容則蹲伏而龐大。前方某處，莫迪河峽谷蛇行穿越了這些個高聳的城牆。

小河從魯邁村（Lumle）旁的梯田揉身而下，我們在溪谷停步午餐，每餐必備的就是雞丁和米飯。有些人在閒聊，有些人盤桓在自擬的寂藹當中，看本書，或是幻想著前頭的山旅。

二十碼外村民們來來往往；清脆的叮噹聲自遠處傳來，華服盛裝的驢子旅行商隊來到了，可能是來自西藏邊境的穆丁納斯（Muktinath）[5]吧！旅人就在枝葉寬廣的龍眼樹下休息，他們坐在「達摩薩拉斯」（dharmasalas）[6]的石板凳上，通常這是立來紀念死去的親人。廓爾喀人雖然瘦小，卻揹著比我們的挑夫重得多的行李踱步而過。有個廓爾喀人正當離去，身著色彩鮮豔耀眼的軍式運動上衣，腳踏芒鞋虎步而行，身後一列挑夫挑著金屬箱子緊緊跟隨著。

自上回離去後這十年來，尼泊爾令人縈廻幻夢的景緻絲毫未因村落間山道旅途倍增

5 穆丁納斯位於木斯塘地區 Thorong La 山口下，高度三七一〇公尺，以佛塔聞名。

6 Dharmasalas 為佛教朝聖者旅途中的庇護所，達賴喇嘛在印度駐錫的達蘭薩拉原意也是如此。

的歐洲遊客而失色。一路上碰到的嬉皮，身著各式各樣的當地服飾，陶陶然茫望遠處，稍帶幾分沮喪與落寞，卻是優雅的。昂貴的Nikon戶外活動專用相機數量驚人。後頭還有年老的健行客，一個誠摯的德國人穿著涼鞋和運動衣，帶著他八十歲高齡的母親到此一遊；笑口常開的日本遊客；以及一對對情人以童子軍般的步伐邁向前去。

的確，一路上並非只有我們在走動，而當一九六〇年的安娜普納以及一九六一年的聖母峰跋涉途中，我連一個歐洲人都沒見到。但是今日洶湧的人潮並未侵擾了尼泊爾鄉野的情趣，我認為在未來也不至於，除非開始動工興建了道路，摩托車和吉普車縱橫交錯的動力幹線破壞了自然美景。跋涉行程中，一天也頂多遇到三、四隊歐洲遊客，尼泊爾鄉民並未因為他們的到來而做特別的調適，路旁的商店與昔日無異。在商店裡還是可以買到一杯杯濃郁的香茶，或是隨處可見一包包的安娜普納煎餅。

尼泊爾被評為世界上最貧窮的國家之一，然而據實所見，多數的居民都仰賴現存的經濟體生活。換句話說，他們的糧食與物產都來自於自己的土地自行耕種所得。貨幣並不常見，畢竟他們少有牟利或者花費的機會。甚至想買隻小雞、雞蛋或馬鈴薯，即使不計代價還是不容易買到。他們所耕所馴僅供自給自足，如果沒有糧食供應，紙幣在此就是派不上用場。挑夫每日的工資是十五盧比，相當於十個先令，所以他們一趟來回僅得一百一十盧比的工資，這相當於警察一個月的薪水。他們仍然憂慮著想趕回自己的家園，料理每年一穫的馬凱，即玉米，這是他們的主食，在五月份已經快到收成的季節了。如果全家所仰賴的食物沒有收成，那金錢是毫無價值的。

中餐後繼續步行經過了魯邁小村，這裡有堅實的石頭房子，廂型的窗扇展示著精雕細琢的木窗櫺，寬廣的陽台面向石頭平板舖成的院子。孩子們在池塘邊玩著一種會發聲的音樂輪，婦女則在石龍頭下的濕地洗濯著衣物和頭髮。

山道一直迂迴前行，穿越了猴聲呼嘯的樹林，穿越了梯田，上了一道支稜背上，就往下走到了康德拉科特村（Chondracot）。小徑高懸在莫迪河上方，溪流始終在陡峭的山坡間盤旋直上披著雲衫的安娜普納群巒。從這裡開始將一步步逼近目標，稜線側翼從高處刺入峽谷河床的底部，我們在曲折起伏間保持著穩定攀升之勢突進。開始時，先下坡直落莫迪河床，這是跋涉第二天過夜的地方。滿身臭汗且燥熱無比的我們，跳進了寒冽的莫迪河中，雖然冷得要命，還是享受了清爽的愉悅。在午後的陽光下多看些書，或是玩一種把戲，將岩釘擲向空中，儘可能的用棍子擊中它，然後指定敵隊中的一員向岩釘跨若干步；他也可以跟你挑戰指定該跨的步子。玩得可真嘈雜，這確實是我見過最有把握讓半數的隊員未見到目標之前先摔斷了腳踝的方法，幸好我們的場地是在鬆軟的梯田上。

接下來是晚餐，雞丁和米飯用拉克西（raksi）浸漬，這是一種土產的科多米酒（codo），他們這麼稱呼它。然後我們又仰臥在星空下，省去架營的麻煩，晚上八點左右各自鑽進了睡袋。

跋涉的第三天，來到了岡莊村。堅實的兩層樓房高高的聚集在莫迪河上方階梯狀的稜背上，瑪恰普恰峰和莫迪峰壯麗的山容環抱四周。一道灰紋石板階梯，繞著丘陵上嫩綠的玉米田間簇擁的房舍，緩緩上升走進了村落。這些房子在設計上有一定的格局，雕鑿石頭砌成的洗白屋牆，灰色石板疊成的屋頂。地板上有個前廊，屋頂也是疊著石板由樑柱頂著；前頭開出一片小院子，地面上也舖著類似山路上的大石板。雞羊牲禽在樓下進進出出，一位老婦人坐著織啊紡啊的弄著；一個竹子編成的搖籃像吊床般的懸在樑柱間搖晃著。樓上的窗門隱身在寬大的屋簷底下，為了不讓過多的光線進入，這些窗戶不但小，更用精緻雕刻的百葉窗遮掩著，因年代久遠而黝黑了。窗戶上沒有玻璃，房間裡也沒有幾樣家具擺設，雖然這已經是一個富庶的村落。它讓我想起阿爾卑斯的山村，沒有公路，沒有馬達的吼聲，打破它千百年來不變的寧靜。這靜謐的氣氛將繼續而不遭破壞。或許有人會說，公路和機器將為岡莊村帶來財富，我懷疑這是否也帶來相對的纏雜弊病。

這些村莊裡最嚴重的問題便是醫療設施的匱乏。距離最近的醫生或醫院是兩天行程外的波卡拉，雖然大夫會不時到各村落間巡迴診療。遠征隊的醫生，大衛・蘭伯特，總是給村民與挑夫們包圍著；對他而言這卻是索然無趣的工作，因為許多嚴重疾病的藥方都無法取得，令他束手無策，只得勸告重症患者到波卡拉進一步就醫。我們到達了基地營時，他已經把大部分的阿斯匹靈和大量治赤痢的抗生藥物用掉了。

村落裡有自己的學校，它是靠村民出錢出力興建的，晚上我們就在這裡過夜。學校座落於村落底部的岩背上，滿布灰塵，似是久未有人整頓的建築物。一片空曠的操場，四周圍繞著低矮敞開的教室，裡頭堆著學童的課桌椅。我們坐在牆邊的陰影裡，望著螞蟻般的挑夫隊伍蛇行走上村落。

麥克・湯普森回波卡拉接運其他器材的下山途中，在此與我們會合。兩天前他剛離開聖殿，把唐．威廉斯與兩名雪巴留在瑪恰普恰峰基地營。

麥克看來精瘦而結實。

「南壁看來如何？」我劈頭就問。

「看都沒看到，」他承認道：「它始終躲在雲裡沒有露面。」

麥克、唐和他們的兩名雪巴只費了四天就走到了興高岩窟（Hinko Cave），這是突進聖殿的最後一站，當時是三月十九日。上去不遠他們就遇到了深雪阻路。

「真難走！」麥克告訴我們：「經常得抬高大腿走，而且無法掌握路跡。坡實在陡，你還得小心的滑，箭竹上都覆滿著雪。」

二十日那天，他們試圖進入聖殿，但走到半路就被迫退回岩窟，這是以前從峽谷護堤上滾落下來的一塊巨石形成的。隔天，他們方才抵達瑪恰普恰峰基地營營址。

「我想，從那裡應該看不到南壁。」麥克說道：「營地位於聖殿入口處，它的正上方有一堆高大的冰河磧石。」

二十二日我們從波卡拉出發當天，麥克和唐沿著安娜普納冰河的側磧和興丘利峰山坡間形成的峽谷前進，這一天烏雲密布，南壁避不露面。當天傍晚麥克回到興丘岩窟，唐和兩名雪巴則留在瑪恰普恰峰基地營設營。

「他怪緊張的，」麥克說：「直擔心著可怕的雪人。」

這真令人難以置信，勇敢、自信、全然實在的唐．威廉斯竟然也會擔心如此虛幻的玩意。幾天後，當我們碰見他，將聽到更多雪人的故事。

因為我們昨晚就住在村落下頭，今天到岡莊村的路程很近，但還得收購當地的鉅額糧食，並且僱用更多的挑夫。而我卻無所事事，因為帕桑和卡比爾負責了所有的採辦，他們用原始的大秤秤米，又要為活捉到基地營的小雞討價還價。

當天晚上村民為歡迎我們舉辦了一場舞會。以前在紐布茲峰遠征時，我曾經見識過雪巴族的舞蹈，他們偏愛酩酊狂歡的場面，自始至終都踩著一種倫巴舞步，手持著拉克西或嗆酒醺醺然的把臂而舞。但今天不同，這像是個表演，兩位老師圍著長身布袍裝扮成女郎舞蹈，因為印度風俗女性不允許跳舞；但還是滿有看頭的，裝得可真像，我一直以為他們是女郎呢。

這支舞的動作和姿勢基本上是印度的。邊跳邊和著鼓聲和詠嘆調，我承認看得很厭煩，後來發現其實這是一種流行的歌舞表演。過去一向有吟遊詩人傳頌著民謠，但是在丘陵村落裡沒有這類舞蹈的傳統；主要是受到波卡拉之類的小城所放映的印度影片的影響。舞蹈是後來才配上了民謠。

或許是因為累了，所以我並不享受；舞會一直進行到十點還未曾稍歇，而正常的就寢時間是八點。村民和挑夫觀眾們把學校的小小操場擠得水洩不通，痛快的享樂，每一支舞都掀起一片興奮的歡呼。

翌晨由岡莊村出發，路沿著莫迪河盤旋而上；不再沿著山邊行進，此刻是一步一步完全投入了山中。瑪恰普恰峰占據著整個視野，懸垂的冰河誘惑著現代的登山家。技術上顯然很困難，但山峰不太高，滿易於親近的。瑪恰普恰峰標高二二九四二英尺，正適合小型精銳隊伍的理想高度。然而尼泊爾政府早已頒下禁令，禁止任何的遠征隊伍攀登這座壯麗的山峰，令人空自遺憾。

當天經過了一片杜鵑花樹林，枝條上密布著暗紅色的叢花。烏雲密布暮色漸凝的黃昏時分，我們來到了丘姆諾小村（Chomro），這是旅途中最後一處有人煙的地方。我們把剩餘的牲畜趕在一塊，那是一頭漂亮的山羊，和一頭可憐兮兮的小水牛。有人說，絕不可能把牠們哄騙到通往峽谷河床方向村落前不遠的岩石上，所以就留牠們活口，打算等建立了基地營，才將之宰殺。

隔天我們真正的深入了莫迪河峽谷。這是令人無比興奮的地方，峽谷河床和低矮的山坡邊，盡是扭曲的樹幹，一片黑壓壓的密林，和骨骸般殘敗頹死的竹子。瀑布奔騰而下，峽谷河床不眠不休的發出轟隆隆的雷鳴。

跋涉行程進行得很好，但我憂慮器材主隊的命運。如果它不能在兩週內跟上，我們在南壁將面臨糧食短缺、攀登裝備匱乏的困境。每天傍晚，無線電操作員岡哈達就得依例架設天線，用無線電和波卡拉及加德滿都聯絡。峽谷底部通信困難，特別是天候惡劣時，岡哈達仍盡力與外界保持聯繫。那天晚上接通了凱文．肯特，此刻他正在加德滿都的尼泊爾陸軍總部。凱文告訴了我們一個好消息。

「哈囉！克里斯，我是凱文。伊安於三月二十四日由孟買啟程，除了四箱外，其餘全部都到齊了。」

我乍起的興奮即刻間又消沉了大半，因為某些器材的損失，特別是裝著氧氣瓶或是雙層睡袋的那幾箱萬一掉了，那一切都完蛋了。

「這真是天大的好消息，」我說：「不過你是否清楚是哪幾箱掉了？」

凱文報上箱號，我則拿著器材裝箱清單逐項核對。只損失了一部分的氧氣、固體燃料和爐具用的瓦斯瓶。仍有充足的氧氣，而其他幾項的短少，我們仍可維持一段時間。凱文已經借到部分固體燃料，而且已經電報道格拉斯・巴斯克男爵，請他再多採購一些寄來。

聽到這個消息後，我們完全陶醉在假日歡樂的氣氛中。目標接近了，也將獲得需要的器材；這將是一場公平的競賽——我們對山。雖然才剛起步，但漸趨團結的情景讓我感到快樂而釋然。隊伍中瀰漫著一股和諧團結的氣氛。電視攝影隊幾乎已經成了遠征隊的一分子，也接受了這種艱難的環境，雖然不及他們曾經在越南和拜福拉戰場上遭遇的危險處境，當時他們很少能離開旅館超過幾天的時間。

夜暮降臨，挑夫們的營火像薄暮中的螢火點點，他們保持著讓營火燒個整夜。此地海拔九千英尺，日落後氣溫真冷，挑夫們只有一襲棉毯和聊避風雨的竹簑，他們擠在一堆取暖，整晚你都能聽到他們的喃喃低語。天亮後，他們又用那堆營火來煮巴爾特

（baart），也就是早餐。挑夫們小群小群圍坐一堆，中間擺著共用的餐壺，他們的食物就是米飯或是麵粉，再拌一點肉和一些咖哩。

這一天只走了一小段路就到了興高岩窟，我們希望在突進聖殿前盡量接近雪線。

原先我曾決定繼續推進，如有必要就直接進入聖殿和唐會合，並了解狀況，以決定挑夫們最佳的行動方案。我們希望最後能在貼近南壁山腳處建立基地營，但依據麥克所言，不能讓挑夫深入聖殿的入口，積雪太深了。

朝興高岩窟趨步爬升時，我不時抬頭望著聖殿頂部的山峰。安娜普納南壁仍然隱身角落，康加普納峰典雅的三角峰頂部卻被框在峽谷陡直的兩壁中央。此刻已經九點，峽谷仍然籠罩在黝暗的陰影中。興高岩窟空無一物，但有人最近住過的跡象。某位仁兄在岩壁上塗鴉「興高旅店」，和竹簍相比，它確實當之無愧。

停下來喝口水，飲用麥克提供的麥片後，我們繼續朝峽谷末端推進。我們在此和雪地第一次照面，想必有千百噸計的雪崩土石曾經由興丘利山坡上傾洩而下，注滿了整個峽谷，像是一道迷你的冰河。站在它的邊緣，我們不意間注意到峽谷上方一英里處有一縷煙塵，幾乎可以確定那就是下來跟我們碰頭的唐。

此刻想必他已經見到了南壁，他的見證將可以決斷我們從照片上的觀察是否正確。萬一南壁不停的遭受雪崩襲擊，那該怎麼辦呢？雖然這似乎不太可能，但不少專家，包括喬伊・布朗（Joe Brown）[7]和另一位也是顯赫一方的朋友湯姆・佩第，都曾認為這條路線絕不可行。記得遠征前不久，和喬伊在帕當湖（Padarn Lake）碰頭，這是北威爾斯登山者經常聚會的酒吧。

「在南壁中段，你將會被粉雪雪崩沖下來的。」他批評道。

我信賴唐的判斷。從春季雪崩的殘跡中開路通行時，心中不禁然浮起雪崩降臨的顫慄，畏懼將聽到唐的證詞。

7 喬伊・布朗（Joe Brown，一九三〇～二〇二〇），二戰後英國最著名的登山家之一，與唐・威廉斯都是工人階級出身，以他們傑出的能力顛覆了英國登山界中上流出身的傳統，一九五五年完成金城章嘉峰首登，一九五六年完成穆斯塔格岩塔首登。

5

聖殿（三月二十八日～三月三十一日）

Sanctuary

唐．威廉斯看似一尊慈祥的土地公般，坐在一塊大岩石下方的洞穴外頭。雖然我們滿懷興奮的期待重逢，但此刻彼此卻是出奇的沉默。

「你看來比上回消瘦不少，」我說道：「進行得如何？」

「還不錯！」

「見到了南壁嗎？」

「見到啦！」

「看來如何？」

「陡啊。但是當我觀察幾個時辰後，它似乎往後傾斜了一些。看來滿困難的，不過我認為應該有機會。」

我們掏出一張南壁的風景明信片，然後唐詳細的描述。兩天前，即二十五號當天，他爬上冰河側磧的頂端，找到一處可以瞭望南壁的景點。

「我瞪著它看了四個小時，有一片大雪崩由左側下來，但我們的路線看來滿安全的。」他說：「其餘沒什麼值得多做盤桓，就下來和你們會合了。」

「路線看來如何呢？」

「和先前的計畫差異不大，我認為可以從右側繞過雪稜的下方，冰河破碎，還不算太糟糕。有一條雪溝可以接到冰脊上的鞍部，再上去就不太樂觀了，那是貨真價實的冰刃稜脊，稜脊上滿布著巨大的雪簷，但我想有機會從左側繞過去。」

「岩階帶如何呢？」

「陡啊！但比我想像中要破碎多了。我確定正面的那道大岩溝，對我們而言，確實難度太高了！但岩階左側似乎有點希望。」

接下來唐就談到了「可怕的雪人」(Abominable Snowman, Yeti)[1]這個話題。確信自己看到了一個雪人，唐談起了這段經歷。

大約是傍晚五點時分，我們抵達了聖殿入口的瑪恰普恰峰基地營舊址，正把背包卸下時，背後的稜線傳來一些聲音，邊巴・塔蓋（Pemba Tharkay）抬頭瞧瞧，不動聲色的說道：「雪人來了！」

我急忙轉身，正巧看到一個黑色的物體隱身稜線後頭，消失的同時，兩行烏鴉鵲然驚起。在喜馬拉雅這很尋常，剛才的聲音想必是牠們的啼聲，但那黑色的物體一定是比烏鴉大得多的玩意。只是暮色漸沉，我無法確定那到底是什麼。邊巴言及雪人的語氣讓我大為困擾，他只是平鋪直敘的說道，讓我感覺彷佛雪人就是生活在這個世界，而這兒就是牠出沒的場所。我沒有繼續觀察下去，這真是個失誤，因為要在天黑前架好營帳。剛才跟邊巴提起我

1 可怕的雪人（Abominable Snowmen），或稱為Yeti，傳說中的一種高海拔生物。自十九世紀西方的探險家與登山家接觸到喜馬拉雅山以來，他們常聽聞有關雪人的傳說，或是親眼看到某種雙足步行生物的腳印，如：法蘭克・史邁特（Frank Smythe）和埃里克・希普頓（Eric Shipton）分別在一九三七年與一九五一年拍攝了這種傳說中生物的腳印。這種生物是傳說中的冰河神？或是熊？或真是某一種生活在冰河周邊的靈長類？至今仍是一個謎題。

覺得我所看到的東西應該不只是一對烏鴉而已，就把這事拋諸腦後了。

隔天，麥克與我出發勘察永久的基地營址，把兩個雪巴人留在瑪恰普恰峰基營地。起初，我們爬上了側磧，嘗試在堤頂上縱走過去，但是上下起伏頻繁，只得退回到側磧與山邊之間的山谷，這裡的坡度比較平緩易於行進。

那兒有幾星期前雪崩的痕跡，看來未來不會再有任何威脅了。走了幾分鐘後，我煞然停住，只見山谷左邊的山坡上有一列深深的腳印延伸而下，馬上意識到這就是昨天傍晚那個不明物體從稜線後面消匿無蹤的地點。雪很深，那個不明物體在雪地上留下了深深的足跡，就像人類的腳印一般。總之，我對著這列通往山邊的足跡照了張相片，然後叫麥克過來看。雪地上有一些像腳印一般的刮痕，麥克說：「喔！這是熊。」

有一些蛛絲馬跡讓我認為牠應該不是熊。此刻我仍然沒有任何的成見，只是看著這些足印與痕跡。我沒有機會拍下一個清晰的腳印，因為雪塊已經滾入了一英尺深的腳印內了。我猜想牠們的身長與一個矮人相當，牠的腳掌跟我的一樣，都是六號的尺寸。繼續沿著山谷往上走，此時雲霧飄了下來，看不清楚南壁，只好回到營地與雪巴會合。回到營地後，我用望遠鏡觀察這些腳印，估計牠們下到約一萬三千英尺的高度，消失於稜線頂端大約一萬五千英尺的高度。麥克要返回波卡拉與主隊會合，當天傍晚他下山回到與高岩窟與守候在那裡的兩名挑夫會合。他計畫帶這兩名挑夫下山回到最近的村落，讓他們揹負食物上山到達與高岩窟，那時我應該已經完成初步的勘察，回到了與高岩窟，等待著主隊的到達。

那天晚上，麥克離開後，我開始思索有關腳印的問題。心想這個不知名的生物可能還在附近，從帳篷探頭出去。夜色如華，月光直接灑在那一列腳印走過的山側。月光很明亮，可以清楚的看到很小的印痕。山坡起伏和緩，很適合滑雪，我心裡暗暗記住所有看到的黑色物體，像是岩石，或是樹叢等等，如果有東西移動的話，那一定就是某一種生物了。這一晚真是酷寒，窩在兩層睡袋裡，還是很冷。儘管如此，為了一探究竟，我還是把頭探出帳篷張望，過了一會，似乎有一個黑色物體移動了。但我不太確定，還是繼續盯著看；突然間，千真萬確的，那個黑色物體快速的移動了。營帳裡有一具單筒望遠鏡，用來觀察移動中的黑色物體。此刻，我確信可以辨識牠的四肢與一種跳躍的動作。牠直接往山上的樹林方向移動，從動作看來，牠應該是一種孔武有力用四肢行進的動物。寒冬時節，殘枝枯木，牠隱身在樹影後面，然後又露出了身影，在一叢叢樹林間徘徊前進，牠正好在一個山丘腳下的陰影裡，不是看得很清楚。等到牠爬上了頂端的樹林，現身在皎潔的月光下，我覺得牠好像是在覓食，然後，牠似乎決定放棄搜索，開始橫渡過山坡，斜降往山崖的方向。

一旦現身在月光下，終於可以看清楚，牠用四肢行動，快速的越過雪坡，前往隱匿的山崖。此刻，我心想牠應該是一種猿猴，或是一種靈長類的動物。當牠消失在岩石的陰影之後，我想，我再也不會看到這個不明生物了。自從來到瑪恰普恰營地，就一直有一種特異的氣氛，此時，也似乎隨之消散無蹤。

第二天早上，我帶著兩名雪巴上到永久的基地營址，對南壁做完整的勘察。路過昨天拍攝腳印的地點，我想看看他們的反應。這一列足跡如此清晰，他們卻視而不見的走過。我提過我看到了雪人之類的東西，他們卻裝聾作啞，無動於衷。

我相信他們知道有雪人，只是因為牠是一種神聖的生物，最好是河水不犯井水，不要驚動牠。我也深有同感，如果牠不是熊，而是一種傳說中神聖的生物，牠生存在這個冰天雪地的世界裡，理當不受到任何的干擾。

從勘察南壁回程的路上，雪巴走在我的前面盡情的玩，用塑膠袋從雪坡上溜下來，這是他們最好玩的遊戲。

我故意問：「何不到另一邊的雪坡，那邊更好玩。」話還沒說完，坎恰（Kancha）就插嘴說：「那邊不好！先生，那邊不好！」

他們很顯然並未接近那邊，因為那裡還沒有腳印出現。我突然想到，那邊是我們看到雪人的山坡，一定是這個緣故，雪巴不願意靠近那邊。

終究，我們打包下山回到了與高岩窟，等候主隊人馬的駕到。

唐帶著兩名雪巴，分別是邊巴·塔蓋與坎恰。邊巴是雪巴族裡長得最瀟灑魁梧的一個，穿著講究，通常是其他遠征隊留下來的裝備，當然也比較自負。他曾經參加前兩次的印度聖母峰遠征隊，曾負重到達兩萬七千英尺的高地營。前一年，他也參與了德國的安峰遠征隊，負重抵達了最高營。坎恰長得則不那麼體面，總是板著臉流露出沉重的表情；但一旦跟他混熟，他就開朗多了，在遠征過程中表現良好。

南壁看來有機會，但問題是如何前進到它的山腳下，今年的春雪特別的厚實，消融得很慢。雪線在一萬英尺，在峽谷宿營處的轉角上，走到峽谷盡頭還要四個小時的路程。唐的營地在瑪恰普恰峰基地營的營址，海拔約是一萬兩千英尺，距離南壁基底還有七英里之遙；距離計畫在南安娜普納冰河上的「島丘」（Rognon）的山頂建立第一營的位置，也還有四千英尺的高差。

唐在冰河畔看到一個不錯的基地營營址，從他的臨時營地往上走大約還要四英里，但此刻還不宜將挑夫隊推進到那個高度。一方面，從興高岩窟一天內走不到，此外，也沒有足夠的帳棚可以讓他們在聖殿入口處紮營。

挑夫隊裡沒有人有一雙襪子，有一半的人沒穿鞋，他們的衣著也無法禦寒。雖然攜帶了廉價的墨鏡與運動鞋，以這種裝備進入腳踝深的積雪步行，可是開不起的玩笑。我料想可以押著他們上到聖殿入口處，但就到此為止不能再前進了。現在的局勢而言，裝備主隊延遲的行程倒是一個好消息，當他們跟上的時候，積雪應該融化了一些，通往永久基地營的路跡屆時應該也踩得比較堅實了。儘管無法留下所有的挑夫，我仍希望能夠保留足夠的人力，能夠快速的將物資從臨時基地營運往永久基地營。

夜雨，挑夫們勢必過得很狼狽，身上的竹簍毫不防雨。大衛・蘭伯特有一長串的病號，幾乎有三分之一的挑夫都來報到，大部分都是支氣管的問題。多虧卡比爾的領導統御與雄辯之才，所有的挑夫都願意超越雪線繼續前進。第二天早上幸運的天晴了，若還繼續下雨的話，就不能夠讓挑夫繼續前進，這將會成為一場災難，如此就要靠自己的力量，花費很多天的時間，把所有的裝備扛到基地營。

早上我們把墨鏡跟運動鞋發下去，原來只想發給那些沒有的人，但一瞬間所有的人都赤腳了，只好發給每一個人。許多挑夫寧可把鞋子掛在脖子上也不要弄髒新鞋，而赤著腳踩在及膝的深雪上。

從營地前進不遠處，途經一大片雪崩的遺跡。唐告訴我那大部分是新的雪崩，他與麥克・湯普森四天前才路過。前一天回程路上，唐與那兩名雪巴在此發現了一具鹿的軀體，它是被雪崩沖下來，凍僵了，成為我們的加菜，野味鮮美而濃郁。

清晨雪崩遺跡寒凍，必須鑿出一條路痕讓挑夫隊順利通行。經過峽谷咽喉部位後，山谷地形開闊起來，積雪也變少了。瑪恰普恰峰高聳於前，陽光穿越山肩部位的巉岩構成的陰影，峽谷河床上撒下萬丈的光芒。從天寒地凍中走入溫暖的朝陽，又再走入陰影下的寒凍。這一段路真是暢快，穿越了黑暗的峽谷咽喉進入了聖殿，積雪的山峰就從四周羅列開展。一群挑夫在一個岩石上暫歇。

「上來吧，這裡可以看到南壁！」米克．白克呼喊著。我從鬆軟的深雪中攀援而上，在冰河側磧石堤的頂部望過去，冰河谷的深處，看到了我們的目標，南壁的頂部。它出乎意料的近，從頭頂到山頂還有高達一萬四千英尺驚人的落差。只能夠看到大岩階的頂部，就像唐所說的，它確實比照片中看來更為破碎，我們更為確認可以突破這道難關。

有一些挑夫陸續開始下山了，從積雪中呼嘯而過。臨時基地營就在前方幾百碼處，位於末端冰河堤下方，夾峙在兩個巨石間的一塊平地上。夏季放牧用的竹屋的屋頂剛好露出了雪面，盛夏時節岡莊村的牧羊人會趕山羊上到聖殿的草原，然而雪那麼深，很難想像它會真的融化而長成一片草原。

此刻毋須將挑夫留下來把裝備運送到永久基地營，因為我們沒有足夠的營帳來容納所有的挑夫，他們也都期待著下山下到雪線以下。儘管如此，挑夫們仍舊保持著高昂的士氣。昨晚收到一個令人振奮的消息，伊安已經抵達了尼泊爾邊境的闊坦瓦城，這遠超乎原來所預期的速度。他以無比堅定的意志與柔軟的身段順利而快速的完成清關作業，從孟買出發日夜兼程，風塵僕僕的越過印度大陸，坐在卡車背上飽受驕陽烘烤，接近旅程終點時錢包還被車隊的小偷給扒走了。這項任務吃力不討好，卻是整個遠征隊成功的關鍵。

我詢問卡比爾他是否可以讓挑夫隊儘快回到波卡拉，將伊安押運的裝備送上來。我猜想凱文・肯特可能沒辦法僱用到足夠的挑夫，這個季節有許多登山隊都從這個登山基地出發。卡比爾承諾他可以做得到，因此絕大部分的挑夫都繼續參與第二趟的挑運工作。

能夠開始規畫實際的登山行動，對我而言真是愉快。從英格蘭出發前，我已經詳細盤算過整個攀登行動的進行方式。原則上是用四名登山隊員做為開路先鋒，並沿路在困難的地形處架設好固定繩，其他的隊員與雪巴則在後方已經架設好的營地之間來回運補。當先鋒隊伍疲累了就下山輪休，休息夠了再進行運補的作業，而在先鋒後方的下一個運補隊則前進遞補前方的開路工作。以這種輪調的方式進行，每一個登山隊員都有機會輪值前方的開路工作。

我希望在初期的開路作業能夠迅速且順利的進行，唐自然是不二人選，因為他是唯一曾經親眼看過並且研究過這條路線的人。接下來要思考誰來跟唐搭檔，這個人選很重要，因為繩伴相互間的默契以及強弱的互補作用，對於遠征活動進度，可能會造成天壤之別的結果。我對於唐的現況並沒有絕對的信心，他似乎還沒有百分之百恢復，啤酒肚雖然消了點，但還在那兒。前一次我們在巴塔哥尼亞結隊攀登已經是七年前的往事了，我沒把握他是否仍保有當年攀登時的那股衝勁。

我挑了道格爾．哈斯頓來跟唐搭檔，整個團隊中他似乎最有衝勁。健行途中，他蓄勢待發，為攀登養精蓄銳。往基地營途中，他總是邁開大步一馬當先，或是在前頭的草地上張開四肢仰天而臥。停下來的時候，他多半在看書，話少而不太參與騎馬打戰或是公眾討論這些瑣事。他就是部隊裡所謂效能經濟的標竿。但他也避免成為一個孤僻沉默而沉潛思考的人，似乎是要積蓄每一分的精力，為即將到來的戰鬥而準備。

唐對於山的判斷力讓我深深折服，我從未遇到像唐這般對於山有一種敏銳感覺的登山者。這種感覺揉合了直覺、淵博的經驗、對於山況纖毫精準判讀的能力，以及攀登中綜合思考許多問題相關因素的能力。我期望道格爾傑出的適應力與攀登能力，結合唐豐富的經驗，可以在南壁下半部詭譎多變的開路作業中達到快速突破的成果。任何開路作業上錯誤的判斷，都可能浪擲寶貴的攀登時間，讓遠征隊陷入危險的處境。

這一天其餘的時間主要是架設營帳、整理清點裝備，讓臨時基地營成為一個舒適的住所。隔天三月二十九日，唐、道格爾、米克與雪巴坎恰四人前進到永久基地營營址，這個階段我仍然計畫安排四個隊員做開路先鋒，優點是當一個隊員身體不適時，其他三人仍然可以繼續推進。同時，對唐、道格爾與米克三名隊員也是一種優待，未來這幾天會有一名雪巴嚮導來照顧他們的起居飲食。傳統上，都是由雪巴人來煮食，並負責所有整理營地的雜務。

其他隊員則運補上到永久基地營，並於當天返回臨時基地營。我應該也要跟著上去一趟，但仍有一大堆遠征隊管理的事物尚待處理，要寫信回覆給遠征隊的贊助人，以及擬定未來幾天的攀登與運補計畫等等。未來當凱文・肯特進駐到基地營後，這些事務性的管理工作都會由他來接手。儘管如此，我還是無法拒絕那個誘惑，一大清晨上到一個點，可以仰望整個南壁，並且觀察通往南壁山腳下必須穿越的冰河路線。

太陽還沒越過瑪恰普恰尖塔峰所形成的山間盆地時，積雪堅硬，我愉快的沿著冰河側磧石旁邊的峽谷行進。此時我已經感受到高海拔缺氧的狀況，喘著氣踱步而上。我花了大約三刻鐘的時間上到山谷的高處，前方冰河另外一端有一塊肋岩遮住了南壁下半部，當我爬上了磧石的稜脊，第一次，南壁巨大的身影就聳立在眼前一覽無遺。

我的反應與唐如出一轍，首先就是它龐大的山體，其次它是如此的陡直。透過望遠鏡仔細觀察南壁上的每一塊痕跡，體會到南壁可以切割成山脊、山稜、雪溝、雪原與大岩壁等幾個部分所組成。我有信心，以我們的能力應該有機會可以挑戰成功的。

我仔細觀察通往山腳下穿越冰河行進的路線。兩位曾經在安娜普納南面聖殿率隊攀登的德國遠征隊領隊，根特・豪瑟與魯德威・葛雷索，兩人都向我們保證穿越冰河路線直接了當沒什麼大問題，我從照片上判讀也以為如此，然而尼克・艾斯考特卻不停的提出警告，認為當穿越這段冰河這段路開始攀登前會遇到麻煩。現在用望遠鏡仔細的觀察，證實了尼克的隱憂，發現冰河相當的破碎，顯然隱藏著許多冰河裂隙與冰塔構成的迷宮。

唐與道格爾花了一天的時間沿著冰河畔的山坡上溯，直到一個地點他們判斷由此可以橫渡冰河到達對岸島丘的山腳下，預計可以在島丘的山頂上建立第一營。山坡上覆蓋的深雪，被清晨的陽光照到就變得鬆軟難行。他們又花了一天的時間才渡過了冰河，走進去才發現冰河內的地形錯綜複雜，與遠處看的印象截然不同；置身其間時，視野被壓縮到幾碼外的下一個冰塔或是另一道稜線，積雪覆蓋的冰河裂隙下方不斷傳來隆隆碾壓的聲響，令人不禁繃緊著神經，在搖搖欲墜的冰塔林間一刀一刀的砍切步階，隱約覺得腳下的鬆雪就深藏著陷阱，看到張開的裂隙就一大步躍過去。

他們費了一番工夫終於越過了冰河，回程卻必須找另外一條路線，因為路上有些地方是只能過得去卻回不來的單行道。橫渡路線的最後一段，必須從一大片即將崩毀的冰塔的下方通過。

唐那天晚上跟我說：「在危險的地方，你只能待幾分鐘；不過你只要保持一段距離，就有機會避開崩落的冰塔，不過我還是想找一條比較安全的路線。」

那一天，尼克·艾斯考特用經緯儀對南壁做了一次測量，這是查爾斯·伊文斯所做的一項建議，他是一九五五年首登金城章嘉峰的領隊，也是此次遠征隊的贊助人之一。在山腳下觀察一座大山，因為仰角視差的關係，很難正確估計每一個位置的高度；實際攀登時所使用的高度計的讀數，會受到氣壓變化的影響有相當的誤差。為了進行攀登計畫，有需要掌握南壁路線上每個位置的相對高度。

尼克被指派為測量官，他以前在北極格陵蘭的遠征中也進行過測量的工作。他在磧石稜頂架設了經緯儀，然後輕聲的唸出基線與記錄表，記下了各個位置高度。

他對於這些數字顯得不太有自信，主要是因為他過去曾經在一個發電廠的建築工作中擔任土木工程師的一次失敗經驗，他所負責的一半的混凝土地基竟然低了十八英寸，無法與另一半接合。然而，這一次他對南壁所做的測量，事後經由高度計的比對，卻是相當精準的。他計算鞍部上方的小山頭的高度是二〇二五〇英尺，大岩階正下方的冰河裂隙（bergschrund）高度是二二七五〇英尺，大岩階頂端的高度是二四七五〇英尺。亦即大岩階從最底部算起高達兩千英尺，如果我們被迫從左側攀登，這似乎很有可能，那攀登的高度就會高達四千英尺了。尼克也試著對冰稜頂部與南壁中央雪原接合的位置做了一個測量，高度大約是二一六五〇英尺，但是由於找不到一個明確的特徵，他對於這個讀數的正確性存疑。

唐也對攀登路線上設營的位置做了一個初步的規畫，總共需要六個營地：第一營位於島丘的頂部，第二營位於冰稜側邊基部，第三營位於南壁一半高度的鞍部上，第四營位於大岩階的底部，第五營位於大岩階的正上方，第六營位於峰頂下方。對此，我稍持保留的態度，我認為在冰脊頂部與大岩階上，可能需要設立中繼營地。然而，總體而言整個攀登路線確實是依照唐所做的規畫執行。

此刻，臨時基地營所有的成員，包含一些廚房小弟，都投入了往永久基地營運補的工作。突克提把夏季庇護所挖掘開來做為他的廚房，雞群也給放了出來四處活動，不會離火堆太遠以保溫暖。遠征隊的山羊被綁在大岩石的頂部，那邊還有一些青草可以啃食，牠看來很悲傷，似乎已經知道自己最終的命運了。

三月三十號，另外一支遠征隊抵達了我們的營地，這是攀登安娜普納三峰的日本女子遠征隊，他們有九名身材嬌小的女生和九位照顧她們的雪巴。我們獻上一些熱茶，她們格格笑的同時，響起此起彼落的快門聲。從加德滿都到波卡拉路上，雙方有幾次不期

固定繩路段
不需要固定繩路段
事故處
峰頂 (26,545 英尺)
小岩階 (25,000 英尺)
第六營 (24,000 英尺)
大岩階
鐵熨斗
第五營 (22,750 英尺)
冰壁
臨時第五營
暫存區
第四營 (21,300英尺)
冰脊
第三營 (20,100 英尺)
第二營 (17,500 英尺)
事故處
第一營 (16,000 英尺)
島丘

而遇，她們充滿紀律的狂熱態度讓我們印象深刻。在波卡拉，她們例行每日晨操與長跑以鍛鍊身心意志。她們的營地只在幾碼外，計畫完全靠自己的力量進行運補工作，目標是溯上一條冰河支流，然後從安娜普納三峰與康加普納峰之間的鞍部下方的一條雪溝上攀。

當晚艾倫・漢金森與米克・白克想做一次禮貌性的拜訪，但是卻被女子隊的領隊透過聯絡官婉拒。這回後，兩支遠征隊各自全力投入自己的攀登作業，無暇往來了。

我計畫在四月八日主隊到達之前，把這個臨時基地營做為基地營使用，這段期間主要是將糧食、帳篷與其他的裝備整理好，依需求運上基地營以及上方的營地，盡可能的往前推進。

三月三十一日，我決定自己往前推進到基地營，與唐、道格爾、米克和坎恰會合。因為臨時基地營距離前線太遠，看不到南壁，也不能掌握前方的進度，要迅速的找到通往南壁的基部一條安全的路線，對於遠征的成敗是一個關鍵因素。

此時的基地營像一個中繼營地，只有一頂兩人帳與兩頂威廉斯箱型帳篷。威廉斯帳對於攀登而言是一個革命性的發明，傳統的帳篷在此次遠征如此陡峭的地形中可能不適合使用。回顧在一九六三年派內岩塔峰群的遠征中，遇到了另外一種挑戰：沒有任何一種帳篷可以承受得住南巴塔哥尼亞地區肆虐的狂風。唐發明了這種裝備，設計了一個預鑄的箱型結構的帳篷，框架用原木構成，加上高強度尼龍材質的蓬布。它重達一百磅，我們一路上揹著它直抵中央岩塔的底部，它抵住了所有的暴風，我們可以在岩壁腳下耐心的等待，直到天氣晴朗的那一刻發動攻擊。

兩年後在高里桑卡峰的遠征中，唐做了一個更精緻的改良版，用角鋼（Dexion）材質做框，以帆布覆蓋四周；這兩種材料都很重，卻很值得。他們在最高營地很陡的雪坡上挖了一個洞，把這個帳篷塞了進去。

這一次遠征唐又做了減重的改良，用鋁管做為框架，加上高強度的尼龍與合成纖維材料做屋頂與牆，它的形狀是長方形：六英尺長、四英尺高與四英尺寬。重達三十磅，比傳統的高海拔帳篷重，但是一旦架起來就讓你覺得很安心，有信心它不會給強風吹走，也不太會被積雪給壓垮，這是傳統帳篷很常遇到的問題。另一個周邊效益，就是屋頂的融雪提供了即時的水源，節省了我們很多融雪所需要的時間與燃料。

住在威廉斯箱型帳內部令人安心，傍晚炊事時，把出口對著南壁，好像坐在戲劇廳的包廂裡坐擁群山。基地營位於側磧石與從龐大的莫迪峰山體拉下的一道岩石肋稜間夾峙的一道峽谷中，側磧石稜線使基地營與冰河相隔六十英尺，莫迪峰的岩石肋稜保護我們避開雪崩的威脅，未來這幾週，這道岩石肋稜確實發揮了作用，阻絕了一系列大型的雪崩。這一片小山谷直接指向南壁，它聳立在眼前高達三英里的高度。南壁下方這片壯麗的冰河山谷，想必是世界上最為壯觀的冰河圈谷之一。連結莫迪峰與安娜普納峰之間的這一道稜線，像是兩座城堡之間的一道高聳的城牆，高度都在兩萬一千英尺以上。

從聖殿中看莫迪峰似乎是不可侵犯的，十分的陡峭，整片山坡都是雪崩形成的沖蝕槽，陡峭的雪坡上方覆蓋著一片從山頂突出來的懸垂冰壁，它無時不刻威脅著要吞噬掉從下方雪坡一步一步往上攀登的侏儒。連結兩座山峰的冰壁間布滿了從稜角分明的岩牆上優雅的往下延伸的冰蝕槽，稜線的塔樓上由狼牙峰統領全局，它名符其實的像狼牙般尖聳，由凶險的墨黑色岩石所構成。這片城牆似乎毫無弱點，無處不免於雪崩的威脅。

南壁的東側，聖殿右壁的這一片山壁稍稍緩和，冰河丘峰的圓頂上滾落一道懸垂冰河，冰河上再突出一道支稜刺入聖殿的中央部位，稜線上有一座典雅的楔形副峰，那就是二一三三〇英尺高的福祿峰（Fluted Peak），以及由冰岩夾雜、一八五八〇英尺高而不起眼的天霆峰（Tent Peak）。

整個冰河圈谷的中心無疑就是這片高聳的安娜普納南壁，安娜普納峰卻絲毫不像瑪恰普恰峰般的美麗，從這個角度來看安娜普納峰，它沒有任何真實的形狀，山體像一支蟠踞的大章魚，副峰支稜像觸角般亂七八糟的從身體展開向外纏繞著，南壁本身確實撼人心弦。它讓我想起大喬拉斯峰北壁的三道扶壁（buttress），卻有三倍的高度，地形也萬般的複雜。左側的扶壁上隱約露出一線生機，有些地方卻隱晦不明。那天晚上站在營帳外頭，仰首眺望著稀微星光下朦朧的南壁山體，我想我們都不禁自問南壁呈現給我們的那許多無解的疑問：冰脊左側是否潛藏著一條可以繞越的路線？山壁中央部位的那道冰崖是否穩固？我們真的可以攀越那道大岩階嗎？

6

第一類接觸（四月一日～四月七日）
The First Encounter

莫迪峰頂的懸垂冰河似乎就覆蓋在頭上。「如果它崩下來的話，那一定會掃過整條冰河。」米克說。

我們十分注意雪崩的威脅，前一年有兩支遠征隊因雪崩遭難。喜馬拉雅所有東西的規模都遠超過世界上其他的山區，很容易就低估了雪崩潛在危險區域的範圍。

米克與我一起探查橫渡冰河通往島丘的替代路線，同時唐與道格爾從昨天回程的路線前進。找到一條便捷的路線可以安全的通往南壁山腳下，對遠征隊而言相當重要，因為我們期望能夠仰賴挑夫運補，以彌補人力的不足。

在這種區域探索，滿像是在雷區裡行進一般，四處都隱藏著未知的危險：一道隱蔽的裂隙、搖搖欲墜的冰塔，或是遠方巨大山壁潛在的威脅等。踩著冰河岸的鬆雪前進時，我們對於這座山還很陌生，覺得緊張而敏感。正前方有一座冰崖，崖底散布著雪崩的遺跡。眺望著冰河，期望能夠找到一條比唐和道格爾穿越的路線更高的廊道，以避開冰河對岸邊緣危險的冰塔。我們費了好一番力氣，卻找不到一條可行的路線。這條冰河就像是由許多巨大冰塊堆疊而成的迷宮一般，外面卻披著一件鬆軟柔和的雪衣。我們嘗試走一條路線，一起步就被張著血盆大口、深不見底的冰河鴻溝給嚇止了。

我們回到河岸爬上高處，試著鳥瞰這整片的障礙，從望遠鏡瞄到唐和道格爾兩個小小的黑點，正要爬上島丘的山坡。那時正值中午，是約定的通話時間，每個人都配有BANTAM的無線電對講機，以溝通尋找通過冰河的最佳路線。無線電對講機已經證明它不凡的價值，可以和臨時基地營通話，儘管兩個營地間隔三英里遠，遠超過目視的距離，通話的音訊還是相當不錯。

「哈囉！道格爾，我是克里斯，請說話，結束。」

「哈囉！克里斯，你的聲音很清晰。」

「你那邊情況如何？」

「橫越冰河的路線還可以，但我覺得你可以把它拉直一點，我們這一頭上方確定沒有其他可行的路線了。」

「好！道格爾，我們這一頭看來也是如此，我們會跟著你們的路線來修正。島丘那邊如何？」

「單調的雪地行進，我們今天要試著爬到丘頂。」

米克與我接下來整天就在道格爾與唐的橫渡路線上工作，試著做一些調整，讓路線更便捷與安全。當我們在冰塔與窄巷中偵查，心情既喜悅又緊張，在困難地形路段架設了固定繩，利用竹竿做為路標。短暫一天的工作後，我們回到了營地，發現大衛・蘭伯特癱平在帳篷內。他從臨時基地營出發的時候已經感受到嚴重的高度適應問題，仍然勉力而為，結果到了營地就累垮了。他是遠征隊中經驗最少的隊員，卻極力的想要超越自己的極限，在喜馬拉雅登山要儘可能的避免這種狀況，一個人的問題可能會拖垮全隊。此刻我們卻沒有額外的睡袋與空間，我就要求，或是說威脅，讓大衛儘快下山。當我看著他越過冰河朝著臨時基地營下山時，開始擔心他落單，擔心他會不會半路上就癱倒在地。本來想陪他走一段路，但是經過一天的探路、修路，自己也覺得有些疲累，說服自己說他應該不會有問題的。然而，真的沒問題嗎？我仍然不太習慣這種做為一名遠征隊的領隊所應該肩負責任的感覺。

當天安格・邊馬也上到了永久基地營，前線的戰力補強到了六人。唐與道格爾接近傍晚才回到營地，他們上到了島丘的頂部，在下午的風雪中下山。整個遠征過程中，這種天氣型態成為一種常態。

「在風雪中很難走，」唐回報說：「但是路線很單純，在島丘頂部我們發現了一個不錯的營址。」

我一直很擔心島丘頂部距離南壁基部是否夠遠，不致受到雪崩的威脅。唐確信這個營地安全無虞。經過兩天繁重的開路工作後，他們兩人十分疲憊，同意明天他們應該要暫停休息一天。明天在坎恰的協助下，米克跟我要進駐第一營；同時，尼克・艾斯考特與邊巴・塔蓋會上到永久基地營。

就像往常一樣，早晨天氣晴朗，我們邁著穩健的步伐來到了冰河，橫渡冰河直到上回路過就快倒塌的冰塔前方。我還沒適應這個高度，走得滿喘的，試圖要快步通過這個冰塔下方，可就使不上力，只好承受著千分之一的風險一鼓作氣快跑通過。到了冰河對岸，癱倒在地，彷彿渡過湍急的激流逃生一般，然後往島丘上攀爬。唐與道格爾的步痕已經被昨夜的新雪覆蓋，只好重新踩出路痕。雪深及膝，兩名雪巴排雪開路，很快的就走在前頭了；尼克走得不錯，我跟米克則落後很遠。在喜馬拉雅山區這種高度做高度適應與負重攀登，特別的緩慢而疲累。每在前線開路一天，就至少需要十二天以上單調的負重運補。島丘的這片雪坡高度約一千英尺，雪巴此時遙遙領先了，每隔幾百碼就插上旗竿。我以旗竿為目標，奮力上攀。爾後，這成為遠征隊員習以為常的一種模式，每一步都看不到盡頭，仍然努力前進試圖超越自己體能的極限。島丘的這一段山坡，如果放在平地，不過就像在史卡菲爾山（Scafell Pike）[1]散步般的輕鬆，此刻在遠征初期，它卻像是無窮盡的折磨。一旦適應了這個高度，這個山坡就會變得稀鬆平常，高度適應卻是個痛苦的過程，當你開始適應一個高度，就必須再往前推進，重新體驗整個高度適應的過程。

米克以相同緩慢的步子就走在我的後頭，對於未來幾天必須比肩作戰的我們來說，倒是一個好消息。一組繩隊裡，如果有一個人走得遠優於其他的隊友，那會是最令人沮

1 九七八公尺，英格蘭最高點，位於湖區國家公園。

喪的一件事。

走到島丘的頂部，雪巴已經在架設帳篷。島丘的頂稜像新月般環繞著一片平地。南壁近在咫尺，仰之彌高，離此只有一英里的距離。我們與南壁之間的冰河緊靠著島丘上半部的邊緣，像一道巨浪般幾乎要淹沒了整個島丘。這裡沒有危險的冰崖，因此雪崩的威脅稍減，但我仍然堅持讓雪巴把營地從一塊大石頭的前方移到它的後方來，讓我覺得比較安心。我仍然擔憂著南壁上方崩落的大型雪崩可能會衝擊到這個營地。

下午的雲霧捲入營地時，尼克與兩名雪巴回頭下山了，留下我跟米克兩個人孤零零的守著這個營地。剎那間，我們好像脫離了這個龐大的遠征隊，這龐大的冰河圈谷裡就只剩下這兩個登山者，這種孤寂的感覺真好。我們享用陸軍遠征隊借給我們的套餐，過去兩週來，一直吃米飯和放山雞，有機會享用燉牛排和飯後的蘋果布丁真是最大的享受。煤油爐的氣味卻令人不敢領教，我們的爐具跟著船走，現在用的爐子是在出發前一刻在倫敦買的，它是個野餐用的簡單爐具，容量大約半品脫，噴嘴的形式不適合高海拔使用。在波卡拉買的煤油摻了很多雜質，燄色焦黃。爐嘴要常常用探針清理，花了一個多小時才燒了一品脫的開水。

吃了一顆安眠藥，那一晚我睡得很熟，早上六點就醒了，賴在睡袋裡，直到陽光曬到了營帳。夜裡酷寒，陽光還沒有曬暖帳篷之前起身爬出睡袋，需要莫大的意志力。那天以後，我們估算從睡醒到出發攀登大約會花超過三個小時。最好是前一天夜裡就先融好雪，第二天一早才有冰可以用，不然早上要從睡袋裡鑽出來到外頭扒雪，那真不舒服，還要再等待融雪的時間，好幾鍋的雪才融得出一鍋的水。融雪需要一個小時，然後配上一罐豆子加上燕麥餅乾。我們總是在睡袋裡待到最後一刻，煮好一鍋水後要再煮一鍋水，到早餐吃完，這樣兩個小時就過去了。陽光開始曬暖營帳，把帳篷內部染上鮮橙的顏色，我回去賴著享受這個時間，最後才掙扎著爬出了睡袋。

著裝是另外一件例行公事，通常睡覺時不脫衣服，如果天氣有變化，還得多穿。如果外面很冷，出發前把雪衣套上就可以了；現在雖然在一萬六千英尺的高度，太陽下溫度已經很高了，卻沒有一息的風，昨夜凍結的雪面在腳底下嘎吱作響。天上沒有一絲的雲，瑪恰普恰峰不再仰天鼎立，優雅的佇立在陰影下藏身不見蹤影的臨時基地營旁。冰河畔的永久基地營距此三英里，遠在兩千英尺的下方，南安娜普納冰河沿著山谷蜿蜒而下，像是一道白色的高速公路。此時，冬雪仍像毛毯一般覆蓋著整個聖殿。

出發的時刻到了，我們終於再往前進入了新的疆界。南壁中央往下延伸的冰稜把冰河一畫為二，兩股冰河之間有一個廊道，從島丘這一端連結到冰稜的前緣。冰稜的基部以及兩側底部，受到冰河的刮蝕成為絕壁。這條路線從冰稜前緣底部沿著稜線上攀，稜脊路線總歸是很困難的，可能會耗費太多的時間。

通往冰稜基部的廊道路線直接明顯，夾峙在它上半部是冰河，而下半部則是由雜亂堆疊的巨大冰塊這兩道冰牆之間滾動的雪堆之上行進。不一會我們就結成繩隊，擔心那些隱蔽的冰河裂隙，慢慢的排雪開路前進，小心翼翼的從一個冰河皺折到另一個冰河皺折曲折行進，邊走邊插上竹竿標示路線。我們兩個都非常的謹慎，對於周遭的龐然巨物以及冰河瞬間突起的威脅深感恐懼。

兩個小時後，到了廊道的盡頭。

「冰河看來很破碎。」

「可以試試看稜脊的路線，」米克建議說：「有一條路線可以從正面上攀，再沿著廊道的左側前進。」

我想我們兩個都很畏懼這個冰河，但冰稜基部的岩壁看來太困難了，在遠征初期而言不宜在此耗時拼戰。

「來吧！繼續前進！」我決定了：「我們看一下冰河，看是否可以在冰稜兩側找到安全的路線。」

冰河岸邊的冰牆之間有一片滿陡的雪坡，但看來還沒有太多的起伏。我們用前爪攀登前進，在烈日下汗流浹背。這一段路不難，沒一會兒就上到了一個小雪階，顯然需要在此架設一段固定繩，埋下了第一個阻雪板做為固定繩的支點。我從未使用過阻雪板，有些懷疑它的功效。阻雪板就像沒有柄的鏟子一樣，用一條細鋼纜穿過它中間兩側的圓孔，再用鉤環與繩環串連穿過細鋼纜，就可以做為固定點使用了。將阻雪板以一個傾斜角插入雪面，再連上繩索，當下方施力時，鏟面吃雪越深。它的起源是在南極探險時用來繫住雪橇狗使用的，拿來做固定繩支點也很好用。我們所埋的這第一個阻雪板固定繩支點，撐過了遠征隊的全程不下數百次的上攀與下攀的作業。

上去另外一段蓋住一塊冰凸塊的陡雪坡後，我們來到了一片平地。此時很難判斷這段路是一個安全的通道，或是隱藏著危機未經擾動的雪面。我們朝著冰稜小心慢步的曲折行進，避開隱藏的裂隙。中午時分，來到一個地點比第一營高約一千英尺，前方顯然是危險的冰塔區。我們累了，適應不足，不太敢貿然進入。

「今天就走到這邊回頭吧。」我建議道。

米克沒有異議，我們就轉身下山回到了第一營，在營地遇見剛從山下休息一天後回來的唐與哈斯頓。唐獨好威廉斯箱型帳，因此就架了一頂，然後鑽進我們的兩人帳，整個下午煮茶聊天。遠征期間，在同一個營地活動的小組之間相處良好，從未有任何的爭端；問題都出現在不同營地工作的小組之間，主要的原因是缺乏溝通，誤以為另外一組隊員比較輕鬆。一旦雙方碰了面，可能已經忘了，或是透過討論後，誤會就冰釋了。

米克回程時頭痛欲裂，顯然是高度適應的問題。大衛發給每個人一個塑膠盒，裝著各式的藥品以應付各種突發的狀況，例如：頭痛藥、抗痢疾錠，以及小玻璃瓶裝的嗎啡在劇痛時可以服用。還有一些高山病的藥丸，這顯然是治療肺水腫的最後一道防線，這是登山者上到高海拔最致命的威脅。肺水腫是一種肺炎，它發病時間很短，會在肺部形成積水，而讓病患溺斃。唐．威廉斯對此有親身的體驗，他的夥伴鮑伯．道恩斯在山下復原一小段時間後，一口氣衝上了高地營，結果就造成了肺水腫，幾個小時內就病逝了。

大衛盒子裡的藥丸會讓病患藉由排尿，而消除肺部的積水。米克決定服用了這個藥丸，夜裡每半個小時就得爬出去小便，在零下的低溫裡這真是個苦差事。而我卻睡得很安穩，鼾聲不止，讓他尤其難受更睡不著。第二天早上他幾乎不省人事，我只好把他留在營地整理環境，繼續前進冰河探查第二營的營地。

喜馬拉雅登山的一項特性，就是第一次經過覺得非常危險而格外小心謹慎的地方，熟悉後就不以為意了。我們很快就上到了昨天的高點，道格爾輕快的前進，唐在後面壓隊，步調緩慢而堅定的跟著我們的足跡前進。

爾後，路線沿著山崖邊的廊道穿行，太陽下冰柱與岩石不間斷的從山崖上墜落到下方的雪地上，我們心想最好離它遠一點，辛苦盡力的排雪前進。再往上，有一列蜷曲的冰崖（ice cliff）切過了冰河，與冰河合成一片碎裂的裂隙與冰塔構成的迷宮。靠近山崖的地方有一處斜依著岩壁的煙囪地形，充滿了碎片殘骸，黑暗而令人恐懼，彷彿隨時都會從冰層裡噴出岩塊與圓石。我們從安全的距離外繞過這片明顯不穩定的冰崖，有一條狹窄的斜坡（snow shelf）穿過了這片冰崖，看來似乎是一個通道。道格爾與我結成繩隊，往上切來到了斜坡的開端。冰壁上面是一片懸崖，上方懸掛著巨大的冰柱。我們停下來準備架設一條固定繩以確保通道的安全，當我們摸索冰樁的時候，唐趕了上來，直接穿越了那道斜坡。在山上要拿捏唐的脾氣很不容易，在冰河裡需要繩子確保以免摔到裂隙裡，唐對於自己的判斷卻有無比的自信。他是我見過最在意安全的登山者，但有些地方別人覺得需要繩子以保安全，唐卻逕行獨攀，這純粹是他對於自己判斷力的自信使然。

他轉過頭來大喊：「別在這下面浪費時間了，這片冰崖背面有一道裂縫，它早晚都會崩掉的。」

我們儘快的跟上他，發現確實這片懸崖正逐步的從冰河往下剝裂，它不可避免一定會垮掉的。之後，路線繼續從一些這樣的懸崖下通過，直到冰崖上方一個比較安全的雪坡。前方幾百英尺的地方，我們看到冰河上方一個懸垂的岩壁，它似乎可以做為第二營的營地。

要上去那個地方，要先經過一個由冰稜上崩落堆疊而成的雪崩丘（avalanche cone），再往前五十英尺，就在這片懸岩的下方了。這個地方夾峙在兩個雪崩丘中間，但上方的突出的岩石似乎保護著這個地方免於雪崩的危險。道格爾為了一探究竟繼續排雪前進直達前面的轉角處，幾分鐘後他回報說：

「上面沒有更好的營地了，它似乎可以轉彎繞進一個大雪溝（snow gulley），幸運的話可以通達上面冰稜的鞍部。」

水從懸岩上流到營地的一側，唐重操舊業說道：「試試看是否可以弄一條水管下來，這個營地就可能有自來水了。」

他馬上脫下冰爪，爬上了懸岩左側的岩壁。這片岩壁上面都是鬆軟的圓石不好攀登，他卻讓他自行設計、具有太空時代感的錐狀冰鎚派上了用場，在岩壁上鑿了一個圓孔。上攀三十英尺後，他在水流經過的地方把岩釘敲進了一個裂隙，接著小心翼翼的下降下來。如此，有一些活水會跟著繩索流下來，提供了一個不太穩定的水源。

我們推算現在的高度大約是一萬七千五百英尺，比原先規畫的高度要低，但仍然是往冰稜鞍部的目標往前邁進了一步，它仍然在上方兩千五百英尺處。

我開始感覺到自己已經適應了高度，頂著驕陽，在這個不算太高的地方活躍的四處瀏覽這片冰河，回程試圖要找一個替代路線以避開那片不穩定的冰崖，但冰河上滿布著裂隙，沒有其他的路線。這是另外一個明顯危險的地方，但別無選擇，我們稱之為「達摩克利斯之劍」（Sword of Damocles）[2]，以那些懸掛在路線上方巨大的冰柱為名。它似乎很快就會垮下來，但們經過它下面只會有幾秒鐘的時間，剛好被它壓到的機會看來不大。2

在喜馬拉雅登山就必須面對這種風險，阿爾卑斯登山亦然。但雪巴們聲稱這裡或是下方冰河處，其實都比不上聖母峰的昆布冰瀑（Khumbu Icefall）來得危險。

回到第一營，尼克．艾斯考特、馬丁．波以森、艾倫．漢金森與另外兩名雪巴自基地營運補上來，如此，我們已經拿到用來建設下一個營地所有的裝備了。米克仍然覺得很虛弱，決定明早如果還沒有恢復，他就得下山去。如常，我必須在傍晚通話前先安排好明天的攀登計畫。攜帶大批糧食與裝備的大隊人馬，預計在四月八日進駐到臨時基地營。這時機恰好，因為山上的糧食與營帳都快要不夠了。雖然我很想留在前線，但顯然必須下山與後方的大隊人馬會合，協調好進駐基地營的計畫。直到凱文．肯特承擔了基地營經理的重責大任後，我才得以重新專注在南壁的攀登作業上。當晚，我要求尼克與馬丁隔天前進到第一營，我計畫與唐、道格爾、米克（如果他的身體狀況許可的話）等人一起運補到第二營，當天再回到基地營。

第二天一早，米克沒有復原，還是頭痛欲裂，所以我們其餘三人就出發前進到第二營。探路後覺得不難走，從「達摩克利斯之劍」下方快速通過後，一個半小時多就上到了第二營。唐跟道格爾自行挖掘營地，我就轉頭下山了。米克仍然很不舒服，且述說著狀況很糟的痔瘡，一早就下山去了。米克與馬丁等我回來，我滿腔精神，但他倆卻冷冷的。

「怎麼啦！兩位？」我問道。

「這營地像豬窩一樣，」尼克說：「你們早上出門前至少也要整理一下吧，看看這些垃圾，如果不做掩埋的話，一不小心就會引來一堆蒼蠅。」

這彷彿是在我飽滿的精神上澆了一大盆冷水，直覺反應是跟他吵回去，再則跟他辯論，但我忍了下來，這就是在山上不同小組之間可能發生摩擦的地方。他們似乎是想找一個自以為公正的道理，但卻不能理解早上出發前要把營地所有東西都整理好，是多麼的困難。撇開個人的立場不談，山上的這種牢騷，儘管多半是芝麻小事，卻很可能失控摧毀了整個遠征隊的士氣。另一方面，我卻認為這些牢騷以及一些性格上的衝突，有助於紓解壓力，只要維持在適當的狀況即可。

2 編按：典故請見導讀。

從島丘上下山的時候，我利用了雪巴們發明的方法，用一片塑膠布墊在背後滑行而下，往上爬要好幾個小時，滑下來卻只要幾秒鐘就到了。我晚上在基地營過夜，此時它僅搭著一些兩人帳，仍然像是一個過渡的營地，第二天早上才走下臨時基地營。儘管在山上不過幾天的時間，光著身子在陽光下沐浴仍然是一個莫大的享受。同時，我仍為地上的積雪煩惱，要讓挑夫隊伍能夠上到永久基地營看來還是困難重重。

下山橫渡冰河時，一道雪階（snow ledge）剛好崩落，讓我幾乎掉到裂隙裡面。我好不容易自己爬上來，卻不小心刮傷了手。當時不以為意，可是四月七日早上在臨時基地營醒來時，卻發現拇指腫脹充血，腋下的淋巴腺也腫了起來。幸好，大衛・蘭伯特正好在臨時基地營，幫我打了一大管的盤尼西林。

原先我計畫要下到興高岩窟跟凱文・肯特以及主隊會合，但是覺得太虛弱了，只得請大衛・蘭伯特代勞。此刻，我除了專心養病外，什麼事也不能做。

7

鞍部（四月七日～四月十二日）
The Col

我自己的毛病，經由一連串不幸的誤會，最後幾乎造成整個遠征隊災難性的後果。那一天，挑夫隊伍原本應該只要抵達興高岩窟即可，讓他們第二天早晨再輕鬆的上到臨時基地營。前一天我匆忙寫了一封語意含混的信，請郵差傳送給凱文，結果他誤以為我要求挑夫隊伍在四月七日當天要趕到臨時基地營，而非興高岩窟。他們四月六日晚上駐紮在梭摩村（Thomo），離興高岩窟不遠，但是到臨時基地營就太遠了。凱文原本就已經遇上一些麻煩，前一天從丘姆諾到梭摩村的路程就滿累的，有三十名由苦力喇嘛僱用的挑夫已經拒絕繼續前進了，凱文只好付清他們的工資，遺留下來的裝備也只能讓其他的挑夫來揹，有些挑夫就揹兩倍重量以獲取兩份的工資。

伊安·克勞福在發生這件事後的第二天給老婆妮姬的家書中，如此說道：

昨天四月七日真是一場災難，我們途經與高岩窟，一個不錯的營地，克里斯原本要在這裡跟我們會合的，卻沒有出現。麥克跟我兩人都覺得有點倦了，挑夫走了五個小時應該也差不多了，特別是前面並沒有很多適合休息的場所，凱文卻催促大家繼續前進。

那天早上已經有三十個挑夫退出，因此要重新分配負重，凱文就要求隊員跟挑夫們多揹一些。凱文自己跟挑夫們都揹了六十磅重，我跟麥克跟凱文說，已經負重四十磅，我們無法揹更多了，還得保留一點體力來應付南壁的攀登。

凱文與挑夫頭子卡比爾達成了一個荒謬的協議：麥克和我要跟一些挑夫上到距離臨時基地營兩個小時路程的瑪恰普恰峰營地。天氣明顯在轉壞，我們兩個以為只是一小段路。本來應該在與高岩窟就停下來說不要再前進的，但因為某人不樂意，就繼續往前走了。遠征隊裡，除了克里斯與唐以外，其實並無所謂的官階，凱文充其量不過是個運輸官罷了。

長話短說，行行復行行，登高又登高；先是雷聲隆隆，繼而冰雹從天而降，最後竟然變成一場暴風雪。昨天雖然發給大多數的挑夫一人一雙運動鞋，現在卻很多人沒有穿鞋，他們只穿著破爛的衣服，又揹得很重。

我們在瑪恰普恰峰營地遇見了前來會合的大衛・蘭伯特，這裡積雪又毫無遮風避雨的營帳，只好咬緊牙根繼續前進。

下午兩點左右在臨時基地營，我聽到帳棚外的一陣喧鬧聲，此刻大雪紛飛，寒風舞弄著營繩，把頭探出帳外，發現在風雪中現身的一些模糊身影，想必是挑夫們冒雪前進上到了這裡。幾分鐘後麥克・湯普森和伊安・克勞福也到了，全身罩著雪，疲倦而憔悴。我還在病痛中累得無法起身招呼伊安，外面的喧鬧聲卻漸次升高到像菜市場般的吵雜紛亂。挑夫們都累壞了、凍僵了，許多人已經是嚴重的失溫狀態。凱文在後面壓隊，至今還沒出現。我一直試著忽略外面吵雜的聲音，我自己都病得無法思考，遑論出去試著處理外面這一團混亂，讓它恢復一點秩序。一個小時後，伊安終於闖了進來。

「我想你最好趕快起來處理一下，」他跟我說：「如果再不採取行動的話，有些挑夫就要死在我們的手裡了。」

雖然我自己也覺得快去了半條命，還是從睡袋裡爬了出來開始行動。外面的世界猶如地獄一般，挑夫們陸陸續續的從風雪中出現，把重負堆成一堆，許多人赤著腳，漫無目的一群一群站在呼嘯的風雪中悲吟。伊安試圖要求他們即刻下山回到雪線下的興高岩窟，但沒有人買帳，一來實在太累了，也還沒領到工資。

「我們得讓挑夫們補充一些碳水化合物！」伊安咆哮道。

麥克東奔西跑，手上拿著一盒方糖四處發放著，我發現自己也拿了一盒方糖，在做同樣的事。電視轉播隊躬逢其盛，戴著攝影機與麥克風，拍下這一團混亂的場面。正當此刻，凱文到了，也是凍僵了，渾身發抖，一副消耗殆盡的模樣。路上他把自己所有的禦寒衣物給了一個癱倒在山徑旁邊的人，這是凱文最後一次看到這些裝備，當凱文走到不見蹤影時，這傢伙就偷偷摸摸的跑回山谷去了，抱著得手的贓物竊笑著。儘管凱文自己也累壞了，但他還是馬上投入救難工作，先為這兩百四十名挑夫把帳棚給架好。他把帶來的三頂基地營帳架設起來，每一個帳棚下面馬上就擠滿大約五十名的挑夫。而帕桑，此時卻不識相的把酒發給一些人。挑夫們體力耗竭又喝酒可說是一場災難，沒一會兒，有一些咯咯傻笑的挑夫們癱倒在雪地上，幾乎失去了意識。我們把這些人扛進了突克提的炊事帳裡，想用廚房的溫度讓這些凍僵的身體解凍。這個動作卻侵犯了突克提的尊嚴，他以及所有的雪巴人漠不關心那些被鄙視的挑夫們的命運，讓他們去幫助這些挑夫是非常困難的事。我想這是因為雪巴人覺得不值得去照顧這些社會階級比他們低的人。

這場危機慢慢的就自行消除了。我們架起了汽化爐，用來提高帳棚內的溫度，此時所有的挑夫都已經被安置在帳棚、岩洞或是雨布遮蔽的大岩石下方。大衛．蘭伯特照顧那些失溫最嚴重的挑夫們，麥克與伊安還是四處發放著食物，突克提被逼著準備了一大鍋的熱湯。

下午五點，我戴著對講機到了一個收訊良好的高處以進行傍晚的通訊。一個令人興奮的消息傳了進來，前一天進駐地第二營的唐．威廉斯與道格爾．哈斯頓，今天奮力的登上了冰脊上的鞍部，標高二〇一〇〇英尺。這是一項重要的進展，抵達聖殿的第十天，我們就爬上南壁一半的高度了，雖然困難的攀登才正要開始。

第二天早晨天氣晴朗，在第二營的唐與道格爾回到前一天的路線上，在通往主雪溝橫渡岩牆的路段架設一些固定繩，工作完成後，他們回到基地營好好休息，犒賞自己的成果。同時，馬丁・波以森與尼克・艾斯考特則往上推進到第二營，他們的任務是強化通往鞍部的路線，並建立起第三營。

回到臨時基地營，驕陽下仍是一片混亂。儘管所有的挑夫們都擠在帳幕下，用汽爐生火保暖了一整夜，仍然是飽受寒凍。他們在爐火上堆疊了灌木，讓溫度效果更好。如今，他們已經成為一群憤怒的群眾，譴責凱文・肯特意圖要加害他們所有人；此外，還欺騙他們以一天的工資換取實際上需要兩天的行程。憤怒咆哮的挑夫們團團圍住了凱文，幸好，兩位奈克頭目，卡比爾・普恩與齊斯・巴哈德，昨晚兩人自己都凍僵累壞了，此時終於恢復過來，盡最大的努力來安撫這一群忿恨不平的挑夫們。

卡比爾完成了一件令人驚歎的任務，他將僱用的一百四十名的廓爾喀挑夫當中的一百三十九名都押送到了臨時基地營，只有一名挑夫因病退出。相對於此，波卡拉的苦力喇嘛所僱用的八十名挑夫，其中有三十八名在梭摩村離雪線還遠的地方就丟下了包袱，拒絕前進。

同時，凱文還要處理另外一項危機。昨天傍晚雷電交加當頭，雷擊破壞了雷卡無線電機，這是我們與大後方波卡拉以及加德滿都聯繫的管道。凱文嘗試修復一些零件，但未能如願。我們相當依賴通往後方的這一條生命線，不只是為了發生緊急意外時的聯繫，同時也需要依賴它緊急的從波卡拉調用物資。攝影隊對無線電機的依存度更高，除了讓郵差快速將攝影膠捲送下山以外，還需要即時傳送第一線高品質的現場報導。凱文寫了一封限時信給英國的雷卡原廠要求緊急更換備品，同時通知駐加德滿都的武官，設法把留在尼泊爾陸軍的無線電機組送到波卡拉。幸好這個任務成功了，否則我們與外面世界的通訊就會完全的隔絕。

我希望儘可能多留下一些挑夫待在臨時基地營幾個晚上，接下來幾天可以幫我們把所有的裝備運送到基地營。

到了下午一點鐘，一大部分的挑夫都領到了工資，從這個不毛之地愉悅開懷的呼嘯而下。我們留下了四十名的挑夫，在一位退役軍人奈克貢嘎・巴哈都爾・普恩下士（Corporal Ganga Bahadur Pun）的指揮下，盡量的將裝備往上運補，最後再留下二十名最強壯的挑夫，未來一週內負責將臨時基地營的裝備全部清空，運送到基地營。未來只要再往上推進兩個營地，很顯然就會遭遇到人力嚴重不足的狀況。原先計畫要利用挑夫將裝備運送到第一營，這裡的冰河地形比預期的複雜多了。儘管如此，我決定還是要試試看，這些從未涉足雪線以上的廓爾喀族挑夫，是否可以應付這種困難的地形。

但等到剩下這四十名挑夫準備好要往基地營出發的時候已經很晚了，越過冰河的半路上，午後常態的陣雪就來了。我不敢讓昨天的悲劇重演，就讓他們先將背包卸下，回到臨時基地營去避雪。我的身體狀況已經好了大半，就帶著那些穿著套頭外套的挑夫們，冒著雪繼續往基地營推進。

隔天早上我們得以早早出發，將昨天留在冰河上的裝備清空運到基地營。此時，隨著架設完成一頂司令帳，以及日益堆高的裝備物資，永久基地營的味道出現了。爾後幾天，我們繼續強化攀登路線。四月十日，馬丁與尼克挖出唐與道格爾留下來的固定繩，它們全被粉雪雪崩掩埋了。四月十一日，他們帶著一頂威廉斯帳奮力登上鞍部，把第三營架設完成。那天傍晚的無線電會議中，尼克回報：「鞍部是一片足球場般大小的空地，沒有任何明顯的威脅，真是一個完美的營地。」

這真是個好消息。同時，湯姆・佛洛斯特與安格・邊瑪也上到了第二營與尼克及馬丁會合，而我則與明瑪，另外一名與後衛隊隨行的雪巴，一起推進到第一營。明瑪三十七歲，是遠征隊中年紀最大的雪巴，但也是最安靜有趣的一位。他曾經參與一九六五年印度聖母峰遠征隊，運補到最高營地。在這一次遠征中，明瑪任勞任怨、活潑開心、工作得心應手、謙虛而有效率。我們的第六名雪巴，尼瑪・策林（Nima Tsering）只有二十歲，是雪巴中最年輕的小伙子，可說是年青一代雪巴族中的代表人物，曾經就讀於愛德蒙・希拉瑞男爵（Sir Edmund Hilary）在昆瓊村設立的學校，講得一口流利的英文，能讀能寫。他身材修長、充滿自信，而不自誇。這是他的第一次遠征活動。

我預計明後天要向上到第三營，將路線推進到冰脊上。馬丁與尼克想下山來稍事休息，並清點由後衛隊運補上來的個人裝備袋。規畫整個遠征隊的後勤補給作業，像是一個複雜的「蛇與樓梯」(snakes and ladders）的遊戲。原先預估在所有十七位登山隊員中，同一時間可以平均有十四個隊員與雪巴適應良好可以執行任務，實際上這卻是個過度樂觀的數字。儘管加入了生力軍，人力狀況並未獲得改善。麥克・湯普森跟伊安・克勞福兩人都患了感冒，米克・白克還苦於痔瘡躺在山下，而大衛・蘭伯特適應速度很慢。最後，此刻唐與道格爾兩人還在山下做必要的休息，等到他們回到前線，尼克與馬丁又必須下山了。有另外一個必須考慮的因素：當隊員往高地營移動時，他必須揹負個人裝備，因此相較於運補作業，他能負荷的酬載量就少多了。理想的情況，是將每一個人儘可能指派在一個固定的營地，盡量減少人員在營地間移動，以達到最高的運補能量。然而，遠征後勤作業必須考慮人的因素，人體在高海拔滯留會逐漸衰竭，更重要的是遠征隊員重複相同的運補作業所帶來的心理因素。在山上日復一日在一個位置上重複相同的運補作業，是單調而無聊的。八位具有豐富經驗的隊員全都渴望能夠站在第一線上開拓那未知的路線，因此有必要經常輪調前鋒隊員，一方面讓前鋒有休息的機會，另一方面讓後勤運補的人也有機會上到第一線嘗試開路的工作。

另外一個問題是雪巴們剛從收音機上聽到一個恐怖的消息，有六名日本聖母峰滑雪隊的雪巴在昆布冰瀑不幸因雪崩罹難，其中有些人是我們這一隊雪巴人的親人。這個噩耗自然讓雪巴們飽受衝擊，他們仍繼續盡力工作，純粹是忠誠的表現。

每一天傍晚得花滿多時間，安排爾後幾日的後勤作業。四月十二日，我上到第二營與湯姆．佛洛斯特會合，原以為高度適應後應該輕鬆如意，實際上走起來卻仍然很艱苦。在路上，我碰見要回基地營休息的尼克．艾斯考特。當天早上，尼克與馬丁．波以森、湯姆．佛洛斯特以及安格．邊瑪四人一起運補上到鞍部，昨天他充滿野心的揹負重裝一馬當先，耗盡了自己的體力。昨晚他完全的崩潰了，決定一早就直接下去基地營；然而當我們碰面的時候，可能是因為往下走而不是往上爬，尼克此時感覺好多了，不禁覺得內疚而良心不安。我跟他分享了一杯飲料，然後踱步往第二營前進。在「達摩克利斯之劍」這個地點，我卻一點也提不起速度。等我上到第二營，所有的運補隊員都下來了，馬丁感覺很好，卻很遺憾必須要下山輪休了。

當晚，我跟湯姆．佛洛斯特、邊瑪．塔蓋、安格．邊瑪四個人共享第二營。看到湯姆揹起背包逕自到帳棚外收集積雪回來的態度，讓我印象深刻。我必須懺悔，絕大多數隊員，寧願讓這個工作交給雪巴來代勞。有雪巴相助，我們可說是被寵壞了。雪巴自發性的整理營地附近的髒亂，煮飯，並且將一杯熱茶捧到營帳門口來服侍我們。這可說是早期殖民時代留下來的主從關係的陋習，此刻我卻藉此優越的地位而盡情的享受。

整個遠征期間，我們享受了雪巴提供的美妙服務，包含運補作業，以及營地附近的清掃工作。我們從未期待或是要求雪巴提供這種服務，而全然把他們提供的服務視為理所當然，他們也自然的扮演了這種角色。我們確實把雪巴當成遠征隊員的一分子，避免這種迂腐的主從關係。雪巴適應的狀況顯然優於我們，運補作業中也總是遙遙領先。我們坦誠的尊敬雪巴的能力，而雪巴人也佩服我們在危險地形中豐富的經驗。

當晚湯姆和我躺在威廉斯帳中滿懷興奮。明天我們就要推進到第三營，後天，位在這條路線的關鍵路段的冰脊，幾乎觸手可及了。

8

暗巷（四月十三日～四月十八日）
Blind Alley

第三營正上方的這片冰脊，像是一道巍巍顫顫的城牆，牆頂上有一千道牆垛般的冰塔，這片冰脊斜倚著後方一大片哥德式教堂般高聳的冰壁。冰脊左側下方有一片雪坡延伸到冰壁的山腳下，角落上有一道雪溝（gully）自冰脊與冰壁交接處由上往下連接到下方的這片雪坡上；這道雪溝是天然的雪崩渠道，兩側分別被冰脊上搖搖欲墜的雪簷（cornices），以及上方的冰壁籠罩著。冰脊左側的山壁滿布著冰蝕槽（ice flutings），上方覆蓋著更多蜷曲的雪簷。

今天是四月十四日，距唐與道格爾攻克鞍部至今一個星期又過去了，這些日子裡，我們忙著重新部署後援隊伍抵達後所有的後勤作業。湯姆與我面臨一個兩難的抉擇，我們必須決定要走冰脊上方的稜脊路線，以避開冰脊上方雪簷崩落引發的雪崩危險；或是選擇冰脊左側的簡易雪坡路線而上，然後挑戰那一道危險的雪溝，或是後面的那片冰壁。唐建議選擇左側這片雪坡，我也附議，但一旦站在這片冰脊的正下方，它看來就不太妙了。而稜脊路線，在它的正下方往上看，比實際的規模縮小多了，看來挺直接的；相對的旁側的雪坡路線則暗藏著危機。

當天早上，完成漫長的炊事作業，正準備起床著裝時，我跟湯姆說：「我們出發吧，來瞧瞧哪一條是最好的路線。」

「你瞧你的，我就是要爬這道稜線。」

湯姆顯然已經下定決心稜脊是最佳的路線，他曾經在秘魯布蘭卡山群（Cordillera Blanca）一座非常困難的查克拉胡峰（Chacaraju）北稜攀登中遭遇過類似的地形。湯姆評估這道冰脊不比過去他所遇到的更為困難，他顯然不喜歡雪坡那條路線。此時，我仍抱持著開放的心態，但不免受到湯姆如此自信的影響。

「我先來瞧瞧稜線旁邊這條路線吧！」我說，然後就開始在這片軟雪坡上排雪前進。雪坡寬約一百碼，緩緩的往左側傾斜，然後陡降到幾百英尺下方一片破碎的冰河上。我緩慢而吃力的前進著，眼角餘光看到湯姆正要起步攀登那道稜脊，位置就在營地的門口前方。往前走幾步，我發現一塊從冰脊上掉落的冰塊，繼續往那個方向前進。雖然只有短短的一百碼，卻花了我二十分鐘的時間。

停下來眺望上方的稜線，在這平靜無風陽光燦爛的早晨，上方那些層層疊疊的雪簷透露出無言的威脅。前方那道雪溝的山腳下堆積著巨大的雪崩丘，顯然是過去降雪後遺留的痕跡。我滿腹猶疑，面對著湯姆對於稜脊路線全然的自信，我接受了他的路線，只好慢慢的排雪往回走，回到了稜線山腳下與湯姆會合。

雖然只是剛起步攀登，仍然比預期的更為困難，預示著前途艱險的徵兆。湯姆差一點就跌落一個隱藏的裂隙，因此我們馬上結起繩隊，由我開始做第一階段的攀登。由下面往上看似乎不太難，然而它馬上就陡升了。雖然位在高海拔，太陽高溫曝曬下，雪質充滿了空氣，幾乎是中空的，儘管是冰也都是腐冰，腳一踩上去就垮了。我往上攀登了八十英尺的繩距，到了最後一段只有幾英尺高的位置，它變成垂直的地形了。我試著打下冰樁可是完全無法受力，一拔就出來了。我突然驚覺萬一墜落的話會摔多麼的遠；往下看只看到四個黑點正從大雪溝的底部往第三營攀登，應該是兩名雪巴與唐及道格爾四個人正往上運補到第三營。

我試著用冰斧挖出一個踏足點，可是卻挖不到任何堅實的雪層；或許我應該先設法翻過這一團不穩定的雪坡，不要煩惱那些墜落的瘋狂想法。探頭往右側看，那邊的坡度稍緩，我小心翼翼的往右下方斜降，雪質還是可怕的鬆軟，所幸它並未將我推離平衡的位置。我翻身而上，站上了稜線的第一階，只比湯姆的位置高了一百英尺。

兩小時過去了，我們連邊都還沒沾到。此刻我們必須開始全段鋪設固定繩，以確保後勤運補的安全。這就像在山上鋪設公路一般，它比初攀時需要考慮更多的因素，包括固定繩上架設支點的位置，以及橫渡時必須提供適當的支撐力等，以確保運補人員可以沿著固定繩安穩的前進。固定繩架設完成後，登山者就不再需要結隊攀登，只要利用猶瑪攀登器沿繩推進即可。猶瑪攀繩器有一個金屬的把手，裡面有一個棘輪可以套在固定繩上，可輕易的往上推進，受力時棘輪則會咬住繩索，提供一個身體的支撐力。

但是我跟湯姆在匆忙間沒有協調好如何架設固定繩，這有一些不同的方案：我的想法是利用攀登用的主繩來做為固定繩，把阻雪板埋在雪裡做為固定支點，湯姆再沿繩而上；湯姆卻有不同的主意。此刻已經超過呼應可聞的距離，兩人就僵在那裡，動彈不得。我只好利用主繩下降下來，先跟湯姆協調好後續攀登作業的方法，再繼續往上爬。

此時，唐與道格爾似乎走得很順，已經到達了位於鞍部的第三營。我們慚愧的退下來，到營地與他們會面。

「我們不喜歡左側那面雪坡，覺得稜線上比較沒有明顯的危險。」我說：「恐怕我們今天早上搞得一團糟。」

「通常第一天都是如此。」唐說。我很感激唐這麼說，儘管我跟湯姆這一天的起步做得很差勁。我們一起煮了一壺茶，吃了幾片餅乾，然後又回到了戰場。

「如果後攀者用背包揹著繩子，另一頭繫在下方的支點上，」湯姆提出他的看法：「先鋒攀登者仍舊依照老方法攀登，當後攀者往上爬的時候，背包裡的固定繩自然就會自動鋪設好了。」

這真是個好主意，湯姆總是以系統化的方法解決所有的問題。很快的我們又回到了第一繩距的頂端，湯姆沿著一段彎曲的稜線往上攀登，直到下一個陡直的路段。看來不太困難，但是雪很鬆，腳踩下去就陷到大腿，湯姆只好拿出鏟子，挖出一條通往稜線的路徑。湯姆的進度慢得像蝸牛一般，我在驕陽下昏昏欲睡。前進了五十英尺後，稜脊上被一個雪菇擋住了，他嘗試從雪菇下方橫渡，不穩固的冰雪壁接近垂直，上面又布滿了密密麻麻蜂窩狀般的孔洞。他敲進一根長雪樁做確保，一敲它就滑進去了，彷彿裡面是一層融化了的奶油，一點安全感都沒有。湯姆繼續往前爬了一小段，然後回到確保支點，在陡坡前做了一個確保。

我快要按捺不住、失去耐性了，輪到我在這段鬆雪上朝著他游泳前進，繼續往前一頭栽入攀登下一段陡坡時，才明瞭為何他走得這麼的慢，我從未經歷過這麼恐怖的雪質。我小心翼翼的勉強繞過一個角落，然後從一道非常狹窄的雪溝往上爬回原來的稜脊。我感覺到這整段稜線似乎滿布著蜂巢般的孔洞，隨時都有可能整個塌下來把我壓垮。稜線四周都是雪菇與小雪簷，只要任何一片坍下來，一定會把我也沖下去。我在稜脊前一個地方停下來確保，呼叫湯姆跟上來。他揹著一個大背包裝滿了登山繩，很快的跟了上來，登山繩就隨著他的攀登拖曳於後。至少這套架設固定繩的方法看來行得通。接下來換湯姆領攀，雪溝裡的雪質比較厚實，湯姆用踢踏步前進，很快的就上到了稜線頂端。

一堵近乎垂直的冰壁橫亙於前，時間晚了，我們決定把這道難題留到明天。回程中我們一路改善拉直固定繩的路線，順便把一些擋路的大雪菇鏟掉，但是再拚命還是碰不到一絲比較穩定的雪層。

近晚時分回到了營地，這是自上山以來唯一沒有被雲霧籠罩的一天，仍不免擔憂我們做了錯誤的抉擇。接下來在稜線上的攀登進度顯然還是快不起來，是否應該對於左側的雪坡路線做一次更完整的勘察呢？

我們兩個都又累又頭痛，可能是高度適應不足，也可能是熾烈的陽光，直接射入了墨鏡的深色鏡片中。儘管身體疲累，在這片山壁的最高營地裡還是讓我們感覺良好。雖然處於一支龐雜的遠征隊中，但是此刻，就這幾個小時，我們似乎擁有了這整座殿堂。從威廉斯帳篷的門窗，可以望穿整個聖殿的深淵，直視瑪恰普恰刃立的雙峰，它別名為魚尾峰。我們現在已經超越了天霆峰，眺望著四肢伸展的整個安娜普納山群：康加普納峰的楔型峰頂、厚重的安娜普納三峰、三角錐頂的安娜普納二峰，蹲伏在它面前戍守的安娜普納四峰，以及連接兩座山之間漫長的山稜。很難想像吧，整整十年了，我曾經立足於斯。

我們開始享用由麥克·湯普森所設計的高地糧了，在北威爾斯試吃時，這些糧食確實很可口，此刻在高山上，卻已經開始懷疑它是否會令人食不下嚥。這是麥克精心配置的佳餚，每一個餐包都包含了裸麥粗麵包，一包黑色薄片味道有些辛辣的裸麥麵包，我們很快的就味覺疲乏了。另外一項創新就是果汁飲料，我很快就發現自己期待著香味濃郁甜美的茶葉，但它卻很適合湯姆飲用，因為信仰限制他飲用咖啡或是茶葉。當晚我煮了一道湯，再炒了由甜玉米罐頭、豬肉罐頭跟新鮮的胡蘿蔔配成的一道菜。在日漸噁心的感覺裡，我得強迫自己吞下去，但湯姆卻毫不費力的一嚥而盡。

當夕陽從聖殿西方的高牆後面落下時，瑪恰普恰的尖頂被染上了一抹血紅，不知不覺中它褪色為灰暗與黝黑了。這個場景有一股不可名狀的平靜。日薄西山之際，湯姆跟我在外頭拍攝周遭冰雪岩與天空上那幻變的色彩與色調。安娜普納峰頂吹起的一縷雪煙被夕陽染成金紅，這是黑夜前的最後一道光芒。湯姆跟我回到箱型帳，點燃了一根蠟燭，鑽進睡袋後，我看《西方的沒落》(*Decline of the West*)，一本充滿色慾與暴力的小說，而湯姆繼續苦讀他的摩門教的聖經，這是整個遠征中我看到他唯一讀的書。

我不免要尊敬湯姆虔誠的信仰，以及他克制自己避免強迫我們接受他的信仰的這種嚴謹的態度。唯有那一天晚上我主動提起這個話題，才發現談到宗教時他是多麼的愉悅。遠征結束時，他甚至於讓我閱讀了他的日記，它記載了湯姆做為一個福音傳道者的志業。往尼泊爾出發前，他寫了下面這一段話：

離開文圖拉（Ventura）不到一週前，我去會見了約瑟夫．查普曼主教，當時遠征活動已經定調，但是參與這次遠征的原因與意義卻仍然混沌不明。他試著幫我解惑，提到大力興建一座教堂，儘管只能夠讓一個人崇信，從上帝之眼來看，對靈魂的救贖而言，那一切的代價都是值得的。查普曼主教解釋，在這旅程中我所遇到的每一個人，或許並不明瞭，上帝此刻已經在我們這些人之間重建了真實的教堂，我或許有機會來見證這個上帝智慧的神蹟。

湯姆就是如此的虔誠，在給溫蒂的一封信中，我寫道：

> 他身材瘦削而高䠷，讓我想起了史坦貝克的作品《憤怒的葡萄》書中來自於灰盆區的農夫們。他是一個虔誠的摩門教信徒，卻從來不會強迫你接受他的看法，而信仰使他嚴以律己，在我們這群人中顯得格外出眾。

那天晚上我們聊了很久，湯姆或許還是沒有撼動到我的懷疑主義思想。以我個人的經驗，過去在登山或是家庭中，每當遇到極端的挑戰時，例如當我的第一個孩子出生時，不能陪伴溫蒂進入產房，卻只能在外頭聆聽她痛苦的哭喊，我仍會向上蒼禱告；但是這比較像是旁觀一個人在絕望的情境下無助自然而然的祈求，而非因為某種信仰所生。

那天傍晚我們在外頭瞻仰那大自然的奇妙景緻時，湯姆感受到他看到了上帝的創世，在他的日記上寫下：「我們何其有幸在一生中僅有的一兩次機會中瞻仰了天父賜與的山容！」

山巒的美無疑帶有一種無限的寧靜與能量，深深的觸動心弦，在那一瞬間我不禁感覺到那必然有一股偉大的精神力量，但那一刻過去後，我明瞭那是一種極度的感動，而非信仰或理性所致。

那晚我倆都沒睡好，可能是因為高度適應不足帶來的頭痛，或是匿居帳篷的幽閉恐懼症所致。我五點鐘就醒了，無法再睡，索性起來炊煮，以確保可以利用所有天光的時間，在稜脊上盡量的往前推進。七點十五分我們就出發了，很快的攀上昨天花了一整天時間所架設的固定繩，站上了第二階的底部。

「你想要先爬嗎？」我開口問湯姆。

「好啊，當然！看來是很有趣的攀登。」

湯姆從立足處起攀，身上掛滿一大串叮噹作響的冰樁、雪樁、阻雪板。儘管在清晨的低溫中，雪質還是鬆軟，冰質也是很脆弱。湯姆緩慢卻系統化的往上移動，將冰雪地當成岩攀的問題來處理，他很少挖步階，但是藉由插入上方的雪樁，以及穿過連接雪樁勾環的主繩確保往上攀登。接近第二階的頂端，雪面聳立近乎垂直，他叉開雙腿跨立，工程師般精密的移動著，最後攀上了稜脊。輪到我跟上來時，確實費了好一番勁。我揹著湯姆的鋁架背包，裡頭裝滿了固定繩，它很好揹，但是因為它的高架設計，我的頭不好後仰以探看上方的路線。儘管有湯姆的上方確保，我仍然感受到這段攀登的困難，不禁讚嘆湯姆克服這道難題時所運用的精緻動作。

當我們登上了第二階的頂部時已經十點了，可以看到正從第二營出發往上的四個小黑點。這一天唐與道格爾要上來第三營支援，對我們而言，這也是一種刺激，必須展現出良好的進度，以證明我們所選擇的路線是正確的。

第二階往上稜線稍微開闊，一道緩緩的弧線往上延伸，直到一百英尺處有一系列的雪菇。看來挺容易，我就往前排雪前進。起步滿容易的，但是一來到陡坡的起點，那恐怖的雪質讓我的進度慢了下來，它就像棉花糖一般，無論鏟掉多少的雪，依然碰觸不到任何堅實的物體。

「要不要往左邊試試看？」湯姆喊道。

我同意他的看法，便往回走。時光飛逝，前鋒攀登不自覺已經過了一個小時，後面的隊員此刻已經接近了第三營。這天早上湯姆覺得疲倦，就讓我繼續開路。我繞過稜線下到左側的冰蝕槽，一往下看發現其實可以由左側雪原直接攀上現在的位置而省下一大堆寶貴的時間，心裡覺得很嘔。我繼續往前橫渡越過幾個冰蝕槽，嘗試找到一個地方可以直接爬上稜線比較平緩的地方。這裡的雪質比較穩固，因為它並未受到陽光直接的曝曬。

當湯姆跟我會合時，唐與道格爾已經上到第三營，並且從稜線左側的這片平緩的雪原上往前推進。道格爾比前一天早上我探路的位置還要往前一些，此時我正在從雪槽中往稜脊推進，這段雪坡只有四十度，雪質堅實，因此可以以踢踏步順利的上攀。然而，試圖避開雪崩威脅的嘗試似乎還是失敗了，蓋在雪槽上方那巨大的雪簷，不知何時會垮下來，任何在雪槽裡的登山者都無法倖免。

接近頂部時我已經用光了兩百英尺的登山繩，角度徒然陡升，雪質也變壞了。我感到有點緊張又沮喪，但是仍然執意要爬上去瞧瞧。我打入一根雪樁，但是太輕易了，如果墜落的話，它一定會被拉出來。張開雙腳大步跨立，藉著湯姆確保的張力，我探頭張望稜線頂端的狀況，發現稜線薄如刀刃，前頭比我現在攀登的地形更加困難。

下方傳來一句呼聲：「克里斯，我想這邊有一條路，可以繞過這整段稜線。」

前方無路可循。我們做了一個錯誤的選擇，必須回頭。我覺得十分的失望，而且對於被困在這裡覺得很火大，而忍不住捶了湯姆一下，怒罵道：「我但願沒聽你的話選了稜線這條路線！」

話一旦出口，我就發現我錯了，無論是好是壞，這完全是我自己的決定。假若選擇了稜線這條路線，確實可以避開所有明確的威脅，它仍然是有其意義的。但當我回到營地與其他隊員會面時，仍然不免對於自己的猶疑不決感到苦惱，我不禁懷疑自己做為一個領隊，如果連這個最基本的路線選擇都做了錯誤的決定，之後其他的隊員如何能夠信賴我的領導與決策呢？

回到第三營，唐與道格爾對我們無比的寬容與溫馨的招呼，我們一起擬定了第二天的攀登計畫，大家都同意要從左側的雪原路線前進，試圖繞過正面的稜線，並找到一條可行的路線。然而我們已經浪費了寶貴的兩天了，特別是隔天清晨天色昏暗，一層薄紗般的烏雲橫跨整個天際，讓我倍覺煎熬。我們延遲到八點三十分出發，道格爾一馬當先在前面排雪開路，他緩慢而穩健的在及膝的深雪中跋涉前進，絲毫不曾停步讓其他人有機會替代這單調而辛苦的工作。道格爾把這件事視為自己的一項挑戰，儘管對他而言未必比其他人來得容易，但他就是下定決心全力以赴。

當我們接近這片雪原盡頭時，背後一陣巨大的粉雪雪崩掃過狼牙峰的山壁。一開始它只是山頂下方的一縷輕煙，當它從那近乎垂直的冰雪岩壁滾落時，已經化為一大片滾動沸騰的雪雲，接近山壁底部時撞擊到一段突出的斜壁，雪流一分為二奮力的撞擊了下方深處的冰河，而吞噬了整個冰河裂隙網絡，最後雪崩雲的漩渦淹沒了整個山谷。幾分鐘後煙消雲散，彷彿那剛從五千英尺高空直墜而下所牽動的數以千噸計的雪崩，並未留下絲毫的痕跡，這是最恐怖的事情。雪歸於雪，或許有一些裂隙被掩埋了，或許冰河經過雪崩的沖刷留下了一些疤痕，但是事過境遷，完全無法了解它的前世今生，只是一旦發生了這種規模的雪崩，任何人或是任何的營地，所經之地絕對是完全的消失殆盡。

剎那間整座山的空氣中瀰漫著寂靜的危機。我們分外的清楚前方通往山壁上方的那道雪溝正下方的雪崩丘所潛藏的危險，雪坡上深深的刮痕，似乎與下方冰河深處方才那道巨大雪崩的所遺留的痕跡如出一轍。

在雪原上行進時，我們盡量遠離上方的冰脊，以避開雪簷崩落所造成的雪崩。此刻當我們接近雪溝下方的危險區域時，唐提議道：「我們最好靠近稜線這一側。」

我同意他的看法，靠近稜線底部前進，這裡雪簷崩落的危險遠低於上面那張開著血盆大口的雪溝。

「萬一有大東西掉下來的話，至少可以跳到岩壁邊緣的裂隙裡。」我提議。這片裂隙邊緣被突出的雪層掩護著，又不太深，形成一個完美的防空洞，可以避開任何大型的雪崩。

當我們越是接近這道雪溝，心裡越不安，唐顯然也有相同的憂慮。抬頭往上方望去，就會發現只要稜線與雪原末端上方的那片冰壁有任何東西掉落，就一定會經由這道雪溝滾下來。

「我們可以橫渡過雪溝，」道格爾提議說：「然後沿著山壁上的那些冰蝕槽往上攀登。這樣我們可以得到相當的掩護，最後可以登上上方的雪原（snowfield）。」

「我不太同意，這些冰蝕槽還是被上方的這片冰壁籠罩著。」

「好吧！那有什麼其他的建議呢？」

「那雪溝右側的這道刃稜呢？它跟上方稜線交接處看來比較容易，也安全多了。」

雪溝底部右側有一道刃稜，往上延伸到前兩天湯姆跟我嘗試攀登的稜線頂端，肋稜末端的那片冰壁似乎相當穩定，它的上方覆蓋著遲早還是會掉下來的一雙雪簷。上方冰壁右側似乎有一個機會可以攀上稜線，那個位置比前一天湯姆跟我所攀登的高點高了一大截。

「很難說哪一個方案比較好，」唐說道：「我建議先爬這道刃稜，先爬升一些高度，從上方來觀察雪溝裡面的狀況。」

我們還在討論的時候，道格爾已經解開盤繞的登山主繩，開始攀登這道刃稜了。他讓我想起那蓄勢待發的賽馬，迫不及待的要往前衝刺的姿態。他用踢踏步只爬升了幾英尺後，就不得不砍劈踏階往上，一個小時左右，他用完了一整捲兩百英尺長的登山繩。

道格爾用雪樁架設了一個支點，唐用猶瑪攀繩而上，帶上攀登下一個繩距用的另一捲登山繩。唐就定位後，輪到我攀繩而上，越往上走就發現雪溝裡面越不妙，刃稜這條路線則越令人期待。

「你先去瞧一瞧雪溝的狀況，讓我也來試試看這道刃稜吧！」我呼叫道。

當我沿著刃稜往上攀登時，湯姆從後面跟了上來。重新站在前鋒位置攀登的感覺真是奇妙，我在堅硬的積雪上砍出步階，道格爾橫渡刃稜左側雪坡朝著雪溝前進。從這個角度眺望雪溝，它比從下方看來寬得多，也更危險。如果置身於雪溝中，你會充分感受到懸掛在上方的冰崖，以及冰脊上蜷曲的雪簷所透露出來的危險氣氛。長久以來的登山經歷中，從來沒有像這一次，四周是那麼的寧靜，心裡卻強烈的感受到那巨大的威脅。道格爾想必感受到了，也放緩了前進的步伐。

此刻天候開始惡化了，雲海靜悄悄的漫入了下方的冰河圈谷，強風掠過岩稜發出刺耳的呼號，剎那間稀薄的空氣裡布滿了雪花。唐與道格爾立即返身，唐暈眩的老毛病又復發了，覺得彷彿整座山都在旋轉，他唯一能做的就是挺直身體牢牢的扣在固定繩上。唐這個老毛病過去也發生過幾次，其中一回是在愛格北壁直登路線（Eiger Direct，一九六六）上，那時他負重運補在岩壁下部往上攀登，之後很久都未曾再復發，唐以為這個噩夢早已經過去了。現在，他只能趁還能走路前，速速下撤回到第三營。

繼續往前攀登了一小段，此刻風又更大了。我在刃稜的半途上用阻雪板架設了一個支點，縋繩下降與湯姆會合，我到達確保位置前，湯姆已經轉身先走了。此時，小型的粉雪雪崩已經從雪溝以及稜線旁邊的冰蝕崖上往下傾洩了。毫無能見度的狀況下，湯姆藉著留下來的標示旗摸索前進。

我們回到營地時，唐的暈眩感已經消失了，但仍然擔心它是否會再復發。那天晚上又遇到了其他的問題：帳篷裡的油煙使唐與道格爾幾乎要窒息了，而我跟湯姆在箱型帳中，飽受頭痛折磨著，想必是來自於我們從波卡拉買來不純淨的煤油所致。第二天清晨七點鐘的早餐會報中，我請位在基地營的凱文試著從波卡拉訂購一些純度較高的煤油。他馬上就跟畢希努帕沙德中尉聯絡，請他與位在巴克利哈瓦基地的英國廓爾喀軍營的彼得·雷德林頓（Peter Ridlington）少校連絡。他們努力找到一些品質良好的煤油送到波卡拉，再請郵差運上來。

那一天，唐決定讓自己輕鬆一點，以避免再犯任何一絲暈眩的機會。我們達成協議由湯姆和我往上攀登至稜脊的位置，而道格爾去回收昨天所留下來的登山繩。沿固定繩而上時，我在中間多架設了一些支點，縮短了固定繩點之間的距離，讓後續利用此固定繩往上運動的人縮短了延遲的時間，因為兩個支點間的一段固定繩上同時只能有一個人在行動。

從昨天的最高點，我繼續往上砍劈步階。上方那一堵冰崖的威脅越來越顯著，萬一它坍下來的話，我們絕無生機。雖然它並不像是會坍下來的樣子，但這是任何遠征活動中，你必須評估的危險因素，無論如何你還是得面對它的存在。刃稜旁邊有一道雪溝似乎可以通往稜線的頂部，我確保湯姆上來後，問他：「要不要換你先爬？」

「你爬得很好啊！你繼續往上吧！」

我不禁開心得飄飄然的。全神專注在開路工作時，我幾乎未曾注意到高度的改變，似乎終於適應了這個高度。我下攀進入了這一道雪溝，以踢踏步沿著雪溝往上攀登。起初雪質有點軟，還算好走。大約一百英尺後，坡度變陡了，薄薄的雪層覆蓋在冰岩上，覺得很不可靠。我打進去一個阻雪板，但沒把握萬一我墜落時它是否可以撐得住。

我全神貫注於攀登，絲毫沒注意到變天了。起攀時還是耀眼的陽光，我只穿了柏格的刷毛外套，外面沒有加任何的防風外套。突然間我意識到下雪了，還沒有感覺到遽降的溫度，此刻我的位置特別的窘迫。我將上面的雪層鑿開，試著要插入一根冰樁，但是一英寸左右就碰到了岩石；只好繼續往上一點，每一步都小心翼翼，避免我的體重壓垮了不穩定的踏足點。我找到了厚一點的冰層，拿起一根冰樁，開始要旋入冰層，卻絲毫不能吃力。

「敲一下，笨蛋。」我咒罵自己。然後把它敲進去了一點，「老天爺，它咬住了。」利用冰鎚的鶴嘴插入冰樁的耳環，藉由槓桿的力量將冰樁旋入冰層之中。

瞬間我覺得比較安全，能夠再次觀察到周遭的環境了。這裡離稜線頂部只剩下十五英尺。

一陣模糊的聲音從下面傳來。

「你還想幹嘛啊？我快凍僵了！」

「我想爬上稜脊啊！」我叫回去。用一個繩環套入冰椿，我繼續往上攀登，這時才發現多麼的冷。背包跟禦寒外套都還在下面，強風從夾克邊呼嘯而過。試著走了幾步，我的決心鬆動了，又退回到前一個冰椿支點的位置，接著將登山繩固定在冰椿上，一路下降回到湯姆確保的位置。此刻正當中午，只爬升了兩百英尺。

早早回到了營地，正好讓我有一些空檔來規畫接下來幾天的攀登與補給計畫。我利用筆記本以及一種攀登進度圖來計算人員與物資的運補計畫，並且評估各種物品的優先順序。此刻我們亟需第四營的帳棚以及更多的繩索；糧食比較好計算，因為事先已經打包成兩人份一天大約八磅重的包裝。這個階段，我仍然必須承擔基地營以上所有的後勤作業，因為凱文仍然監督著二十名挑夫，已將臨時基地營所有的物資運送到基地營。我們特別幫這些留在高海拔工作的挑夫們準備了禦寒外套、長褲、登山鞋與毛毯等裝備，而凱文也無所不用其極的將其他隊員的備用物品，以及慷慨的把自己所有的裝備，還有一些其他人的裝備，都給了這些挑夫們做為鼓勵。

五點鐘的通訊是每天主要的活動，通常需要約四十五分鐘的時間，我藉此下達命令、做一些修正，以及處理各個營地個別的需求。然後有一段輕鬆的時段，由我們電視

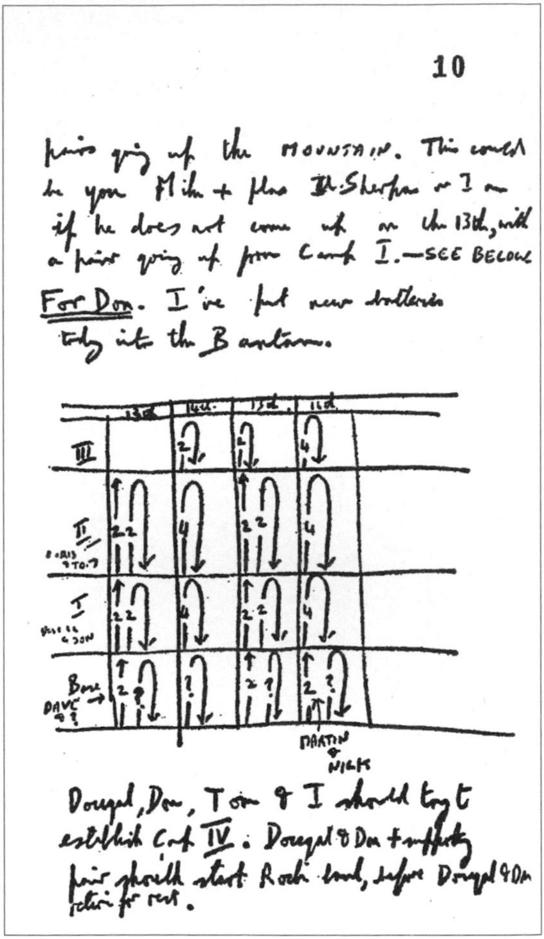

10

pairs going up the MOUNTAIN. This could be you Mike + plus the Sherpas or I am if he does not come up on the 13th, with a pair going up from Camp I.—SEE BELOW

<u>For Don.</u> I've put new batteries today into the Bantam.

Dougal, Don, Tom & I should try to establish Camp IV. Dougal & Don + supporting pair should start Rock band, before Dougal & Don retire for rest.

攀登進度圖手稿

隊的製片約翰．愛德華主持，一方面發放拍攝影片所需要的片匣，同時說明拍攝方法，以及曝光技巧等等。

不自覺間每個人使用無線電通訊的技巧都有明顯的進步，到了遠征後期幾乎每個人都成了無線電的玩家。沉默寡言的道格爾有時也會在傍晚通訊會議中講一個冷笑話呢。

今天傍晚的會議中，我必須做一些重要的調整。此刻輪到我跟湯姆下山到基地營休息，也可以藉此瞭解各個營地的現況，並且跟凱文做個交接，臨時基地營的清運工作已經接近完成，我該和他規畫接下來如何將物資從基地營往攀登營地運補。

我們面臨了人力不足的窘境。高地雪巴邊瑪．塔蓋與安格．邊瑪過去兩週持續的在第二營與第三營間運補，也需要一些休息了，我決定明天讓他們回到基地營。大衛．蘭伯特三天前上到第二營，經過一次運補到第三營後，發現仍無法適應高度，現在回到了基地營復原，並且重新整理南壁攀登所需要的醫療物品。意即我們同時有五個人待在基地營，剛休養完成的尼克．艾斯考特與馬丁．波以森正在往山上移動中。未來三天，他們只能夠揹負自己的隨身裝備往上運動，因此就補給而言他們是不具生產力的，並且會占用營地有限的空間。

剛從痔瘡恢復的米克．白克，與麥克．湯姆森以及高度適應仍不足的伊安．克勞福，加上四名雪巴，現在的位置在第一營。我決定讓麥克、伊安與雪巴明瑪、尼瑪明天上到第二營，而米克則與帕桑、坎恰三人負責運補。同時也要求凱文，是否可以將我們僱用的當地挑夫投入基地營至第一營的補給工作。他同意明天派遣三名挑夫，但我們都不免擔心，這些挑夫是否有能力可以應付橫渡冰河所需要的技術與危險。

唐現在覺得稍稍恢復了，所以我們協議明早由他和道格爾往上攀登至稜脊，而我和湯姆則負責支援，然後我們直接下到基地營。這一天清晨分外的寒冽，唐在固定繩上顯然有問題，低溫凍得他頭昏眼花，我不免憂慮是否暈眩又復發了。上到一個位置，他脫下了登山鞋用力摩擦雙腳以恢復循環；儘管如此，他仍決心往上繼續攀登，循著固定繩慢慢的爬了上去。湯姆跟我揹著繩索往上，等待唐的時候，湯姆說：「我是否可以做個建議？」他總是如此客氣的提出一些想法。「道格爾在攀登下一個繩距的時候，我們可能會等好一會兒，利用這個空檔，我再回去再揹一些繩索上來。」

雖然這裡距營地並非太遠，但那還是費勁攀登五百英尺高差的鬆雪地形啊，儘管步階已經踩出來了，但還是要一路下去再揹負重裝一路爬回來。

時光飛逝，無意間雲層已經爬上了山谷，在莫迪峰與狼牙峰的絕壁之間張開了一層帷幕，看著道格爾爬上了我昨天到達的高點，然後慢慢的繼續往上攀登，我感到很妒忌。上面的坡度比初看時更陡，道格爾叉開雙腳跨越在雪槽上，藉著冰爪以獲得更多的摩擦力。雪質十分鬆軟，下方的冰層又布滿了孔洞，頂端的冰壁更是聳立成為一片絕壁。道格爾敲入一根雪樁，它只刺入了幾英寸。他小心翼翼的跨立在冰槽上，挖掘出把手點，然後用力一蹬，在逐漸湧入的雲霧中，跨上了稜脊。我們只能夠稍微聽到他的回音。

「看來如何？」

「不太妙喔……」後面其他的話語被飛揚的雪花給吹散了。

「好吧，看來沒道理在這種天氣繼續往上，」唐務實的說出他的看法：「下來吧！道格爾。」

道格爾與我們會合時，他告訴我們，這條雪溝並未如我們所期望的通到稜脊，只接到了一個副稜（subsidiary spur），上面還有一些困難的地形。

今天已經是四月十八日了，從唐與道格爾抵達鞍部那一天算起，過了十一天，我們卻只往上爬了一千英尺。湯姆跟我轉頭下山時，不免為我們如此緩慢的攀登進度憂慮。

當我們路過第三營時，尼克與馬丁已經到達了。他們從布滿鬆雪的大雪溝跋涉而上時，走得很辛苦，也感受到了高海拔空氣不足的問題。馬丁才剛鑽入了帳篷就躺下來累癱了，尼克則以不斷的抱怨來激怒我：「我真不能想像，你們怎麼會去爬那個稜線，很顯然任何人都知道應該要爬左側的雪原路線。」

9

回到基地營（四月十八日～四月二十三日）

Back to Base

湯姆和我將背包打包好後，把多餘的個人裝備裝在塑膠袋裡，放在箱型帳外面，以減輕回程的負重，就從大雪溝衝了下去。

湯姆一路滑降，我緊跟在後面。在大霧中快速的滑行，下頭一片白茫茫的，既刺激又緊張，我不斷的用冰斧掣動減速以免失控。在雪溝底部，湯姆往雪溝左側下降離開了上攀的路線，更靠近威脅著大雪溝底部圈谷的冰崖，有幾分鐘的時間，我們在從冰塔上墜落下來的大冰塊間穿梭攀爬，迂迴而行的回到了冰河邊緣的第二營。正巧遇到了剛上來的麥克．湯普森與伊安．克勞福，他們雖然剛從感冒後復原中，卻仍然在咳嗽。

我們繼續往下走穿過了第一營，從島丘的長雪坡一路而下，橫渡過冰河底部。積雪幾乎都融化了，遍布著冰塔、超乎想像巨大的裂隙、蜘蛛網般的陡峭山脊，舉目望去都是不同層次的灰色，包含散布冰河上的岩石，以及點綴著冰面的灰石，整個景象像是一幅維多利亞時代的山岳印象畫，充滿了離奇模糊的影像。路線也大幅改變了，我們一度還迷失了橫渡的位置。

我們剛好在五點鐘通訊會議前回到了基地營。與十天前出發時已經大不相同，積雪融化後長出了青草地，上面散布著一些高山野花。有四頂大型的雙人帳，高聳的天線是我們與大後方波卡拉聯繫的命脈。凱文的軍事素養在此展現無疑，每一個地方都有清楚的標識，他的帳棚外面立了一個「安娜普納遠征隊總部」的牌子。

突克提用開朗的笑容與一大杯熱茶歡迎我們。剛好是晚餐時分，湯飲後的主食就是牛排，那頭帶上來的牛已經被宰殺，湯姆跟我都吃了兩大片。儘管從冰稜頂部接近兩萬一千英尺的高度回到這裡只有四個小時的距離，這兒卻是個截然不同的世界。

第二天早上，我們躺著用望遠鏡觀察唐與道格爾的攀登過程：從鏡頭看過去冰脊像是一道布滿皺摺的雞冠，兩個小黑點就像兩隻小昆蟲在上面一動也不動。此處標高一萬四千英尺，儘管脫掉上衣也不用擔心惡毒的陽光，而冰脊就像在月球般，是僅有極度酷熱與嚴寒的極端世界。有時候上午的陽光會把人給曬昏了頭，也不敢脫掉上衣怕被曬傷，臉上塗滿了冰河防曬乳，還是給曬焦了；不消幾分鐘，午後的烏雲湧入了山谷，頓時寒冽不已，腳趾尖都要凍傷了，汗水濡濕的衣服變得十分的寒凍。在這兩極之間絲毫沒有中間地帶，雪白的冰河或是瀰漫的雲霧，更是強化了這種極度酷熱與寒凍的效果。這種說法聽來似乎充滿了戲劇性而被過度的渲染，喜馬拉雅登山就是如此，如果不是置身於高海拔，確實是很難體會它那極度惡劣的環境。這裡可說是地球上距離月球最近的地方，但人類天生就是有很好的適應力，很快的就接受並且將之視為常態。此刻當我們在基地營的艷陽下躺著觀看那些小螞蟻慢慢的往上攀爬，也不會太過驚奇。這時唐與道格爾正攀向冰脊頂部，伊安、明瑪與尼瑪三個人正一步一步的從第三營下方的大雪溝奮力的往上跋涉。

高海拔還是繼續發威，第二營的麥克・湯普森仍飽受感冒之苦，決定今天休假；第三營的尼克與馬丁也被擺平了，有高度適應的問題，也因為煤油爐廢氣所致。第三營的頭痛成為遠征隊員共同的問題，無論第一次上來，或回到基地營休息後再上來，都是如此；兩萬英尺的海拔對所有人來說似乎都是一道關卡。雖然尼克與馬丁剛休息過了，仍覺得比第一次上來時適應的狀況更低落。

唐與道格爾只好繼續前進，試圖開路上到冰脊的稜線頂部，這回還是由道格爾擔任前鋒開路。到目前為止，唐樂得只扮演支援的角色，一來儲備能量，再者慢慢建立適應能力。他們兩個是絕佳的組合，道格爾喜歡擔任前鋒，發揮攀登技術與衝勁，而仰賴唐豐富的登山經驗。兩人形成一個平衡的組合，唐像個軍師，道格爾像個衝鋒陷陣的將軍一般。在營地時，兩人也分工愉快，道格爾負責所有炊事的工作，唐則負責架設帳篷、維護汽化爐等技術勞務工作。

唐對處理登山問題的方法，就像他在平地的時候所扮演的工匠角色一般，總是非常務實、注重細節而穩健。

兩人沿著前一天道格爾留下來的固定繩上到最高點，那是一處位於支刃稜上薄刃般的鞍部，距離真正的冰脊的稜線頂部似乎還有五十英尺的高度。這個位置十分的驚險，往上延伸是高聳薄片般的刃稜，沒入了一道波浪狀蜷曲的雪簷；往右是一道近乎垂直的雪溝，也是直接沒入了上方的雪簷；另一側則是一堵雪質鬆軟上下顛倒的雪菇。道格爾別無選擇只好選了左側這條路線。

藉著唐那邊登山繩的張力，道格爾小心翼翼的橫渡雪溝的頂部。這裡的雪質類似我和湯姆之前在冰脊山腳下遇到的狀況，不管挖多深，還是碰不到任何堅實的雪層；這裡的坡度這麼陡，道格爾擔憂再挖下去，恐怕會把整道稜線給弄垮了。

道格爾到了一個角落上，發現這個雪菇的雪質比從遠處看更不穩，它至少重達數百公噸，只靠著一些蜂窩狀的腐冰支撐著矗立在這道冰脊上，這是他必須攀越的一道障礙。道格爾叉開雙腳跨立在冰壁跟雪菇之間，盡量把重心放在冰壁，避免施力在雪菇上。此刻無法用冰樁或是雪樁架設確保支點，萬一墜落了，這些支點一定會被拔出來，失去任何的確保作用。萬一雪菇崩塌了，這些支點反而會把他給釘住，就像一隻無助的蝴蝶一般。

中午時分雲霧又湧入了山谷，遮住了我們的視線。雲霧帶來了飄雪，不久道格爾就被迫下撤。他終於上到了冰脊稜線的頂部，這一天只前進五十英尺，前方看來也不甚樂觀。兩人沿著固定繩下降回到營地，在箱型帳中幽居了整個漫長的午後，煮食不太可口的果汁飲料，沉思著未來的日子。

在基地營，我們享用著山珍海味，有鮭魚、牡蠣、鮪魚、鯷魚以及俄式沙拉，再配上鮮美的煙燻起司、鵝肝醬，最後再一飲而盡美味的咖啡。這就是基地營奢侈生活的寫照。

基地營的生活平淡無奇，清晨六點，朝陽未爬上瑪恰普恰峰與安娜普納三峰連峰的稜線時，早茶已經遞進了帳篷；六點三十分，溫暖的光芒碰觸到基地營的餐廳，這兒是登山隊員辛苦攀登後暫時的休息地；再過半小時，就是每天例行的早餐會報，每個人都得從睡袋裡爬出來了。

會後，凱文．肯特就展開了他那忙碌的一天。先將裝備整理好，讓挑夫們運到第一營。原先留下來負責清運臨時基地營到基地營的二十名挑夫已經完成了任務，凱文留下了最強壯的六名負責基地營往上運送的任務。這些挑夫從未涉足冰河，但他們似乎習以為常；他們的忠誠與熱忱主要還是受了凱文的影響：他能夠用他們的母語與挑夫們溝通，而且保證會提供必要的裝備，會好好的照顧他們。我們有預先準備一些備用的裝備，凱文不但奉獻出自己所有的服裝，再設法收集其他隊員多餘的裝備，大慷他人之慨。

凱文以軍營一般的紀律來管理基地營，每一餐都準時開動，挑夫隊伍都在清晨就出發運補，裝備與糧食倉庫都井然有序的，很容易就可以找到你要的東西。無疑的凱文這一套嚴明的紀律惹惱了一些散漫慣了的登山隊員，而凱文總是傾聽這些批評，一來因為他自己的狂熱，以及自認為缺乏足夠的登山經驗。儘管如此，幾乎所有的隊員們還是對他讚佩不已，他在基地營大後方所奠定的基礎對於遠征隊最後成功所帶來的貢獻，絕不遜於任何一位遠征隊員。尚未見面以前，我曾寫了一封信給凱文：「我相信您必然是一位非常有效率的軍官，但得面對一個三心兩意的將軍。」事後證明確實如此。

當凱文忙著處理行政後勤工作時，其他的基地營永久居民，即那三位電視攝影隊的成員，卻過著優閒的步調，早上在基地營四周拍點照，然後花很多時間梳洗。這可能是登山者與凡人最大的不同點，登山者通常很少洗澡甚至於洗衣服。在山上時則幾乎都不洗的，畢竟如果要溶雪梳洗，那會耗用太多的燃料。我自己通常是在山上待了十天或更長的時間回到基地營後，才利用這閒暇的時間全身梳洗一次，下一回就要等到兩三個星期後再回到基地營。其他的隊員在山上的時間更長，米克・白克有一回在南壁上整整待了二十八天才回到基地營休息。這些登山隊員顯然是一群骯髒的傢伙，每當回到基地營時，公共食堂很快就亂成一團。

像最年輕的雪巴尼瑪・策林說得妙，有一天早上他看到我們前一天晚上酣飲後杯盤狼藉的慘狀，他說：「主人你們像是水牛一般，垃圾吃，垃圾躺。」

攝影隊則文明多了，讓基地營整個生活秩序維持在一個水準，同時因為他們的興趣比較廣泛，儘管他們也相當的投入登山活動，使整個遠征活動帶來一個比較寬廣的影響力。對登山隊員而言，攝影隊當然也提供了一個不同的氣氛。

基地營中餐時所有人都會聚在一起，這是一天的主食，坐在營帳外聊天閒磕牙，直到午後的雲霧把我們趕回營帳內為止。然後每個人都睡個午覺，直到傍晚的通訊會議才又聚在一起，此時攝影隊通常會做個錄音。晚餐後我們玩騙子骰子（liar dice）或是拼字遊戲（scrabble），背後錄音機則放著震天價響的吵雜音樂。

遠征讓攝影隊帶來全然不同的生活體驗，艾倫．漢金森全然沉浸於遠征活動中，起初參與運補至第一營，最後運補到第二營，甚至於第三營。其他三位雖然沒有如此投入，但仍是整個遠征隊的一分子，凱文開始參與基地營以上的運補工作時，約翰．愛德華則一肩擔起基地營經理的工作。

他們唯一一次深入山區，就是橫渡冰河底部去拍攝那一道威脅我們攀登路線的冰塔，找了一個自認為安全的地方架設了攝影機，屏息等待一次精采的冰塔崩塌的壯景。

突然間他們聽到了後面傳來的一些落石的聲音，那是岩壁上面懸掛的一些冰柱，在大太陽下受熱而溶化掉了下來，從山坡上滾下來的時候也帶來了一些落石，直朝著我們英勇的攝影隊滾下去。約翰・愛德華馬上蹲下找一個隱蔽處，而喬納森・藍恩（Jonathan Lane）則故作鎮定停下來打開攝影機拍攝，直到最後一瞬間才跳開。結果攝影機被落石擊中，它的伸縮鏡頭不可倖免的被擊碎了，卻成了約翰・愛德華一次精采的新聞報導的戲劇性結尾。這是他們最後一次離開基地營深入山區的報導行動，只有最後在遠征結束前，才再次來到冰河邊緣迎接唐與道格爾回來。

湯姆與我選了一個好天氣下來休息，第二天下了一整天雪，這是整個遠征中除了遠征後期以外僅有的一次。在山上所有營地都動彈不得，伊安・克勞福自第二營回報雪崩不斷從營帳兩側和上方傾洩下來，幸好有上面那一塊懸岩的保護，讓他們倖免於難。

隔天早上，四月二十一日，天氣晴朗，我計畫這一天要回到南壁，決定等到午飯後再行動，想先享受一頓美食後再回到山上接受艱苦的考驗。

此刻南壁上面各營地的攀登隊正面臨一些挑戰，前一天下了兩英尺深的新雪。麥克、伊安、明瑪與尼瑪試圖要運補到第三營，但積雪盈尺，粉雪雪崩自兩側山脊以及大雪溝裡面不斷傾瀉而下，使他們上到了半途卻被迫撤回。然而，伊安還是設法補齊了一些固定繩。顯然有必要在整個大雪溝都鋪設好固定繩，雪後才能夠確保一個暢通的攀登路線。

第三營的四名登山隊員全體出動，道格爾再次先鋒開路，試圖克服登上冰脊最後這一段刀片般的刃稜末端的冰壁。這段路雪質依然十分鬆軟，非常的艱難而緊張，一整天攀登只前進了五十英尺上到了冰脊上。在基地營用望遠鏡注視著他在冰脊上緩慢的進度，雖然從左側的雪原繞過了下半部的冰脊，花了那麼多的工夫還只上到冰脊一半的位置，我不禁懷疑真的能夠完攀這一道困難的冰脊嗎？前一天道格爾曾經回報在大雪後雪溝側面也並未觀察到任何的雪崩，他建議萬一冰脊頂部路線需要花太多時間，或許可以試試這個方案。我把這個提議告訴湯姆，他對於雪溝內的雪崩風險已有定見，他說：「如果你決定要進入那道雪溝，那麼我想我絕對不會再上到第三營以上了。」

當天傍晚的無線電會議時，我仍然擔憂著冰脊上的攀登進度，就想當然耳的跟道格爾講：「從望遠鏡遠眺今天的攀登非常的困難，我猜你有一些壞消息吧。」

「你錯了，今天進度不錯，我上到了一個完美的營地。冰壁上去後稜脊開闊起來，前面是一片坡度緩和的新月形雪坡地形。明天我們會上來架設一個新的營地。」

「那之後呢？」

「還好啦！應該比我前面攀登這段路線容易多了。」

我不禁鬆了一大口氣，這個興奮的消息讓我滿心歡欣鼓舞。

那天我們也得到了一份意外的禮物，在外面午餐時，來了兩個年輕人以及一雙佳人，受邀與我們一起用餐。他們來自於艾塞克斯（Essex），開著Land Rover橫越了整個歐亞大陸，計畫到興都庫什山脈登山。結果在奧地利遇上一個車禍耽擱了行程，當他們來到阿富汗時，攀登季節已經過了，只得留下來過冬，並且計畫第二年春天到尼泊爾一遊。他們開著Land Rover到了加德滿都，飛到波卡拉，徒步至道拉吉利山塊（Dhaulagiri Massif）健行，最後越過了德洛里鞍部（Deroli Pass）到了丘姆諾村落，進來探訪聖殿。

我半開玩笑的提議：「你們可以考慮幫我們運補一趟到第一營，做為午餐的餐費。」

這一群人的領隊兼發言人是法蘭克．傑克森（Frank Jackson），他是一個壯碩的漢子，鷹勾鼻，滿頭黝黑的頭髮與鬍鬚。我們暱稱他為黑傑克。

「好主意，我們正想上到雪線以上呢。」

「那麼，你們不妨就在第一營待下，做幾趟運補到第二營吧。」凱文接著說。

「可以，但我們得先下去帶一些裝備上來。」

因此我們竟憑空得到了額外的「倫敦雪巴」，雪巴人就這麼稱呼他們。當黑傑克跟大胃羅伯——他食量奇大所以就被取了一個綽號——在二、三營間運補時，他們還有一次上到了第四營，兩個女孩就在基地營幫忙。我們人力嚴重短缺，因此他們的拔刀相助對於最後的成功帶來了不可磨滅的貢獻。而芭芭拉（Babs）與辛西亞（Cynth）也讓基地營生色不少，多了一股輕鬆愉悅的氣氛。

之後基地營也陸陸續續出現了一些訪客，許多人都受僱運補到第一營，有些人還幫忙運到更高的營地。這種蜂擁而至的健行客，在我過去兩次的喜馬拉雅遠征裡是無法想像的，也增添了一些阿爾卑斯登山的味道。基地營雖然是在一片枯黃的草地上，它的位置像是可以俯瞰整個攀登行動的劇院包廂一般，任何人都可以上來打聲招呼，再加上攝影隊，使整個安娜普納南壁的攀登形成像是一個超大型的一九六六年愛格北壁直登的氣氛一般，這與傳統的喜馬拉雅遠征大相逕庭。

一九五〇年莫里斯・赫佐格率領他的遠征隊來到安娜普納時，他們的問題是要找到一條入山的路線。此時，我們幾乎不再需要地圖也可以走到聖殿，這個山區不再雲深霧重，它的神祕只剩下面前這一堵龐大的山壁，我們不確定是否有能力在高海拔來克服重重的困難。一旦你上到南壁，那種與世隔絕的感受，以及在大岩壁上所面對的威脅，就像在世界各地的大岩壁攀登無異。那與愛格北壁攀登中，可以看到對面勞勃洪峰（Lauberhorn）上的滑雪者飆速滑行的感覺當然有天壤之別了。

在南壁上最大的不同，是它需要很長的時間，以及高海拔攀登對於身心的考驗，此外最關鍵的是在這片龐大山壁上潛藏的危機，那種無時不刻壓迫的感覺。所有的東西都是巨大的，例如：冰河、冰壁、四周山壁不時滾落的雪崩等等。自從唐與道格爾上到鞍部，至今已經過了三週，而我們僅僅前進了一千兩百英尺的高度。

我急著想回到山上，十天前上第一營時還氣喘吁吁的，如今卻安步當車毫不費力，終於適應了這個高度。我得規畫接下來兩天的攀登計畫，唐與道格爾該下來輪休，所以如果第四營順利架設完成的話，自然是馬丁與尼克上到第四營，並且設法打通整個冰脊路線。這表示需要另外一組人上去支援，米克・白克正在往上運動，他與麥克以及伊安在第二營。照理說，應該是他們之中的兩個人往上前進到第三營，我跟湯姆則在他們後方支援。如果照計畫進行的話，那麼所有的隊員就是輪流在下方運補，再依序往前上到前線，進行先鋒開路的作業，最後再回到基地營輪休。但我份外的緊張，希望自己儘快上到第三營，緊跟著先鋒繩隊的後面，我認為那是監控整個登山作業最佳的位置，一方面可以觀察著冰脊上開路的進度，另一方面也可以掌控第二營運補的狀況，此時第二營顯然成為了後勤運補的一個關鍵位置，它的角色有點像是前進基地營一般。如果我停留在第一營，或是藏身在冰脊陰影下面的第二營，將無法掌握整個攀登作業執行的狀況。

既然伊安似乎已經適應良好，而感冒後復原中的米克・白克的狀況還是一個變數，我決定打破原先的分組，由我跟伊安上到第三營。當我奮力走上第二營的那一天，唐、道格爾、馬丁與尼克攜帶了架設第四營所需要的裝備攀上了冰脊。我想後來上到第四營的隊員，絕對無法想像當時他們架設第四營花了多少工夫，因為這是一片三十度傾斜的雪坡，為了讓箱形帳的地基保持水平，他們必須挖掉相當大量的積雪，馬丁後來告訴我：「唐不久就扮起工頭，讓我們每十分鐘輪流挖掘營地。」

此時後勤問題越加嚴峻，當前面四人建立第四營時，伊安與他的組員們連續第二天仍舊無法攻上第三營。上到了大雪溝的半途，一陣粉雪雪崩幾乎衝走了米克・白克。這實在太危險了，只好折返。我在接近傍晚時分獨自上到了第二營，湯姆跟在我後面明天上來。途中我發現整片「達摩克利斯之劍」都塌了下來，鬆了一口氣，可能是當天早上發生的，崩塌的區域遠超過我原先所預期的範圍，大約一百英尺寬的整片冰壁都塌了下來，恐怖的冰塊殘骸遍布四處。如果當時有人經過的話，必定命喪黃泉了。

經過這片廢墟時，我不禁緊張萬分，看到這片飽受蹂躪似亂葬崗的地方，誰都一定會走得非常的慢。我瞥見頭上方這片寂靜的冰壁，緊張害怕得想要快速的穿過這片冰塊堆積如山的通道。但是上下穿行實在非常的累，第二營前最後那幾百英尺似乎永遠走不到盡頭，明瑪一定是看到了我狼狽的狀況，最後那幾步路下來幫我揹了背包。雪巴人就是如此的善良又體貼。

在第二營我發現他們群情激動。

「一定要把食物送上去給兄弟們。」伊安說：「他們幾乎要彈盡援絕了，我們打算今晚趁著夜裡再試一次，唯有這段時間大雪溝裡的雪層才是安全的，大雪過後，雪溝兩側山脊上的新雪隨時都蠢蠢欲動的。」

我對這個提議反應冷淡，一方面或許是因為今天下午跋涉上來的疲倦，此外我從來就不擅長在晚上活動。通常如果有許多工作待辦，我寧可一大清早起來處理。

「要不要明天一大清早天還沒亮的時候出發啊？」

「那你一定要半夜就起床，太陽在早上六點就進到了大雪溝，不久雪崩就開始了。寧願在晚上出發，也不要在寒夜裡掙扎著爬出睡袋，在日出前來煮早餐。」

他們下定決心，我只好妥協，強迫自己自願來參與這一次的運補作業。

我們悠閒的享用兩位雪巴幫我們準備的一頓晚餐，然後擠在威廉斯箱型帳中喝咖啡伴著一點威士忌，靜候夜裡的低溫把雪層凝固。這真是個美好的夜晚，四分之三的弦月照亮了四周的山峰。晚上九點鐘準備妥當，卻發現尼瑪從未穿過冰爪，然而這對他似乎毫無影響，只好教他如何將冰爪繫在登山鞋上，接著準備好出發。每個人都準備了頭燈，月色皎潔，幾乎派不上用場。

一開始往上移動，我對這個計畫的冷感就全然消失了。深夜的山具有一種神祕的美感，那是白天裡感覺不到的。在冰河畔行進時，可遠眺冰河對岸的深淵，以及隱身山谷深處的基地營。此時炫目的日光與熾熱絲毫未見，只剩下皎潔的月光照在冰河上，透露出驚濤駭浪般模糊的陰影，以及低溫下凍結的雪層堅脆得像月光般黑白分明。冰爪犀利的貫穿雪面，這是遠征至今唯一一次我可以毫不費力的前進，不用每走幾步就停下來喘氣。

我們沿著伊安早上架設好的固定繩前進，當上到前一回的高點後，伊安拖著另外一捲五百英尺長的登山繩前進，在大雪溝裡架設了更多的固定繩。伊安總是如此的認真，盡力的完成那一絲額外的工作，架設固定繩，改善路線，或是揹起超重的背包。當我們穩健的從大雪溝往上攀登時，可以看到他的頭燈還在遠遠的下方上下起伏閃爍著。

我們在半夜十二點上到了頂部，大聲吆喝著讓第三營的隊友們知道我們上來了，雖然他們不會為了被叫醒而道謝，但他們看到了食物無庸置疑十分開心。

下坡總是比上坡困難，大雪溝裡只有部分的路段架設了固定繩。在這有相當斜度鋼鐵般堅硬的雪坡上往下走，對尼瑪來說真是一個考驗。但他行進自如，彷彿是有多年冰爪經驗的登山者一般。我們在凌晨兩點回到第二營，迫不及待的鑽進了睡袋。

原先打算睡到上午，可是睡眠習慣不容易改變，因此早上七點大家都醒了。儘管那天早上繼續往上運補應該沒問題，但是米克和伊安還是想到了晚上再試一次。我不太高興，月夜下或許沒有問題，但是一旦烏雲遮月，或是月亮開始虧了，那就不好玩，畢竟我們也沒有足夠的電池讓我們全程使用頭燈。此外，雪巴也都不太願意晚上再走一次。我們起了一番爭執，最後達成了一個妥協，在日落後不久，當雪溝在陰影裡時開始行動，米克領先出發了，但一下就退回來。

「這不妙，」他說：「雪層還是太軟，積雪有到腳踝處那麼深。」

「那我們等到明天早上再出發吧，雖然浪費了今天，但是可以讓生活回到正軌。」

那一天唐與道格爾下來回到基地營輪休，麥克也決定加入他們，感冒症狀仍然困擾著他。同時，馬丁與尼克繼續前進進駐到第四營。大雪後冰脊左側的雪原雖然也很難走，但固定繩以上沿著刃稜往上攀登到冰脊頂部這一段路線，比起第二營和第三營間，距離近也比較安全。隨著遠征的時間越長，我們發現在大雪後，南壁上面越高的路段越是容易攀登。

唐與道格爾下山前依舊揹了一捲固定繩上到了第四營。在從第四營下山前，唐轉頭叮嚀馬丁說：「別遊手好閒，也別讓那些冰塔絆住你。」

10

奮力登上冰脊（四月二十三日～四月二十七日）
Struggle for the Ice Ridge

第四營像是崖頂上高懸的鷹巢，矗立在狹仄的冰脊頂端挖出來的一小方平台上，門前正對著一片深淵，那是張開著血盆大口的南安娜普納冰河，門框像畫框般鑲嵌著八英里外優美的魚尾雙峰。背後的冰脊上是一列高聳的冰塔，上面覆滿了積雪，像冰淇淋球從盛滿的甜筒外溢一般。更高處，稜線像刀刃般薄，雪簷往左側延伸，而右側可以看到稜線下面是一道穩固的岩稜。如果馬丁與尼克順利的話，期待他們可以攻克這一道最大的難關。

隔天四月二十四日，兩人終於有機會站上第一線而倍感興奮，他們雖然上山三個星期了，這才第一次終於輪值在前線開路，讓過去這幾週來艱苦單調的跋涉與運補作業，看來都是值得的。

「站在巨大的第一冰塔下方的陰影下頭時，我興奮得像是巨人殺手傑克（Jake the Giant Killer）[1]一般。」馬丁後來回憶道。

往前走沒幾步，他們就得進入攀登位置了。營地後方的雪坡陡升，夾峙在第一冰塔（Ice Tower）懸垂的基部與一個小冰塔（Ice Gendarme）之間。他們先探查由左側繞過的一道雪溝，從遠處可以望見這一條路線繞過了兩個冰塔，當馬丁起攀後，就發現雪溝裡的積雪又陡又鬆，腳一施力，整個就垮掉了。遠征初期就遇上這種麻煩，實在太過費神了。

接下來馬丁嘗試冰塔右側的路線，那是一片懸垂的冰壁。唯一的方法就是打入冰樁，藉著登山繩的張力來攀登；冰壁上布滿了蜂巢般的孔洞，雪質十分鬆軟，冰樁一敲進去就塌掉了，這邊也行不通。馬丁突然發現有一個洞穴似乎可以貫穿整個稜線。他卸下背包，鑽了進去。隧道大約有二十英尺長，兩英尺寬，水平的穿越整個稜線。裡面有些地方懸掛著一些冰柱，馬丁得敲斷冰柱才能夠繼續匍匐前進。洞裏森寒，淡綠色的微光在冰壁間轉折反射。馬丁期望這個隧道可以通到一個簡單一點的地形，但事與願違。眩目的光芒自洞口射入，他終於探出頭來，發現那是一片平滑的冰壁，下方是深達兩千英尺的冰河。唯一的方法就是橫渡這片冰壁，繞過轉角處，之後地形似乎比較和緩。至少這片冰壁比較堅固，在洞口外面打入冰樁後，然後藉著支點的支撐力，讓身體擺盪到外頭的冰壁上。

冰壁實際的坡度比從洞裡的感覺更陡，馬丁必須在冰壁上挖出把手點以維持平衡，藉著冰椿的拉力，在冰壁上一步一步的挖出一列橫渡冰壁的把手點與踏足點。移動的速度相當的緩慢，身體卻很放鬆，這就是馬丁攀登的風格。必須先規畫好各個步點的位置，然後一一的挖開，即使在平地高角度的冰壁上工作，都不能虛耗一絲的精力，更何況是置身在兩萬一千英尺的高處。踩著狹小的步階像螃蟹般橫渡著冰壁，冰壁越來越陡，上面突出來的冰壁壓迫著他，手腳肌肉痠痛，一個踏足點塌掉了，他調整重心維持住平衡；他只能夠單手摸索著操作冰椿，另外一隻手必須緊握住把手點來維持平衡。用單手操作冰椿，就像用單手把螺絲旋入硬木頭般困難，必須先在表面敲出一個刃口，才有辦法借力旋轉。

他擊出了一個小口，冰椿定在上面了，用單手卻旋不動。他拿出冰斧用鶴嘴穿過冰椿的耳環，然後開始旋轉，每一次都只能夠轉動一點，斧柄會一直卡到冰壁，另外一隻

1 編按：英國童話。描述一名青年傑克斬殺、對抗巨人的故事。

握著把手點的手也累壞了。終於，冰樁固定好了，他能把身體掛在支點上，鬆開兩隻手好好休息一下。時間不知不覺過去了，一個小時、然後兩個小時，他到了轉角上，繞了過去。坡度稍緩，他卻置身於一片陡急、令人厭惡的雪溝，上面覆蓋著少許半溶化的積雪。

他輕輕的跳入雪溝當中，落腳處卻猛不防的崩落了。他開始拼命的游泳，手、腳、膝蓋、手肘、冰斧不停的往下挖，那一片糖霜般深不見底的濕雪卻不斷從身體下方滑落，直到他終於巍巍顫顫的停泊在一層稍微安定的雪層上為止。

「我真是嚇壞了，屏住呼吸，肺跟心臟幾乎要爆炸了！」馬丁坦白說：「唯有尼克知道我停在那多久，但我最後還是舉步上攀，隨時都等待著下一秒會被吐出去。」

此時馬丁後方的登山繩穿過山洞，以及好幾個支點的繩環，繞來繞去造成了很大的阻力。雪溝上方坡度更陡，雪質還是一樣鬆軟，他橫渡上去雪溝邊緣的一道刃稜。

他距離最後一個支點已經五十英尺遠了，雪質終於夠堅固，他打入一個冰樁，套上了鉤環，或許太累了而忘記將主繩穿過溝環。他繼續沿刃稜上攀，卻誤以為前面這個支點可以保護他而免於長距離的墜落。萬一真的墜落的話，那高達五十英尺的支點距離勢必會讓他摔得極遠。

不斷的挖掘支點與緊握住絕壁上的把手點，使他的雙手已經非常疲倦。當他終於上到了稜脊上時，用光了一條一百五十英尺長的主繩，卻只在尼克頭上五十英尺高，可以想見馬丁繞得有多遠。

馬丁可說是英國境內最頂尖的攀登者之一，這卻是他登山生涯中最困難的一段繩距，比那許多舉世知名難度最高的蘇格蘭冰攀路線猶為艱難。

接下來的難題是如何讓尼克上來。

「我把繩子拋下去，你用猶瑪上來吧！」馬丁往下大喊。

馬丁拋繩後，因為冰塔頂端巨大的雪簷往外延伸，繩頭距離第一冰塔的基部還有十五英尺遠。尼克只好下攀一段雪坡取回繩頭，可是當他往下施力時，登山繩就切入了雪簷裡面，如果尼克繼續往上攀登的話，他必須在雪簷上鑿出一個洞來，那麼整個雪簷很可能會垮下來壓在他身上。

因此他決定只好跟循著馬丁的足跡，藉著攀登繩的確保前進。儘管如此，這個攀登還是非常的困難，甚至於有些路段比馬丁的先鋒攀登更為困難。從隧道裡出來後，到轉角前的冰壁橫渡路線是微微的下攀，那些冰壁上的支點並未提供任何額外的張力，馬丁踩過的踏足點尼克再踩上去就崩掉了。

像尼克後來說的：「後攀就已經非常可怕了，領攀時想必是更恐怖！」

尼克花了兩個小時才重複了這段繩距，這一段真的是非常困難，特別是在橫渡冰壁時，因為是稍微下攀的路線，後攀者無法像領攀者般能夠藉由確保的登山繩得到額外的支撐力，這一片冰壁懸垂的角度很大，萬一他失手的話，一定會掉下去懸盪在半空中。

當尼克終於上到馬丁所在的雪階（ledge）上時，他已經累得無法繼續下一個繩距的攀登，而馬丁此時休息足夠了，就繼續前進。

他先嘗試原先所觀察到的左側的雪溝，但它實在太鬆軟了，馬丁一踩進去幾乎就要墜落。他鼓起勇氣繼續攀登刃稜，登上一小段冰壁後上到了另外一個平台。從這裡可以看到右側的稜線上有一個明顯的缺口，這一段困難的冰攀大約再四十英尺就結束了，但是必須攀登右側這整片懸垂的冰壁。左側的這道刃稜角度雖陡但似乎簡單一點，馬丁由此上攀，在蜂窩狀的冰壁上砍出一道溝畦，身體鑽進去蠕動往上，至少可以讓他得到一些高度，雖然並不是太確定上面會再遇到什麼困難。

當上攀的角度陡到很困難的時候，馬丁爬上了一道從下面完全看不到的狹窄雪階（shelf）。這一道雪階往水平方向延伸穿過這一片懸垂的冰壁，接上剛才觀察到的稜線缺口處。他沿著這一道雪階橫渡，肚子頂在冰壁上，雪階越來越窄，上頭懸垂的冰壁越來越低，幾乎要把他從滑不溜丟的位置上推出去。距離稜線缺口大約二十英尺時，雪階完全消失了。這時馬丁只能用冰樁來確保，但是部分攜帶的冰樁在這繩距的下半段已經耗用殆盡，此時登山繩已是嚴重的糾結，體力也幾乎耗盡。他把剩下的兩根冰樁用完後，只好用比較短而不安全的岩釘來做確保支點。此時離稜線只剩下幾英尺，登山繩卻牢牢的卡住了。當他們把登山繩整理好時，已經是下午五點了，只好沿路下攀。「登山繩真的完全纏在一起了，」尼克後來說道：「最後他已經停止了思考，改讓我來幫他思考，確保他下到這一段雪階。」

他們快速的下降回到了第四營。實在很難想像吧，花了一整天攀登了三百英尺的高度，下來卻只要幾分鐘。這一道冰稜顯然不易突破，並不如唐與道格爾剛上到第四營時原來的期望。

第二天早上他們又回到了前線，這回換尼克領攀了。回到昨天的高點還是要費好一番的工夫，固定繩懸掛在那個巨大的雪簷上，必須要掘出一個洞才能穿越它。從昨天馬丁橫渡接近冰壁終點的位置，尼克繼續最後五英尺的橫渡，他在冰椿支點上懸掛了馬蹬，以人工攀登的方式一步一步的往轉角前進。

他也遇到了恐怖鬆軟的冰質，藉著最後一根固著良好的冰椿，他盡其所能的將一根冰椿敲進刃稜斷面上腐朽的一塊凸冰的鼻尖上，然後清除了鼻尖四周的腐冰，只留下了中央的硬核做為一個踏足點，然後慢慢、慢慢的把重心移上去。當他在支點處停下來時，冰椿被拉出來回到他手上，使他幾乎要往後倒下去，但總算恢復平衡牢牢的抓住冰面。他用手抓住把點，但一抓冰就碎了。尼克還是設法把冰椿插回原位，從邊緣處繞過轉角，又進入一道類似昨天馬丁所攀登的雪溝，然後奮力的登上稜線頂端。結果他找不到一個可靠的位置可以插入冰椿做為確保支點，他挖了一個洞，把阻雪板埋進去，一屁股坐在上面，以免萬一阻雪板受力時會跳出來。稜線頂端是個恐怖的地方，雪質異常的鬆軟，感覺這整片稜線隨時都可能無預警的塌了下去。

要再沿稜而上是不可能的，因為它正如貨真價實的刀刃般盤旋而上，接上一片脆弱的雪簷。然而右側一百英尺處，岩石從雪層中突出來，經過冰脊上這許多不安定雪質的考驗後，遠處的岩石看來就像是個安全可靠的天堂。接下來輪到馬丁，他沿稜前進一小段到達開始要陡昇的位置，在鬆雪上埋進去一個阻雪板，然後請尼克幫他確保，下攀進入一個通往右側露岩的雪溝中。

當他把體重放在確保繩上時，突然往下陷了三英尺深，那真是恐怖的一刻。「啊！我要墜落了！」他心想。尼克沒有把登山繩握緊，似乎是阻雪板給拉了出來。瞬間他停住了，阻雪板被用力拉扯，直到它刺入冰脊深處比較堅實的雪層裡才停了下來。馬丁繼續往下六十英尺深入了雪溝的底部，這裡近乎垂直充斥著不穩定的雪質。他藉著繩索的張力，攀越雪溝的邊緣，上到相對安全的岩石上。

馬丁現在至少是在一個可靠的岩石區了，可是問題還沒結束。岩石近乎垂直，覆蓋著薄冰。四周有很多可以架設岩釘支點的裂隙，但不能用，繩索從上方的阻雪板而下，若穿過下方岩石上的岩釘支點，再接到往上攀登的馬丁身上，整條繩索就會變成一個之字型，阻力會大到拉不動無法前進。

馬丁必須選擇在無支點確保的狀態下繼續往上攀登，萬一墜落的話一定會重重的擺邊摔回到雪溝底部，也會拉扯到上方阻雪板的確保支點。當他爬得越高，墜落產生的衝擊力就越大，很可能將尼克從現在不穩定的確保位置上拉下來。

岩石上布著薄冰，即使下面有不錯的把手點，要攀登在陡峭的岩壁上清除岩石上的冰，真是一件辛苦的工作。馬丁為了保暖穿著一雙有氣墊、像威靈頓鞋一般的健行鞋而非硬底的登山鞋，使攀登更為困難，軟底的健行鞋即使穿上了冰爪，在高難度的冰岩混合攀登中仍然很難發揮，這一段攀登雖然精采卻也是膽顫心驚的。

馬丁最後終於上到一個比阻雪板確保支點位置高的岩石肋稜上，他放置了一個岩釘，然後循繩下降回到尼克上方的鞍部位置。

這又是艱苦的一天，在高海拔上經歷這般緊張、複雜、高難度的攀登。雖然過去兩天他們只從第四營往上攀登了三百五十英尺高的距離，這一段路可說是整個南壁攀登中最困難的挑戰，如果說這是有史以來在高海拔中難度最高的攀登，我也不會驚訝吧！

他們實在累壞了，第二天當我跟伊安從第三營運補上到第四營的時候，他們還窩在睡袋裡。他們後來繼續回到昨天的高點，並沿路改善固定繩。馬丁再一次領攀，沿著稜脊上破碎的岩石往上攀登。從遠處看似乎不困難，但當你越了解這個冰脊時，就會熟悉它不但陡而且非常困難，一塊又一塊平滑但鬆動的岩石相互堆疊而上，彼此靠著碎冰榫接。這一天馬丁往上攀登了三十英尺的高度，為了探索冰稜的弱點，他繞來繞去至少爬了一百英尺的高度。

那天晚上，尼克透過無線電回報承認：「真的是累癱了，克里斯，我們明天一定得下來。」

「你們可以設法再往上多完成一些進度嗎？」我說：「不然明天等我們上來替補，會整整損失了一天。」

「對不起，或許你不能體會在這種地形上攀登是多麼的艱苦。馬丁的雙手都磨破了，而我們兩個都累壞了。儘管勉強上到昨天的高點，我們還是無法再繼續向前推進了。」

對此，我無從選擇只能接受他們的決定。他們確實完成了一件精采的任務，不久我們就發現連續三天高難度的開路工作是所有隊員的極限。我也確信馬丁與尼克在這三天的攀登遠超過我們後繼者所能夠想像的。我們只是沿著固定繩直線上攀，首攀的過程裡必須迂迴前進克服每一道的難關，它的困難實在是我們無法體會的。

當馬丁與尼克在與冰脊奮戰時，伊安和我進行著運補任務，每一天往第三營回程前，就在那裡觀察著並拍攝他們的攀登。四月二十四日上到第三營的路上，伊安完成了整段雪溝固定繩的架設工作，他試著安裝了一個滑輪系統，以從雪溝頂端將糧食裝備包拖拉上去。我們帶了一具帆船上用的絞盤，它固定在一個合金支架上，以固定在山上的平台上。絞盤很正常，但是我們得用三條五百英尺長的繩索接在一起，而摩擦力太大了。除了本身的重量外，運送包本身也很容易吃到雪裡面，用絞盤拖拉運補的速度慢得像蝸牛一般，用力的旋轉絞盤半個小時，只會往上前進幾英尺的距離。

湯姆·佛洛斯特與米克·白克兩人輪流操作絞盤，儘管如此也要花好幾天痙攣般奮力的工作，才能夠把一箱很重的物品拉上雪溝。有這個經驗後，我們放棄了絞盤系統，回到人力運補的傳統方式。伊安所架設的固定繩，讓運補的工作既容易又安全，可以免於雪溝裡每次降雪後所造成雪崩的威脅。

山腳下的兩位倫敦雪巴協助廓爾喀挑夫運補至第一營，同時也處理一些很有價值的工作，例如維護橫渡冰河的路線，冬雪溶化後每一天的路線都在改變，越來越多的裂隙浮現出來，雖然冰河因此變得比較安全，但橫渡冰河也形成了一些障礙。甚至需要利用從山下帶上來的梯子來建築人造橋以橫渡裂隙。

這幾天，唐與道格爾以特別的方式在基地營放鬆自己。

每一組繩伴回到基地營休息的生活方式各自不同，我自己花很多時間處理行政方面的工作，傍晚時間一起玩拼字遊戲或騙子骰子。尼克與馬丁則傾向於躺著看書，傍晚時則閒聊，也會玩一玩拼字遊戲來打發時間，他們這一組可說是最理性的。湯姆，則理所當然的安靜下來讀聖經，而伊安則最活躍，忙著在營地上方的岩石上教猶瑪攀登，或是協助那嘴巴永遠停不下來的凱文。與大多數登山者截然不同，凱文似乎是個天生的工作狂，總是不停的寫報告、計畫後勤作業，或是整理廚房。就算是玩，他也是全力以赴，無論是騙子骰子或是在臨時的場地玩排球皆是如此。他很少閱讀，主要是他真的沒空。而米克．白克廣泛的閱讀，也喜歡參與討論，還善於制定規則，自己還很嚴肅的遵循訂定的規則；同時他又是一個天生的丑角，有時真的很有趣。我們兩個經常辯論，或許跟我自己也喜歡制定規則有關吧。

唐與道格爾在基地營純粹就是聽錄音機播放的熱門音樂來放鬆自己，道格爾經常閱讀，而唐則很少看書，大多時候坐在太陽下或是躺在睡袋裡想自己的事。

他們回到基地營的第一個晚上，辦了一場即興狂野的宴會，這比所有事先計畫的活動更為令人懷念。

我認為開懷痛飲是一種全然放鬆的方法，讓自己從南壁攀登的壓力中釋放出來。基地營晚餐後大家圍坐成一圈，把威士忌酒瓶一個傳過一個。攝影隊已經回營休息了，因此只剩下兩位倫敦雪巴、凱文、麥克、唐與道格爾。

他們邊聊天邊喝酒，唐十分詼諧，也是一個健談者。他們把酒傳來傳去，談得越多也就喝得越多。

唐突然想起來丘姆諾村落跳舞的時光，衝到營帳外面找他的「貨車」，其他人也衝了出來，發現月光下他正坐在一個包裝箱子上面。

「這東西怎麼不動呢？」他告訴大家：「來！幫我推一把。」

他們依言把唐推下了包裝箱，貨車還是沒有發動，他們就決定在基地營辦個舞會。此時女孩們和凱文溜走了，唐與道格爾則繞著營帳跟著音樂的節奏翩翩而舞，最後又回到了營帳繼續猛喝，就這樣過了半個小時。

「我要繼續猛跳這個舞。」唐說著就朝營帳的棚布醉醺醺的走過去。

凱文此時探頭出來看，發現整個帳篷似乎移動了。最後，唐終於鑽入了自己的睡袋，麥克是一個小心謹慎的人，藏身在角落裡避開這些醉漢。這想必是一個詭異滑稽的晚宴，一個奇異有趣的經驗。宿酒後，唐與道格爾又花了兩天來復原，其間他們也成功的讓約翰．愛德華沉淪，經歷了前一晚相同悲慘的命運。

這是整個遠征期間唯一的一次暢飲，喝光了四百小瓶以及七十二大瓶的酒。通常晚餐後大家只是小酌一杯吧。

兩天後唐與道格爾仍然在從宿醉中復原，但已經回到上山的路上了。第二天，伊安與我上到第四營，期待可以打通這一道冰脊。如今時間已經不多了，自從唐與道格爾登上稜線以來，已經過了整整三個星期，而我們僅僅往上攀登了一千五百英尺的高度。

11

繼續奮鬥（四月二十七日～五月三日）

Still Struggling

第四營的生活比下面的營地嚴酷許多，營帳佇立在稜線頂端，冰寒的強風不斷的吹襲，將雪花從任何一絲縫隙中強灌進來。尼克與馬丁睡了幾天後，他們的體溫已經將營帳下面的雪層溶塑成向中央凹陷的窪地，導致我跟伊安睡到後來總不免會擠成一團。汽化爐都站不直，又有一個像我這個不修邊幅的傢伙，帳篷內很快就髒得像垃圾堆一般，食物、衣物、底片、相機、睡袋等散亂堆積。我們試著將東西掛在營柱上，但成效有限。夜裡睡覺時呼吸的熱氣都凝結在帳棚頂部，每天太陽出來後溶化滴下來，把衣服睡袋都弄濕了。如果一整天都是大太陽，那還有機會曬乾，但天氣逐漸形成下午固定下雪的模式，時間越來越提前，所有的裝備衣服不知不覺都濡濕了。

第一天在前線的進度有限，馬丁與尼克在前面開路已經花了不少工夫，我們要先強化這些路段，然後再往前推進。第一步要先將懸掛著固定繩的巨大雪簷切開來，這個狀況很驚人，這個巨大的雪簷讓固定繩懸空著，距離裡面的冰壁還有兩英尺的距離。從這一段固定繩起攀時，身體要先盪在半空中，離下面的冰河底部有三千英尺的高度（請見頁四十三圖）。我可以確信這是第一次在喜馬拉雅山脈高海拔攀登中使用猶瑪攀登器來做垂直攀登。尼克已經先在雪簷上切了一個開口，但是要讓後續的補給能夠順利的通過，還得要挖開更大的通道。接下來遇到的難題，是斜攀越過廣闊的雪溝地形接上岩石區的這一段繩距，爾後我們稱之為「恐怖的橫渡」（Terrible Traverse）。我走前面先過，這真是一段恐怖而令人精疲力竭的路，我不太信任固定繩下方的那一個阻雪板，用猶瑪斜降橫渡坡面本來就很難，特別是在這兩萬一千五百英尺的高度上。猶瑪經常會脫開固定繩，摩擦力又很大，不好推進。我試著改善這段路，將固定繩放鬆，讓攀登者先下降進入雪溝底部，再沿著岩石斜面上攀，就像馬丁第一次開路時攀登的路徑一般。然而，這只讓這一段痛苦的攀登過程時間更長而已，而且會使攀登者斜向往稜線側面的岩壁擺盪。等到我上到冰脊上他們堆放大量繩索的雪階時，天氣已經變了，繩索纏在一起又半埋在新雪中。我花了半個小時用凍僵的手指整理這些繩索，然後退回到第四營，馬丁與尼克過去這三天的突破令我讚歎不已。

夜裡通常雲淡風輕，但今晚強風不止，不斷呼嘯捶打著營帳。晚上七點天色暗了，我們已經準備好要就寢，本來想看點書，但燭光微弱，我吞了兩顆安眠藥，通常一顆就可以讓人安眠八個小時，我卻在午夜醒來，打著瞌睡度過這個晚上，我的心智過度活躍不停思索遠征的問題。天剛破曉，強風未歇，帳外酷寒，我們不禁猶疑是否要出去。到了早上七點強風稍息，我們決心要出發了。

當我們都上到了之前馬丁的高點下方的雪階上，我用猶瑪沿繩上攀到懸岩頂部他架設的固定點。當我翻越這片懸岩，前面展開新的處女地，心情既激動又有一些恐懼。我在上面一片傾斜的雪階停下來，右側似乎有一條路線繞過一系列的冰槽與破碎的岩面，但這條路線過度迂迴，而且不利運輸，它距離稜脊也有點遠，容易受到雪崩與落石的威脅。

然後我看一下左側，是一片稍微外傾的凹槽，最後會再接上稜脊。在岩壁基部打下一枚岩釘，我開始往上攀登，雙腳岔開跨立在岩壁上，手掌擠塞到覆冰的岩縫裡，我心裡明白只要絲毫的差錯都可能致命，在此儘管只是輕傷，要送下山都是極度困難的。攀登繩穿過好幾個勾環，以及繞過下方懸岩的頂部，現在已經拖行不易。我上到了稜脊一個岩突的鼻尖上，沒有可供站立的岩階，只有一兩個踏足點，加上一個可以架設支點的裂隙，往上是一片高高拔起的岩槽（groove），上面又再接上另外一片懸岩。我決定讓伊安先上來換手。

這過程十分的漫長。在這種攀登中你須很有耐心，高海拔攀登讓人動作緩慢，必須要花時間將繩索整理好。我們希望不要用我的攀登路線做為永久的固定繩路線，它太棘手了。我希望當我們爬回到稜脊上時，最好能夠把「恐怖的橫渡」整段都繞過去。因此伊安把米克與馬丁留下來的所有登山繩都揹了上來，它裝滿了整個背包，重達四十英磅。

接下來換伊安打前鋒，他緩慢有序的攀登這片岩槽，邊爬邊架設支點。過了一小時，雲海自下面的莫迪峽谷慢慢的湧入，布滿了整個聖殿，緩緩的爬上了周遭的山峰，先吞沒了天霆峰，福祿峰也被吞噬了。雖然它還遠在山腳下，但不久我們也會被包圍。然則我們現在還在耀眼的陽光下，覺得有點疲倦昏昏欲睡，經過前面這段繩距激烈的攀登後，衣衫盡濕。我目光緩緩掠過南壁，它那陡峭的岩壁與密布的雪原，與愛格北壁十分相似，但幾乎可以放進六個愛格北壁。一個粉狀雪崩全速的從雪坡上衝刺下來，鑽入了正右邊一大片皎潔的雲團中，而大岩階上的落石在空中呼嘯顫鳴而過，落在左側的雪面上發出低沉的撞擊聲。我不禁懷疑當我們翻過這道冰脊後，上面的那一片雪原是否就是這樣的景象。

伊安正全神貫注於那幾英尺的攀登，在懸岩的邊緣，冰爪尖摩拭著覆冰的岩面，突出的懸岩幾乎要讓身體失去平衡。

「我得在這裡弄一個繩環！」他往下呼叫。

腳站在一個掛在支點上的繩環上，他剛好可以搆到懸岩上方的一道裂隙，打下一枚岩釘，再套上另一個繩環，然後爬了上去。他現在站在我正上方四十英尺高的一個岩階上。

「看來如何？」我大聲問。

「還可以！」他回說：「但前頭並不容易。」

我在下頭又等了一小時，等伊安仔細的架設好確保安全的支點。這時雲海已經爬上來把我們吞沒了，幾分鐘內竟開始下雪，汗濕的衣衫現在讓我寒凍交迫。當我上去與伊安會合時，顯然已經不用繼續往上攀登，我們必須重新整理固定繩，以取得一個最簡捷的攀登路線以下到恐怖的橫渡處。我橫渡到一片遮住我們往下視線的一道刃稜上，往下可以看到橫渡路段終點的一片岩石斜坡，似乎沒有路可以繞過恐怖的橫渡這一段路，要到另外一面還有很長的一段橫渡要過。

我們試著改善這一段固定繩，然後回到了第四營。我在帳篷裡發現道格爾留下來的一個紙條，他昨天從第一營直接殺上了第三營，可以看出來他正當巔峰狀態，而唐則安步當車的分成兩天走。紙條上寫著：「在第三營每個人都很疲倦，我們得讓進度快一點。唐有一些構想，晚上通話時跟你討論。」

當我在最前線開路攀登時，很難顧及全局，並做好完善的攀登與運補計畫。就像今天艱苦的攀登後，完全專注在眼前這幾英尺的難題，先鋒攀登讓我神經緊繃，只想一頭鑽進睡袋裡，痛飲一番後，陷入安逸的昏睡中，以應付第二天的挑戰。就這一點而言，站在大後方確實比較容易規畫並控制整個遠征隊的行動，理想的情況是緊跟在攀登隊後面一個營地，可以直接掌握前線攀登的狀況，也能夠統領整個攀登作業。

當晚的通訊會議中，唐提出了他的看法。

「自基地營上來的路上，我想過了這個問題。」他說：「顯然我們必須禁止攀登隊員直接下到基地營休息，不留意的話，會失去整個攀登的動能。因此我建議，讓所有的攀登隊員在第三營以上休息，讓雪巴來負責第一營至第三營之間的運補。如此一來，就可以節省由基地營上到第三營所浪費的三天時間。」

顯然很有道理，我因為在第一線攀登只能夠看到眼前的難題，而未曾考慮到這個問題。唯一的疑慮是攀登隊員在第三營以上的位置，是否真的能夠得到充分而有效的休息。儘管如此，我還是說：「好，就照你的想法進行吧！」

其實唐已經開始推動這個作法了。米克回到第三營後，告訴唐說，他還是覺得很衰弱得回到基地營休息。那一天他只能揹十五英鎊的食物上到第四營，而在這個高度通常應該可以揹大約三十英磅的負重。這一陣子他飽受痔瘡之苦，高度適應也有問題。唐跟米克兩人之間維持這一種愛恨交織的情誼，有相似的生活背景，個性相近又很不一樣，米克總是把自己推到極限，唐則習慣冷眼旁觀等待別人向他低頭。他一方面憤慨米克凡事都全力以赴，又有好幾年一起工作、登山，經常相互挑剔，在朋友間互相批評，又維持著一種勉強的尊重與友誼。

唐聽米克一說就直接攻擊他。

「我總是聽到你抱怨不能在前線開路，但如果你連幾次運補都做不來，你怎麼有辦法在前面開路呢？在所有隊員裡你掛病號的天數又是最多的。」

「那你呢？你不過剛從山下休息回來，你也沒做過幾次運補工作啊！」

「你說得也沒錯，但從頭開始每一個營地都是我們打通的。不論如何，在這一次遠征裡，如果想到前線去，你最好先證明你可以繼續做下去。」

這種針鋒相對的對話，是對付米克最好的方法。換成我的話，或許會讓米克下山休養，我相信每一個登山者對於自己能做什麼或不能做什麼，應該會有最好的判斷。在這種情勢下，或許唐的做法是最好的，儘管我覺得他的說法並不公平。

米克面對了這個質疑，第二天他就一個人全程在前面排雪開路上到第四營，只是為了讓唐知道他可是克盡全力了；這得到了唐的讚賞，他故作安靜的跟隨在後，毫不費力的踩著米克的步階前進。

前一天我們只往上攀登了一百英尺的高度，今天我下定決心要做得更好。我依例還是在半夜醒來，然後就睡不著了，過度興奮的腦袋不斷的來回思索著不同的攀登計畫方案。到了三點鐘我打斷了這些思緒，然後就打定主意，管他去死，先煮飯吧，至少能保證天一亮就可以出發攀登了。

我在睡袋裡掙扎著爬到帳篷門前，在零下的氣溫、稀微的燭光裡點起汽化爐，這總是一個漫長而艱難的過程。煮一小鍋前一晚收集的雪就要一個小時，接著把伊安搖醒來喝這一杯「熱可樂」，它是最不受歡迎的果汁飲料。我們躺回睡袋裡享用這杯熱飲，有意的拖延下一個動作。接下來我準備了一些鮭魚片，放在罐頭裡面烤，再等著更長的時間。已經五點半了，醒來至今已經兩個半小時。有一些微光穿透了帳篷，我探頭瞧瞧外面。滿天的星辰已經被東方的魚肚白抹去身影，康加普納峰山後的眩光預告著太陽很快就會從遙遠的山邊爬上來。今天天色良好，但莫迪峽谷河床底部潮汐般的雲煙是一個徵兆，雲海勢必會在傍晚前湧入。

「外面真冷，再煮一點東西吧！」我建議道，就從屋頂刮一些凝固的雪進來。如此就可以等到太陽光碰觸到帳篷時再出發了。

康加普納峰山後的眩光更強了，有一片白熾的光線從這個楔形峰的一邊爬了上來，一瞬間太陽就從群山後跳了出來，沐浴在柔和的光線中，卻只感覺到些微的溫暖。我們躺在睡袋裡，等帳篷更溫暖一些。幾分鐘後，已經再沒有藉口可以耽擱了。即使如此，還是要有很強的意志力才能從溫暖的睡袋裡爬出來，強迫自己穿上凍僵的鞋子。我把內靴藏在睡袋裡保暖，外靴太占位置就拿來做枕頭，但每天早上起來鞋子還是凍僵了。在帳篷裡穿上了防風外套後，我爬到門口穿上冰爪，最後穿上唐專為攀登固定繩設計的坐式吊帶。此時六點半，才準備好可以出發，從醒來到現在總共三個半小時。這很慢，但起得越早，因為黑暗與低溫，要花的時間就越長。

我們花了三個多小時爬回到昨天的高點，一方面要改善路線，另一方面因為岩釘不足，要移除那些非必要的固定點。等到兩人都上到高點，整理好繩索，伊安就定位確保，我開始攀登下一個繩距時，已經是早上十點。正前方的岩壁很陡，有一些把手點卻相距甚遠，岩壁旁邊則是陡雪坡，我選擇了這個路線。雪質跟下面一樣，鬆軟又滿布蜂巢狀的孔洞，無論挖掉多少，還是碰不到堅實的雪層。最後我沿著岩塔邊上挖了一個很深的通道。這一段路很陡，經常要高舉冰斧在頭上施工，十分的費力。我花了接近一個小時才上到岩塔尖（rock pinnacle），卻碰到了一種冰穴（ice cave）。我們顯然無法從稜脊上通過，唯一成功的機會是從稜線側面破碎的岩石區橫渡而過。現在的位置只比伊安高了三十英尺，我試著繞過一個岩內角（rock corner），用冰斧清開岩面上堆積的雪殼，打入岩釘確保我斜向繞過稜線。我很快就看不到伊安了，這些岩內角還有突出的岩壁遮蔽了聲音，後面的繩子也越來越拖不動，攀登的難度也越來越高。一段恐怖的軟雪坡，接上了一個凝固在冰上的大岩石所形成的懸岩，我利用一個岩釘支點小心翼翼的從懸岩下方盪過去，然後大鵬展翅般的跨立在垂直的冰面上，當我一步一步往前吋步移動時，後面的繩索拉得越來越緊。這很不妙，我決定退回去前面一個雪階，把伊安帶過來，讓他可以提供我更好的確保。我沿著懸空的通道退回去，讓伊安在橫渡起點的冰穴中為我確保。過了三個小時，我只爬升了三十英尺，外加六十英尺的水平距離。

看得到確保者，總是覺得比較安心，那讓我感覺背後有一股穩定支持的力量。但是老天爺現在不站在我們這邊了，雲霧在我們四周翻騰，施展它那令人窒息的擁抱，有一些雪花在稜線上飛舞，剎那間雲霧裡忽隱忽現的稜線更具威脅感。

已經下午兩點了，我還想多弄一些進度，再沿著橫渡路線回到前線。至少現在不再受到繩索的牽絆，伊安就在後面的稜線的角落邊上看著我攀登。橫渡爬上一個突岩（rock nose）後，往前看我有兩個選擇，一個方案是從一個陡斜面爬上一個稜線旁邊的岩塔（rock tower），或是從岩塔基部近乎垂直的雪坡橫渡過去。

我選擇了往上爬的這條路線，在斜坡上慢慢的移動，把手點很細小，只好脫下了手套。我試著打入一枚岩釘，但是回音單調低沉，這通常表示岩釘不可靠。我雙手慢慢在寒冷中失去知覺，無法感受到手指握住稍微結冰的岩石，冰爪尖在岩石上磨拭著，突然間我感到很害怕。此刻絕對不能墜落。

我慢慢的從斜坡上溜了下來，回到下面確保支點的位置，然後觀察下面橫渡的路線。至少它的曝露感低一點，但現在雪大了，我全身冷得打顫，只好退回去伊安的位置，而他的狀況比我更糟。

那天下午回到營地，我覺得格外沮喪又疲憊。我們費了這麼大的工夫，卻只得到那麼少的進度。

伊安說：「以這個速度我不認為有多少成功的希望，但至少我們沒有漏氣。」

我同意他的看法，但是心裡卻頑強的並未準備要接受這樣的結局。「我們必須盡快推進到稜線的盡頭，」我說：「接下來就順利了。」

「好吧！但我明天得下去休息一下，真的太累了。」

「也好，我們可以找一個人上來替補。我要待在這裡直到打通這段稜線。可以拜託你再待一天嗎？這樣明天才不會白費了。」

「只要明天讓我回得到固定繩，那就可以吧！」

我們回到營地煮了晚餐後，就癱睡在睡袋裡，兩個都累壞了。傍晚五點要拿起對講機通話都覺得很累，但我還是得開始思考整個團隊目前在山上的狀況。

我先指名要跟第三營的唐通話，他通常讓道格爾來講，自己不上線的。

「嘿！唐，伊安明天要下去休息，而我的狀況還不錯，要繼續留在上面開路。你可以送一個人上來幫忙嗎？我讓你自己決定。」

「那我請道格爾上去吧。你想何時下來？」

「大約是後天吧，你要找個人替補我的位置。」

跟第三營通話後，我跟第一營的凱文通話。他把低地各營地間照顧得很好，現在他跟兩名倫敦雪巴在第一營，基地營到第一營之間的運輸則交給挑夫負責。

所有精采的事情似乎都發生在山下，凱文似乎受到了一次電磁引發的電擊，還在下部冰河滑了一跤，碰上了兩次小規模的雪崩。兩名倫敦雪巴也都從鬼門關前逃生，黑傑克在往第二營路上掉入一個隱藏的裂隙，凱文當時正走在他的後面，他說：「前一刻他還走在我前面，我抬頭看了一秒，瞬間他就消失了。」凱文小心的匍匐前進，探頭看雪地上的一個陷阱，心想傑克必定摔到一個很深的裂隙裡面去了。幸好裂隙很窄，傑克卡在那裡但全身都浸濕了。同一天，大胃羅伯在達摩克利斯之劍下面的冰坡上橫渡時，滑落了四十英尺，磨破了皮膚，但兩個人還好都沒被嚇到，仍然繼續運補的工作。

帕桑以及其他在第二營的房客們的狀況比較嚴重，帕桑在整個遠征過程中所感染的痢疾不斷的復發，而從未復原。此時當他在第二營，其他的雪巴跟大衛·蘭伯特醫師也遭殃了，大衛甚至懷疑帕桑是否是一個帶原者。

那天晚上的通話裡，大衛提出警告所有第二營的成員都感染了嚴重的痢疾，勢必會影響到從第二營到第三營之間的運輸作業，主要是因為路線的長度，以及午後的降雪成為常態，每一天都必須重新排雪開路，如果不是伊安架設的固定繩，這段路就走不通了。

基地營現在由約翰·愛德華掌管，那裡氣氛輕鬆多了，那透露著一股奇異的感覺，山下的世界仍然依循著常軌運行著。

「嘿！第一營的凱文，你有聽到我的聲音嗎？」

「嘿！約翰，很清楚啊！」

「我收到你在香港的單位傳來的一通電報，他們在問，你出發前採購的打字機的授權簽名在哪裡。」

凱文口述了一份詳細說明的電文，這對我們這個小世界聽來毫不真實。對我而言，此刻除了山以外，沒有任何其他東西存在著，我們的世界只存在這聖殿的高牆之中。也聽到了阿波羅十三號探月小艇的事故，最後它還是安然返回地球了，這件事轟動了整個世界，但我們卻絲毫未曾留意。面對著生存挑戰，以及最終的目標，完全的奪去了我們的注意力。

那天晚上我吃了三顆安眠藥，誤以為我一定可以昏睡十二個小時，結果我只熟睡了十個小時，清晨五點二十分就醒了。

伊安醒來還是覺得十分的疲憊，他說想要直接下山去，但我仍然說服他跟我上去。

我們大約八點鐘出發，不久我就發現伊安已經到他的極限了，他在南壁上的時間比我還長了一個星期，至今已經兩週了。他從加爾各答接收船貨，費盡心力的護送所有裝備橫跨整個印度次大陸以來，至今都沒有機會好好的休息過。

他成功的越過了恐怖的橫渡路段，但接下來在爬上稜脊的垂直路段，他就卡在固定繩上像是一個洩了氣的氣球一般。

「不行，克里斯，我已經不行了，我一定得下去！」他大喊。

「再一百英尺就到了！」我也喊回去：「你只要握著繩子就好，這樣至少我還可以往前爬一個繩距。」

「恐怕我連這個也做不來。」

那一天我非常想多弄一些進度，特別是我自己的狀況相當的好。

「那麼我自己一個人往上爬好了，登山繩可以給我一些起碼的確保。」儘管我也不確定自己做不做得到，但還是得到了預期的效果。

「不行，我不能讓你這麼做，我想辦法上來。」

伊安現在往上移動的速度快了一些，但很顯然他非常的疲憊。十一點左右我上到前一天的高點。這一回我放棄攀登岩塔尖的陡斜面，直接從岩塔側面的路線橫渡過去，採取稍微向下傾斜的橫渡路線越過一個近乎垂直的雪坳（depression）。確保繩給了我一些支撐力，我把鬆雪挖開，最後看到了下面的岩核，找到一些裂隙打上了一些岩釘。

儘管如此，攀登進度還是非常的緩慢而費力。我越過另外一個內角來到一個突岩，前面有一個巨大的雪菇巍巍顫顫的黏附在一片垂直的岩壁下方，它似乎違反了所有重力的法則。唯一的方法就是從它下面一道脆弱稀薄的冰雪刃稜（snow arête）上穿過它，我在雪菇前面找到了一個岩縫打入了一枚岩釘，但還是非常害怕萬一碰觸到這個雪菇，它可能會整個垮下來輾過我身上，切斷確保繩。

我緩步移動著，心裡很害怕，緩緩的把重心移到刃稜上，雪沉了下去，腳用力的踢以踩實一個踏足點。現在至少脫離了雪菇的墜落線。再往前橫渡過一個斜面，我現在站在一個傾斜的雪階上。不知不覺間，午後的雲霧又湧了上來，開始下雪了。前方繞過轉角處，我看到一個深切的煙囪地形，它的頂部看來困難度會降低。

我試著搜索冰封的裂隙，打入一根岩釘，固定好登山繩接著往回走。沿路我將登山繩捆紮在每一個確保支點上，讓它變成一個扶手使後續的隊伍可以通行。

我們在下午慣有的風雪中回程，在第四營發現等候中的道格爾。伊安隨即往第三營下去，我躺在睡袋裡愉快的享受道格爾烹煮的茶點。那天晚上他煮了一頓豐盛的晚餐，混合了油炸碎肉和油炸番茄。

「唐會阻止伊安繼續往第三營以下休息。」道格爾預言說。沒錯，唐試圖說服伊安留在第三營休息，但伊安還是堅持要下山，他知道自己身體的狀況每下愈況，在兩萬英尺的高度復原的機會很低。唐自己剛從山下上來狀況良好，要求每一個人都得待在山上休息。伊安最後還是堅持下山，在傍晚的暮色中回到了基地營。

當晚的通訊會議中，米克上線了。

「嘿！克里斯，什麼時候輪到我跟湯姆到第一線？似乎這一回唐與道格爾他們這一組又要跳到前頭去了。我們已經上來兩個禮拜了，一直在做運補的工作，照這個速度，我們很擔心是否真的有機會到第一線開路啊。」

「米克，我可以體會你的感受，」我在線上回答：「現實的狀況是到目前為止你的狀況不夠好，不太能夠到第一線先鋒開路，你幾乎每隔一天就要休息一天。只要一旦你能夠發揮，就會讓你到前線去，但不是在此之前。」

雖然這句話結束了這個爭辯，但那天晚上道格爾與我討論了有關誰應該先鋒攀登的遠征倫理議題。原先我希望能夠以輪替的方式推動整個攀登作業，每一組人輪流負責先鋒開路，然後退下來休息後，再負責運補作業。但實際上卻並未這樣進行，主要是因為每一個人高度適應速度不同，又受到疾病的影響。

「從這一次遠征中我所了解到的是，」道格爾提出他的觀察：「這並不是一種輪替的系統，而是優先順序的問題。」

儘管努力要在這兩種制度間取得妥協，讓它的副作用最低，道格爾與唐這一組，以及我自己，無疑的總是破壞了輪替的制度，直接推進到了最前線。這一次讓道格爾而不是湯姆或是米克接替了伊安的先鋒任務，把這個問題搬到檯面上來了。

湯姆在他的日記中寫道：

到目前為止遠征中的團隊作業進行得還算順利，並未發生明顯的個人衝突。現在遠征時間已經過了一半，我們花了十八天在冰脊上仍未突破。許多隊員目前個人的慾望是：（一）推動攀登進度；（二）上到前線；（三）登頂；這個問題已經逐漸發酵了，發展成為隊員之間緊張關係與領導性的問題。所有這些優秀的登山者，他們的熱切與進取的特質與一般人大不相同，傾向於去指導別人，且並不總是避開個人利益優先。

以今天的狀況為例，道格爾（四天在山上）越過了我的隊友米克（十四天在山上）和我自己（十天在山上），直接上到了第四營，而這是唐的決定。

另一方面，米克卻因為不停的頭痛問題而毫不猶豫的使用保留為登頂使用的氧氣瓶，而克里斯似乎總是在第一線，領導著整個的攀登作業，他似乎確實有這個實力與能力在第一線開路。

事實上是唐建議米克使用氧氣的，以幫助他停留在第三營，而不要回到基地營休息。所有這些爭議的本質還是公平性與權宜性的問題。唐與道格爾滿懷決心要登上峰頂，擔負了相對較少的運補工作，他們兩人發揮出來的戰鬥力也遠超過其他的小組。

這個時刻，道格爾無疑是上來幫助我先鋒開路的最佳人選，因為我已經略感疲倦，他無窮的精力可以維持這個動能，讓明天可以繼續往前推進。當然我是否應該與伊安下去第三營休息是值得爭議的，但是突破冰脊這一道障礙對於遠征的成敗至為關鍵，也被視為我個人的一項挑戰。

在這一個階段的攀登作業中，無疑的我總是超隊待在第一線，這裡有一部分純粹是自我動機，但主要還是這個位置最能夠掌控遠征隊總體的狀況，讓攀登作業可以持續的推進。那一晚在營帳裡，我跟道格爾還討論到讓道格爾與唐拆開，各自可以擴展個人的經驗，推動攀登作業，並且確保以影像的方式記錄他們的攀登過程。因為，唐與道格爾總是很難被說服使用相機做一些必要的記錄。

道格爾十分反對這個提議。他感覺他們兩個人構成一個十分平衡的小組，這一點我也同意，其他人是無法取代的。他們的個性、興趣、生活方式各方面都非常不同，但對於攀登這座山的決心，以及對於彼此能力的尊敬卻是十分一致的，當兩個人一起在山上的時候，可以說像是一對很有默契的夫妻，但是下山後卻各自過著自己的生活。

「從唐的身上我學到很多，」道格爾說：「登山中有一些簡單但至關緊要的事情，我從未仔細的考慮。唐像一個工匠般選擇營地，非常仔細的考慮所有因素來決定何處架設營帳，包含：雪崩的威脅、雪的移動、避風的因素等等。當他開始挖掘一個平台來設營時，也是這般細密的考慮所有的因素。」

道格爾也覺得攝影記錄其實並不是那麼的重要，「要把優先順序弄清楚，如果沒爬上這座山，那這些記錄又有什麼價值呢？」

「好吧！」我懇求道：「看在老天爺的份上，你們還是盡量的幫對方拍一些照片吧！」

第二天，五月二日，我很開心有道格爾這個生力軍的加入，從前一天的最高點下方的固定繩上攀時，我覺得沉重而疲憊，有道格爾領先攀登讓我覺得很高興。這天清晨我想要及早出發，五點二十分就起來準備早餐，當時天氣雖然清朗，但寒風吹襲著南壁，雪煙飛舞，強風下使高難度的攀登格外的艱難。我們躺在睡袋裡聽著強風呼號，直到八點風速稍歇時才出發攀登。

道格爾繞過了轉角，進入昨天我看到的那個煙囪狀的岩溝時就失去了蹤影，攀登繩緩緩的推進，然後他又冒了出來，大約在一半高度的位置。岩溝基床上布滿了嵌在冰層中的岩塊，但沒有一個是穩固安全的，必須小心翼翼的移動重心，藉著少許的岩釘支點獲得起碼的確保。岩溝頂端被一塊懸岩遮蔽著，此時要很小心的架設支點，以免整個岩塊垮下來砸在頭上。道格爾在岩塊的左側輕輕打入一個岩釘，橫渡到右側，雙腳跨立在岩溝上，清除把手點上的冰，然後爬上了一個小肋稜（small spur）的頂部，發出了一個勝利的歡呼。

「從這邊看過去還不是太糟，我想當我們繞過下一個轉角處，就可以看到冰脊終點了。」

道格爾在岩塊後方用角形岩釘（angle piton）架設了一個複雜的確保系統，我用猶瑪爬上來，揹著一整袋滿滿的登山繩。

接下來換我領攀，但是剛才確保時我累得幾乎要睡著了，覺得自己毫無行動能力，過去幾天我一直咳嗽，狀況一直惡化。我並不以為意，它似乎不是在胸腔，比較像是在喉嚨後側惱人的癢，一旦發作竟會讓我連續咳嗽好幾分鐘。這時只能趴在登山繩上咳嗽直到警報解除為止。

因此我請道格爾繼續領攀，總是鬥志昂揚的他就繼續前進了。有一片凹陷的斜板岩（slab-covered scoop）阻擋我們往前上到下一個副刃稜（subsidiary snow arête）的稜背上，我們期望在那個高處可以望見冰脊的終點，但第一步要先跨越眼前這道障礙。這面斜板岩很陡，無處著力，當道格爾試圖挖掘把手點與踏足點時，岩面上的積雪不斷的滑下來。

他在露出來的裂隙中安置了僅剩的幾根岩釘之一，此時我們幾乎用光了第四營所有庫存的岩釘，正等待著從基地營上來的補給。藉著支點的張力，道格爾謹慎的橫渡過這面斜板岩，冰爪尖摩擦著傾斜的踏足點，指頭牢牢的抓著上方鬆軟的雪層，最後一個移動他繞過了這個角落。

「你可以看到冰脊終點嗎？」

「還不行，不過看來滿順的。」

他再次架設好確保支點，我接著沿著水平方向的固定繩橫渡過去，此時我們正好站在一塊突岩（rock prow）的頂端，此處距稜脊大約還有兩百英尺高。不知何時又開始下雪了，我們感到陣陣的寒意。

道格爾還是繼續往前推進，在鬆軟駭人的陡雪坡上踢雪前進，雪層下兩英尺處是堅冰，因此有些地方可以架設冰椿來確保。佇立在岩石頂部，我冷得直發抖，祈禱他回頭，卻不願說出口來。最後，當風雪逐漸增強，道格爾終於放下他那股不畏艱險的狂熱，在一個雪坡上突出的岩島（rock island）上打入了一枚岩釘，繫緊繩端後退了回來。我們像人猿泰山般扶著固定繩快步的下山，吊帶上有一段繩環連著一個勾環扣在固定繩上以確保安全，然後輕鬆的下降來到恐怖的橫渡，奮力越過它後就回到了營地。

下午四點回到營地，我感覺完全崩潰了，懷疑自己明天是否還有餘力再回到前線爬上冰脊的終點。我決定明天要叫一個人上來替補我的位置，然後在下午五點的通訊會議中，唐已經幫我做了決定。

「我們已經決定了明天湯姆、米克跟我自己上來跟道格爾會合。」他說：「下午的雪大約都在早上十一點就來了，如果能夠在我們抵達之前就先幫我們挖好一個可以架設箱型帳的營址，那就再好不過了。」

我已經太累了，因此這看來是個輕鬆的工作，我就同意了。

「好吧！那我們離線吧！」這是道格爾唯一的結語。

第二天早上，五月三日，我在清晨六點醒來，這是一個清朗無風美好的一天。經過一夜的好眠，我覺得好多了。

「我們繼續上山好嗎？」我跟道格爾提議：「讓他們自己挖營地應該也無傷吧！」

早上七點的晨間通訊中告訴他們這項改變後，我們就出發沿著固定繩而上了。我像是重獲新生一般，在固定繩上攀時感覺從未如此的輕快而迅速。道格爾開始領攀第一個繩距，在朝陽輕拂下，他快速的橫渡過雪坡，從一個露頭的岩石越過到下一個岩石。他帶了我們挖掘營地使用的舊式軍用鏟子，在鬆雪中它確實是一個很有用的開路工具。我跟上來，感覺很強壯而有自信，就自願做下一段的先鋒攀登的工作。道格爾在一片凹地中確保，而最佳的路線似乎是從右側越過一片破碎的岩壁，攀上一道冰雪副稜（snow spur），我們期待從那裡可以直接接上冰脊的頂部。

我越過這片岩石區，再度上到前線而覺得興奮，對於手臂的力量以及冰爪尖都滿懷信心。岩壁滿陡的，但有一些良好的裂隙可以架設支點。我把手套脫下來放到前胸的一個口袋裡，以方便操作岩釘。橫跨在一片陡峭的岩壁上要把一枚岩釘楔入裂隙時，我的胸口擦到了岩壁，一支手套沒放好掉了下來，我快速的要接住它，結果一個踏足點崩掉了，身體一晃，抓著一個把手點。此時如果我墜落的話，至少會跌落二十英尺繩子才會把我拉住。但我還是勉強的穩住了，重新調整平衡，咒罵著自己的粗心，又再回到了安全的位置。

在一個大型攀登作業中遺失了裝備是一個致命的失誤，而更糟的是，我竟然沒有帶另外一套備份。等到敲入岩釘後，沒戴手套的那個手掌已經凍僵了，而且不戴手套毫無疑問是無法繼續攀登的，此刻我們已經這麼接近成功；往回走也會有麻煩，喜馬拉雅攀登中雙手很快就會凍傷，而冰寒的雲團已經在腳下蠢蠢欲動了。

道格爾是我今天的救星。

「我帶了一些備用的手套在我的背包裡，你最好走回來拿一下。」

穿好手套後我又繼續攀登。在雪坡上，我砍出一些踏足點，用繩環繞過一個嵌在冰上的岩塊，利用側向的把手點笨拙的爬上一個傾斜的雪階，非常的滑溜，但終於爬上了雪坡。登山鞋穩穩的踩入雪面，冰斧柄往前插入雪面直到沒入斧嘴處；更重要的是，從這裡我可以望見冰脊接上南壁位置的鞍部了。

我以踢踏步上攀這片雪坡，絲毫未感覺到高海拔的影響，直到整段繩距用完。我用阻雪板設了一個支點，繫好登山繩後，讓道格爾上來會合。

我們遇到了另外一個難題，登山繩快用完了。我們只剩下兩百英尺長的登山繩，而鞍部的距離似乎更遠。前面的雪坡不再那麼簡單，堅冰上的雪層越來越薄。道格爾繼續往前攀登，大喊著：「注意繩子，這裡要小心。如果要挖步階的話，會耗掉一整天的時間，但這個雪況我隨時都可能會墜落。」

他現在只靠著兩英寸的軟雪撐住他的體重，小心翼翼的一步一步的往上攀登，避免踏足點的崩塌。一會兒，又用完了一條繩子，我們只剩下最後一條登山繩了，而冰脊頂部的距離似乎還滿遠的。

又輪到我先鋒了，我繼續往鞍部推進，現在坡度更陡，雪層也更薄了。我們的位置偏左，沒有選擇只能夠橫渡才能夠上到我們的目標。

「還剩多少繩子？」我往下呼叫道格爾。

「大約二十英尺。」

「這不夠，我盡量往上走吧。」

我開始在堅冰上砍劈步階，但是坡度太陡了，我還要在玻璃鏡面般的堅冰上砍出把手點來維持平衡。再五英尺就可以上到鞍部正下方比較安全的地形了。

「你只剩下三英尺囉！」道格爾喊著。

而我就快到了，當我再次從深雪中踢踏而上時，登山繩緊繃住了，距離鞍部只剩下二十英尺。我將登山繩固定在一個混合阻雪板與雪樁組成的確保系統上，當道格爾上來會合時，我已經在最後的雪坡上開始砍劈步階了。雪層有點硬，但沒有任何問題；最後一步，終於爬上了鞍部。從這裡可以俯瞰冰脊另外一側巨大山谷下面紛飛的雲霧，一片巨大波浪般的雪簷覆蓋在我們剛才繞過的稜線的頂端。往上可以看到我們的下一道難關，冰崖橫斷在南壁上方，大約在我們上方一千英尺處，上攀的路線是一段漫長但容易的雪坡，看來很直接；然而在疾馳的雲霧間，很難判斷下一道難關是否存在任何的弱點。至今我們用了五個星期時間才突破了冰脊這一道障礙，假如大岩階這一道難關也是如此困難的話，我們成功的機會將非常的渺茫。

儘管如此，當道格爾與我在風雪中往固定繩下攀時，我們還是滿懷欣喜。一瞬間，前方的地平線伸展開來了，我們覺得完成了一項重大的突破。

12

冰崖（五月四日～五月九日）
The Ice Cliff

我們終於爬上了冰脊。五月四日，唐、道格爾、米克與湯姆四人滿載著登山繩爬上了冰脊頂端的鞍部，道格爾朝冰崖（Ice Cliffs）前進，用完了五百英尺長的登山繩。經過冰脊上漫長而艱辛的奮戰後，這一段路顯得簡捷而單調，攀登只是在及膝的深雪坡上往前刺入冰斧、踢、踏、喘氣，再往上刺入冰斧，這樣週而復始的向逐漸削弱我們戰力的高度挑戰。

第二天，五月五日，他們在濃霧中上到了冰崖的腳下。「每一天雲霧湧入的時間都往前提早了一些，還好沒有起風。」道格爾說。

「能見度只有十英尺，我感覺獨自一人在這高山雪嶺，唯有拖著的那條覆滿冰霜的繩子提醒後面還有某人跟我連繫著。當雪坡的角度由四十五度陡升為九十度的那一瞬間，才知道到了冰崖的山腳下了。」

冰崖山腳就是預定的第五營址，那天下午他們忙著挖掘營地，但還是因為越來越強的風勢與冰崖上傾瀉而下的雪流給擊退了。

第三天，五月六日，唐與道格爾由米克與湯姆的支援下推進到第五營。整個下午他們都在挖掘營地，只是一挖開來，就被冰崖上滑落的鬆雪給填滿了。直到暮色時分，他們才開始架設營帳。在第五營他們使用RAMFA帳而非威廉斯帳，它質輕而空間較大，但隨即發現它不是那麼的強韌。RAMFA帳的營柱要穿過帳篷各角的袖子，構成一個外突類似二戰時的奈森帳（Nissen huts）。在這種環境中，用凍僵的手指與僵硬的帳篷布奮戰真是一個挑戰。最後他們終於架好了營帳，裡面早就積滿了雪花，直到入夜後才順利的安頓好準備晚餐與休息。

這幾天我在第三營休息，試著採納唐的建議而不回到山腳下。第三營如今已經像是一個前進基地營，除了三頂箱型帳和一頂RAMFA帳外，還有用塑膠布蓋住、日漸堆積如山的補給品。馬丁與尼克在上山的途中睡在其中一頂營帳中，麥克則在另外一頂，我搬進去與麥克同住。麥克可說是最棒的營友，他熱衷家事、有條不紊、整潔，又善於料理。

麥克在山上過得滿辛苦的，在跋涉期間染患的感冒揮之不去，此外這是他第一次參與這種高難度的攀登，從未穿過冰爪，也沒用過猶瑪。但儘管高度適應緩慢，他仍然十分的稱職。這是一個困難的角色，他缺少在前線開疆闢土或是登頂機會的刺激，而肩負一個漫長、單調而辛苦的工作。這不可避免迫使麥克開始有怨言。由於持續的呼吸乾冷的空氣，喉嚨嚴重的疼痛，這些極度痛苦不悅的經歷已經影響了他在山上的表現了。儘管如此，他每天還是拖著疲憊的身體參與第三營至第四營之間的運補工作，甚至於被迫在營休息時，仍然扮演著極為關鍵的營地經理的角色，初期在第三營，後期在第四營。詳細的計算往高地運輸物資的流量，對於前線而言至關緊要，以第五營而言，萬一某項物品耗盡，從基地營往上運送需要整整五天的時間。

山上奮鬥了七天後回到第三營的那天晚上，我很樂意的癱在箱型帳裡，讓麥克為我準備一頓豐盛的晚餐，有湯、雞肉、甜玉米以及烤聖誕布丁。第二天，我完全的怠惰、虛弱，而整天心滿意足的躺在睡袋裡。

這幾日，馬丁、尼克與麥克每日往返運送補給上到第四營。五月六日，當唐與道格爾進駐第五營的那一天，我計畫與尼克前進到第四營。而這又一次破壞了輪替作業，我了解從第四營到第五營之間的運補作業，對於是否能夠成功登頂非常的關鍵。因此我想要親身站在先鋒攀登隊的正後方，同時可以掌握運補的狀況，又可以了解唐與道格爾在第一線攀登所面對的問題。

同時我也決定了開始運用雪巴進行第三營至第四營之間的運補，顯然光憑十名登山隊員的人力，不足以承擔高地營之間的運補作業。我預期過幾天一旦設立了第六營，可能是在大岩階帶上的某個位置，那時除了兩人在第六營外，至少需要兩人在第五營，四人在第四營，最後只剩下兩人在第三營，這並未考慮到有任何傷兵或是必要休息的情況。

此刻在山下狀況很健全，有倫敦雪巴以及大衛負責第一營至第二營的運補，同時凱文也建議採用一些在冰河運輸作業表現傑出的廓爾喀挑夫來參與至第二營的運輸。由於雪巴挑夫持續不斷努力將物資經由大雪溝送上來，目前第三營的補給已經囤積到相當的規模了。

然而另一方面，第四營此時僅有少量的庫存，幾乎無法滿足每日生活所需，更別說要滿足更高營地的需求了。特別讓我擔憂的是氧氣瓶的存量，目前在第三營有十五瓶，卻只有四瓶抵達了第四營。萬一在大岩階帶的攀登遇到了難關而必須使用大量的氧氣，補給問題將會更為棘手。

此時伊安休養完成，正在上山的途中，安格．邊馬與邊巴．塔蓋這兩位最有經驗的雪巴，一直在第一營與第二營間運補，這段路是最簡單的。因此我詢問他們是否可以上來準備嘗試第三營至第四營之間的運補，我明白這段路的陡斜地形，是過去他們從未有過的經歷，雖然有用過固定繩，但是從未遇到必要使用猶瑪攀繩的地形。或許猶瑪攀繩器從未在喜馬拉雅登山活動中使用過，可以確定的是應該從未像我們如此廣泛的使用吧。

兩位雪巴同意來試試看，因此凱文讓他們在五月六日休息一天，這一天伊安預計上到第二營，而他們就可在五月七日與伊安一起一口氣上到第三營。事實上，他們寧可跨過兩個營直上，他們很有自信這樣做不會太累。如此，我希望可以快速的建立第四營的庫存，當唐與道格爾往第六營推進時，湯姆、米克、尼克與我四人可以運補到第五營，麥克、伊安加上兩位雪巴則運補到第四營。第三營至第四營間的路段因為連日的午後風雪更加難走了。五月六日當天，也就是我預計要回到南壁上工作的日子，所有人都推遲出發的時間，在早晨清爽的陽光下四處坐著、聊天、攝影，到了九點才出發。從營地出來的前三百碼都是緩坡，而前面三位已經排雪開路，我只需要埋首踱步，但不久他們已經走遠了。我有一種奇異的感覺，不是那種喘不過氣來或是無精打采的問題，但每跨出一步都需要特別的努力。我前幾天從前線下來休息的時候，非常有自信，除了道格爾以外，我應該比所有其他的隊員高度適應的狀況更好。經過這兩天的調養，我應該全然恢復了，理當比之前的表現更好吧。

當我跟著前面的人踱步前進，我們之間的距離越拉越遠，但我認為這或許只是休息後暫時的狀況，試圖不去理會它。

我告訴自己，只要節奏調整好了就不會有問題了，然後又停了下來。我每走四步就停下來，並非喘氣，只是癱在冰斧上，試著勉勵自己再往前進。當靜止的時候，我覺得自己十分正常，但只要一開始移動，倦怠感就湧了上來。我的身體似乎不想要工作，只要驅策它前進，它就要罷工似的。

花了整整一個小時我才前進了大約四百碼，垂直落差大約三百到四百英尺的高度。我終於趕上前面的隊友了，他們正好到了肋稜山腳下最後三百英尺的陡坡，在大腿深的鬆軟積雪中掙扎著前進。剛開始麥克在前面開路，卻把自己的體力給耗盡了。馬丁接手奮力以身體往前衝，在深雪中游泳般費力緩慢的前進。當我們到達肋稜山腳下固定繩的起攀點時，已經過了兩個小時。

麥克累壞了。

「我一定上不了這段固定繩的，」他說：「我把裝備丟在這裡明天再上來。」

馬丁分攤了一些麥克的負重，尼克先出發，接著是馬丁，我跟在最後。我在山腳下等了很久，要等到前面的隊友依序通過兩百英尺高的第一個固定點後，才輪到我前進。

等到我要前進時，雲霧已經湧了上來，雪花從山坡上嘶嘶的滑落，一瞬間這片山谷從熾熱的火爐搖身一變成為冰凍的世界。我在固定繩上以猶瑪上攀，試著每往前推動十次再休息一次。

「這純粹是心理的問題，強迫自己前進吧！」我告訴自己。但是意志力終究不足，儘管馬丁與尼克速度緩慢，此刻他們已經走得很遠了。一會兒就剩下我一個人在漫天飛舞的雪花中，孤伶伶的在刀片般鋒利的刃稜上，往上面一個可望而不可及的小鞍部推進。我的速度只剩下推進一次猶瑪就要停下來一次，雙腳不斷的在步階上滑落，搖搖晃晃笨手笨腳的翻過刃稜，進入了背面的雪溝。

我趴在雪坡上啜泣著，滿腹挫折與疲憊。抬頭看著上方的稜脊，我想：「一定上不去的，得下去休息才行，就算上去了第四營，以現在的狀況，明天勢必無法在稜脊上運補前進。」

我決定要下山了，轉身沿繩往下滑了幾英尺，但一個念頭讓我停了下來。如果我自己都放棄的話，那如何要其他人使盡渾身解數呢？一陣劇烈的咳嗽讓我盪在固定繩上，帶著眼淚與咳嗽，試著再鼓起勇氣繼續前進。

回頭往上走了幾步，從上面下來三十英尺不過幾秒鐘，要爬回去卻要耗掉整整十五分鐘。此時真是天人交戰，身體哀號著要下山，理智也告訴我上去也幫不上忙，一種責任感與自尊卻驅策著自己繼續前進。我覺得快被這兩股相互激盪的衝動給撕裂了，因而影響了判斷力。

實在不妙，再次望去，其他人已經走遠了，也沒辦法通知他們我得下去了，但真的感覺絕對不可能爬上稜脊，更何況是營地前面那段歧路呢？我轉身朝第三營而降，下山如此輕易真是可怕，那是通往自己的地獄的道路，而上山又是如此的艱難啊！

在第三營又見到麥克真好，但是沒有停下來的理由，我已經了解到，當過度疲勞時，在兩萬零一百英尺的高地營休息也不會恢復的。此時我只是太累了，不覺得身體有任何問題，雖然有留意到，在往第四營攀升的時候，只要一咳嗽胸口就有一股刺痛，以為這是持續咳嗽引起的肌肉疼痛而不以為意。

跟麥克用了一壺茶後，我就由大雪溝往基地營直下，盤算著要在基地營休息兩天後再回到前線來。我有一種挫敗的感覺，人力正如此吃緊，卻因為我個人的懦弱而削弱了團隊的戰力。

在第二營我遇到了要上山的伊安，跟他交代一下狀況後繼續下山。在第一營帕桑遞了一杯咖啡給我，我跟大衛說我的胸痛的問題，他覺得可能只是肌肉疼痛吧。這時已經是下午六點了，但我還是想回到基地營休息，起身離開安適的第一營，步履蹣跚的從島丘漫長的山坡上往下方的冰河滑降。一個月前滿布的積雪此時已經消融殆盡，露出一段漫長輕緩的碎石坡，通往下方青草蔓蔓的小山丘。像布幔般鋪滿冰河的積雪也溶化了，它現在成了一個被礫石覆蓋著的冰層，四處布滿著傾頹的冰塔與漆黑深不可測的裂隙，一片淒涼的荒野。在豔陽下這或許是一個單調而醜陋的地方，像是一個廢墟；但是此刻在迷霧中，它卻帶有一種奇異的美，儘管我已經要虛脫了，仍然不禁為之讚嘆。飄渺的雲霧柔化、放大、扭曲了冰塔與裂隙的線條，呈現出一個虛幻的地貌。穿越冰河的路線已經和我上次經過時不一樣了，我在暮色中不斷的迷路，闖入了死巷，或是陷身於一片四周都是昏暗裂隙海洋的冰磧孤島上。橫越這段冰河，像是把我自己從噩夢中拉出來般，最後終於剩下基地營上方那一段漫長的青草坡了。

突克提帶著一個火把出來接應我，怕我在暗夜中走失。回到青翠的基地營，我既歡喜又悲戚，很想好好休息，心裡又渴望著回到山上。那晚我躺在基地營裡，一頓美食與威士忌酒香溫暖了我；乾爽的睡袋，帳篷的天花板也不會結霜，一夜好眠，直到早上突克提用熱咖啡招呼我才醒來；我卻滿懷羨慕的望著八千五百英尺上方，隱身在冰崖下第五營的唐與道格爾。

此刻在第五營，整夜不斷從冰崖上颯颯滑落的粉狀雪崩填滿了營地的平台、掩埋了帳篷。睡袋外罩滿了一層冰霜，嚴重的影響睡袋的保溫性能。五月七日清晨，烏雲密布，雪崩仍持續從冰崖滾落，道格爾下定決心要去瞧瞧冰崖的狀況。畢竟第五營此刻也是愁雲慘霧，不如往前探路一番。唐在營帳門口拉著確保繩，道格爾從冰崖下方的雪原頂部往前挺進，雪流像瀑布般不斷的從冰崖上往下傾注，道格爾的手腳都凍僵了。他幾乎看不到前方，仍然踩著冰爪橫渡雪坡。

大約用完了三百英尺的登山繩時，雲霧中露出一點縫隙，他瞄到冰崖中段有一片凹地，有一道冰坡往右延伸，似乎可以通到冰崖的頂端。

可是雲霧又飄了上來，雪崩仍然傾瀉如注。此時道格爾無法與唐聯繫，只好將登山繩固定在插入雪中的冰斧上，回到了悽涼瑟縮的帳篷來煮食第二頓早餐。

中午時分，雲層往下降落，他們發現已經置身於雲海之上，下方其他的營地則仍然被雲霧籠罩著。他們馬上從睡袋裡爬出來，沿著早上道格爾留下的固定繩前進。接下來仍是由道格爾領攀，他在陡斜的冰壁通道往上攀登，冰質十分堅韌，不斷的砍劈踏階，偶而用冰樁架設一些確保支點。冰壁雖然很陡，曝露感很高，但路線很簡捷的往右上方攀登。在這段攀登中，道格爾發現唐所設計的、宛如太空時代工具的威廉斯冰鎚（Whillans Whammer），它那矮直角三角形的鶴嘴對付這種冰質再好不過，可以直接敲入這種十分堅硬又有粘性的冰壁，再拉出來都不會有問題，而另外一把冰斧鶴嘴敲進去之後則會粘住而拔不出來。

此刻他在烈日下攀登。大岩階帶，像是一個巨大的教堂尖塔聳立在頭頂上，他距離它的基部只剩下三百英尺，只要爬上這一段，容易攀登的雪坡就到了。道格爾把這個好消息往下大喊給唐知道，接著確保唐上到了冰崖的頂部。此刻他們的固定繩都用完了，但唐決定要繼續往上攀登，在大岩階帶的基部上敲入一枚象徵性的岩釘。他們持續在無確保的狀況下往上攀登，上到了大岩階帶基部的冰河裂隙頂部，這兒似乎是一個理想的營地。他們在冰河裂隙中一塊從冰地上突出的岩石裂隙中敲入了第一枚的岩釘。

這一天，尼克一個人孤單的運送補給到第五營，米克與湯姆經過連續兩天長途跋涉運送到冰崖下的第五營後已經累垮了，不得不在營休息。我們發現第四營到第五營這段路漫長而艱苦，連續兩天擔負運補的任務已經是每一個人的極限。

對尼克而言，這是耗盡體力而孤單的一天，一個人在雲霧間穿行，除了周遭的冰雪與岩石外，與任何外界的聯繫都是斷絕的。固定繩是他唯一的生命線，於漫天風雪中曲折穿梭。途中沒有任何隊友可以對話，在體力耗盡的時候沒有人可以加油打氣，讓自己鼓起勇氣繼續前進。但他明瞭身上揹的這五百英尺長的登山繩是非常迫切需要的，唐與道格爾帶上去的登山繩那一天應該已經耗盡，他得繼續前進。這一天他來回花了十個小時，這是一段痛苦而折磨的旅程，上到了第五營再回到了第四營，是一般喜馬拉雅登山兩倍的一天行程量。

這一天麥克試圖運補到第四營但還是失敗了，伊安與兩名雪巴則攀登漫長的大雪溝上到了第三營。

我們從基地營看到一整天整個南壁都封鎖在雲霧之中，上頭的天氣想必很糟，不敢期望這一天能夠達成任何進度。我們在傍晚五點的通訊會議中聽到了唐與道格爾成功的好消息。

凱文：「哈囉！第五營，這是基地營。你在線上嗎？」

道格爾：「哈囉！基地營。聽到了，聲音很清楚，你聽得到我的聲音嗎？Over。」

凱文：「可以，雖然有一點雜音。今天的進度如何？」

道格爾：「今天最新的消息是，唐與我在大岩階帶的基部岩石上，敲入了第一枚的岩釘。」

凱文：「哇！好消息，恭喜！恭喜！請確認第一枚岩釘已經敲入了大岩階帶嗎？」

道格爾：「正確。克里斯在嗎？我們想跟他說一下。」

克里斯：「哈囉！道格爾。我在線上了。」

道格爾：「你有聽到我們上到大岩階帶的消息了嗎？」

克里斯：「道格爾，這真是太棒了！大岩階帶看起來如何？」

道格爾：「它看來真是令人敬畏，但應該有機會。但是我跟唐想先下來休息一下，因為我們覺得……，你認為可以嗎？」

克里斯：「聽到了。如果可能的話，你們是否可以再花一天的時間上去在大岩階帶的基部把營地架起來，讓米克與湯姆可以上去接手，你們就可以下來休息。好好休息後，就可以發動最後的攻擊了。你們覺得如何？」

道格爾：「等一下。（這一會等了很久，他似乎在跟唐討論什麼。）情況是這樣的，在冰崖下的第五營像是地獄一般，唐建議我們應該把第五營往上移到大岩階帶基部的裂隙中，大概要多半個小時的行程。而現在冰崖下的營址就當成一個物資轉運站，這樣就可以省下一個營地了，原來計畫的第五營與第六營的距離太近了，我覺得這樣也可以稍微舒緩我們運補的問題。意思是第五營的人也可以往下走到冰崖下的轉運站，把物資往上運送。」

克里斯：「了解。你的意思是否是將現在的第五營整個清空，上移到大岩階帶基部的裂隙中建立新的第五營嗎？」

道格爾：「是的。」

克里斯：「那這樣可以嗎，你們兩位是否可以至少協助湯姆與尼克上到大岩階帶基部的第五營就定位，再下來休息？他們兩人的情況很好。」

道格爾：「再等一下。（又等了好一會兒，他在諮詢唐的意見。）明天我們可以攜帶一些裝備上去，挖掘一個營地。但是我們無法做任何的攀登，因為繩子用完了。這樣可以嗎？」

克里斯：「OK，這樣很好。那第四營的三位是否可以直接運補上到大岩階帶的基部呢？」

道格爾：「是的，這是可行的，除非天氣太惡劣，因為從我們現在的位置上到大岩階帶的基部只需要半個小時。」

克里斯：「好。那我們明天專注於將營地搬到大岩階帶的基部。而後天，米克與湯姆則進駐到大岩階帶基部的第五營。通話完畢。哈囉！第四營的米克，你是否聽到了？」

米克：「唯一的問題是，目前第四營的糧食幾乎耗盡了，登山繩也用光了，但我們還有岩釘。如果我們往上移動的話，沒有任何的糧食供給。假設唐與道格爾留下一些裝備，那裡會有登山繩讓我們往上攀登嗎？」

克里斯：「不，你們明天不要進駐到第五營，後天才要上去。馬丁明天會往上移動到第四營。這樣可以嗎？」

米克：「了解。」

克里斯：「明天唐與道格爾會將營帳與睡墊以外所有的物品，都搬到大岩階帶基部的營地，你跟湯姆只要帶岩釘等物品輕裝上到冰崖下方的營地，把營帳與睡墊打包後，繼續上到大岩階帶基部。這樣清楚嗎？」

米克：「了解。」

克里斯：「那麼，第三營，有聽到嗎？」

麥克：「是的。」

克里斯：「第三營，馬丁明天請往上移動到第四營。麥克與兩名雪巴請儘可能攜帶最大量的糧食與登山繩上去。」

米克：「第四營，了解。」

麥克：「第三營，了解。」

克里斯：「好。那後天米克與湯姆你們兩位要帶著個人的裝備，而尼克與馬丁則帶著登山繩，一起上到新的第四營，更正，第五營。這樣可以嗎？」

米克：「第四營，ＯＫ。」

克里斯：「哈囉！道格爾，這樣可以嗎？」

道格爾：「是的，聽起來沒問題。」

克里斯：「ＯＫ。我們就照這個計畫進行，如果有任何問題的話，我們再思考一下。」

聽著錄音帶把這整段的對話抄寫下來，讓我思索我們如何透過對話來達成共識，以及顯示出通訊在遠征活動中扮演的關鍵角色。此刻，我們的戰線拉得太長而出現後勤補給的問題，湯姆與米克上到第五營後，至少需要三個人，理想的情況要四個人，能夠從第四營往第五營運補，同時也需要相同的人數，從第三營往第四營運補。

第二天五月八日，唐與道格爾依計畫將除了帳篷以外所有的裝備都運送到大岩階帶基部的裂隙，湯姆與米克則輕裝上到第五營，途中在冰崖下揹起帳篷，尼克則在營休息。原先從第四營到冰崖下的位置就已經很漫長了，如今還要再加上四百英尺的高度。現在這段路程像是一個馬拉松的障礙賽，先要特技表演般的經過那恐怖的橫渡路段，再艱苦的登上一千英尺高漫長的雪坡，最後再費力的攀越冰崖。湯姆五月八日的日記上寫道：

五月八日昏沉沉的醒來，很幸運的時間才早上五點。裸麥粗麵包跟起司凍得難以下嚥，米克最後在六點三十分醒來，尼克應該是不會醒了，顯然是因為安眠藥的作用，以及前一天辛苦的搬運工作所致。其實，我也覺得很累，但剛起床還未真正的感受到吧。

早上八點三十分，尼克一馬當先出發，我跟著米克的步伐很疲倦的往上移動，我覺得幾乎沒有辦法前進了，實在很慘。

同一天，在伊安的指導下，邊巴．塔蓋與安格．邊馬第一次往第四營運補，途中在陡坡的路段使用猶瑪攀登器，雖然不熟練，但他們絕佳的體能與適應力，表現令人驚歎。他們對於伊安也是佩服不已，他真是一個超級教練，儘管他自己很累，但是他花了很多的時間在上坡路段教授雪巴使用猶瑪的最佳方法，以及在下山的路段教他們如何下降。這次成功的實驗讓我在基地營頓感輕鬆，這代表我們現在可以開始補給第四營，打通現在補給線的瓶頸了，然而我也預期爾後第五營的補給將會面臨更大的問題。那天晚上的通訊會議中，我要求伊安進駐到第四營，以補強尼克與馬丁的運補能量，麥克此刻已經十分的疲倦，就留在第三營休養。同時，我也告訴尼瑪與明瑪推進到第三營，讓我們在第三營的運補能量提高到四個人。

我已經在基地營待了兩天，雖然還是覺得疲倦而昏沉，而胸痛似乎沒有恢復反而更糟，但是顧及到山上人力的短缺，還是決定上山，希望在一萬四千英尺的高度休息了兩天，應該恢復得足夠了。

五月九日，我道別了基地營的唐與道格爾往第一營出發，大約兩個小時多一點就到達了。這滿快的，讓我有自信應該已經完全復原了，雖然咳嗽時胸部仍有刺痛感。

第一營現在已經像是一個前進基地營了，有兩頂大帳篷以及堆積如山的裝備與糧食，足以應付到整個遠征結束。凱文得以將所有的廓爾喀挑夫往上移動來擔負第一營到第二營的運輸任務。第二營現在由廓爾喀通訊官甘姆巴哈德（Gambahadur）所掌管，他請求凱文讓他也有機會參與運補的工作。甘姆巴哈德在廓爾喀族裡算是體格高䠷魁梧，也是基地營排球賽的冠軍。

艾倫．漢金森也在第一營，看起來既疲倦又憔悴。他四十七歲的年紀在遠征隊裡是最年長的，他純然因為自己的青春熱情，全力投入遠征活動。他代表ＩＴＮ獨立電視新聞台參加這個遠征隊，並肩負「照顧ＩＴＮ的權益」這個曖昧的任務。但他把攝影的工作交給約翰．愛德華與攝影隊全權負責，自己非常積極的參與遠征作業，在南壁山腳下擔負運補的任務。有了他與兩位倫敦雪巴的大力幫忙，讓我們可以在緊急時刻安心的調度雪巴挑夫來負責高地營運補的任務。

南壁高處，湯姆與米克現在進駐到第五營，即將展開大岩階帶的攻擊任務，尼克與馬丁則一起前進將物資運送到第五營。他們花了七個小時才上到了大岩階帶的基部，尼克勉強走到了冰崖的山腳下，覺得實在太累了，只好請湯姆與米克分攤了他的背包。馬丁走得很棒，不僅上到裂隙，下山時還在長雪坡上表演了一手坐姿滑降，僅用鉤環扣住了固定繩以確保安全。

湯姆和米克終於上到了裂隙時，他們面臨了一個問題，必須將裂隙中的積雪踩實，才能夠架設RAMFA帳，而這個帳棚現在凍成了一團。由於缺乏氧氣與耗盡了體力，與這團凍僵的帳篷布奮戰時喘個不停，很難想像在那個高度上即使是一個簡單的工作也能那麼費力。

他們對於覆蓋在裂隙上方波浪狀的巨大懸垂冰壁擔憂不已。雖然這片懸崖可以保護他們免於大岩階帶上方最嚴重的粉雪雪崩的威脅，但它向外突出二十英尺，重達數百噸，萬一塌下來的話，毫無逃生的機會。

天就要黑了，他們才架好帳篷，把背包解開塞到帳篷裡面。由於耗盡了體力，他們顯得昏昏沉沉的，光是要將油注入汽化爐中都很費力。當把爐子點著後，他們在上面煮沸了一鍋開水，湯姆卻把它給弄翻了，一鍋水流瀉到整個帳篷地板上，衣服與睡袋盡濕，清理又浪費了一個小時。

那天晚上，晚餐終於下肚後，他們的體力也近乎耗竭，但明天就要展開與最後一道障礙的奮戰了，預期這將會是最艱鉅的一個難關，那種興奮的情緒讓他們克服了身體的疲倦。

13

大岩階帶（五月十日～五月十三日）
The Rock Band

安娜普納南壁的攀登已經發展成為一場緩慢的消耗戰，我們似乎即將輸掉這場戰爭。光是要維繫高地營的補給，更別說是要建立最後攻擊階段所需要的氧氣與裝備，就已經和攀登安娜普納南壁同樣的艱鉅。補給作業的每一項任務，都像突破攀登路線上的每一個難關一樣充滿了戲劇性。

此刻這個問題又特別的複雜，因為我們遇到兩個交互影響的問題，一方面要攀登大岩階帶這個南壁上最大的難題，另一方面，要持續的從第四營往第五營運補。唐曾經建議建立另外一組人馬在第五營，能由第五營往下到冰脊盡頭的鞍部接應另外一組人從第四營運送上來的補給。這似乎是一個理想的計畫，因為很明顯，任何一個隊員都無法撐過幾天連續從第四營直接運補到大岩階帶基部的第五營。但事實上以現有人力短缺的狀況，這明顯並不可行。每一回好不容易建立了前線的人力，不可避免的就有人因體力耗盡而被擊退下來。

五月十日，湯姆與尼克開始在大岩階帶攀登的那一天，伊安、馬丁與尼克三人奮力的直接從第四營運補到了第五營，但每一個人平均只揹負了二十五磅的負重，這已經是過去一週以來最高的負重了。

那天，我原來預計三天後要上達第四營，因此依計畫從第一營出發前往第二營，但是馬上就感覺到不如昨天走得順暢，更令我吃驚的是，只要是輕輕的震動，胸部下方就會感到刺痛。當咳嗽的時候，整個人就得彎成兩截，用手臂緊緊抱著胸部的肌肉以減輕每一次咳嗽所造成的刺痛。持續往上的唯一動力，就是我知道大衛·蘭伯特現在在第二營，至少他可以告訴我這是什麼問題，或許還可以治療它。

上到第二營的時候，發現大衛、帕桑·卡密，還有兩位倫敦雪巴都在，他們都因為染患了痢疾而休息一天。我跟大衛說明我的狀況，他幫我做了胸部的聽診。

「這可能是肋膜炎。」他說。

「那是怎麼回事？」

「就是胸腔壁發炎了。情況應該不是太糟糕，否則你應該上不到這裡，但我還是建議你先下山休息。在這個高度，它很可能會變成肺炎。我先幫你注射盤尼西林，它應該可以幫你去除這個感染。」

「那我什麼時候可以再上來？」

「至少四到五天吧！你絕對不可以在四天以內上來。」

這對我似乎是個無期徒刑，但別無選擇只能夠回去基地營。那天晚上的通話中，很顯然每個人的狀況都不理想，帕桑跟我一起回到了基地營，安格・邊瑪因為眼睛感染與嚴重的痔瘡也已經回到了基地營，在山上的登山隊員的狀況似乎也好不到哪裡去，正如我們那天晚上的通話。

克里斯（基地營）：「哈囉！麥克。我是克里斯，請說話，通話結束。」

麥克（第三營）：「你的聲音很清楚，克里斯，通話結束。」

克里斯：「我得了肋膜炎，不得不回到基地營，大約四天無法行動了。現在，你的適應狀況如何，可以上去第四營嗎？」

麥克：「唉！我不太有把握，前兩天嘴巴潰瘍的狀況很糟，都沒能夠爬上第四營，今天終於揹了一包上去了，但我覺得比前幾次上去的狀況更為虛弱。老實說，我懷疑自己儘管上得了第四營，恐怕也沒有力氣再運補到第五營，我的狀況真的很糟。」

克里斯：「了解了，那也沒辦法，我們先講到這裡。哈囉！第四營，請通話。」

伊安：「哈囉！克里斯。很遺憾聽到你接下來幾天都不能上來。我們這邊的狀況也不好。」

克里斯：「了解，真糟糕。請說明現在的情況，尼克與馬丁在嗎？」

伊安：「我講一下，尼克還沒回來，我們今天比較晚出發，尼克的情況不好，大約早上九點才出發，我們才剛回到營約第一個小時，尼克還沒回來。」

克里斯：「了解了。請問，以現在的狀況，你們何時可以在第五營建立第二組帳篷與營具呢？」

伊安：「如果沒有第四名人手，我們很確定無法在兩天內建立。這邊的情況真的很慘，目前以運送登山繩為優先。」

克里斯：「了解了。麥克現在似乎也上不去，在唐與道格爾上來之前，第四營至第五營的運補方式，還是以現在的方式來運作吧！我猜要建設第五營應該還需要三天。」

伊安：「正確。」

克里斯：「了解了。以現在的狀況而言，說實在也沒有其他的辦法了，只能夠依現行的方式來運作。我有一個建議，你們三位可以每一天有兩個人進行運補，另外一個人則休息。」

伊安：「是的，這是一個好主意。因為第四營到第五營的運補工作，做了兩天後就累翻了。」

克里斯：「另外，你們是否考慮在晚上休息時使用一些氧氣，狀況應該會好一點。」

伊安：「還沒用過，不過我們會試試看。我們今天運了一些上去給湯姆跟米克，並且告訴他們可以開始用了。」

克里斯：「了解。你們或許比他們更需要吧。唐與道格爾明天開始上山，我則還要再等幾天。」

伊安：「了解。我們會努力的。」

克里斯：「好傢伙，靠你們了！就講到這裡，通話完畢。」

隔天早上，五月十一日，我們的狀況進一步惡化了。尼克儘管睡了一個晚上還是全身無力，並且訴苦著胸部的刺痛，只能留在第四營休養。馬丁與伊安出發前往第五營運補，到了冰脊頂端的鞍部時，伊安退了下來。他寫給妮姬的一封信裡訴說著他的感覺：

> 五月十三日，於基地營，是的，我又退回基地營了。我在第四營發出的前一封信中跟妳說我覺得還不錯，但前天當我再次與馬丁從第四營往第五營運補，尼克在營休息，我發現左側下部相當疼痛，因此馬上回到基地營休養了。路過第三營的時候，請大衛幫我看了一下，他說可能只是肌肉酸痛，可能是使用唐所特製的鋁架背包造成的。但是下了山我還是開心，因為覺得肺部有些發炎，鼠蹊部的肌肉很緊。留在高地營休息真是笨，人的適應力或是體力根本就無法復原，而且稍有不慎，胸部的問題很快就會變成肺炎了。

克里斯因為肋膜炎現在也停留在基地營了，醫生要求他未來幾天都不准上山，而且他可能也無法得到足夠的適應攀登到南壁的高處。看來尼克似乎也是得了肋膜炎，他今天又在第四營休養，他想要撐住，但這真是愚蠢，除非他下來基地營，否則根本不可能復原的，但問題是我們現在人力嚴重匱乏。我覺得所有人都衰退了，有好幾個營地都被傳染了痢疾，我在基地營好像也感冒了。然而，我今天下午又要出發上山了，往上攀登要經過好幾個營地，這是一個緩慢的過程，要到五月十六日我才會再度上到第四營。目前前線的人力嚴重匱乏，應該在接下來的兩週內就會發起最後攻擊。唐與道格爾領先我兩天，在從第二營上到第三營的路上，克里斯希望幾天後能跟上。無論如何，在前線的每一個人想必都很累吧，即使他們每隔一天就休息，但就像我前面說的，在高地營休息根本無法讓任何一個人得到適當的休息。

目前的計畫是減少帳篷使用的數量，未來在第六營可能會用一頂雙人帳來擠進四個人。第六營預計架設在大岩階帶的中段位置，如果未來幾天確定我們必須要攻頂，克里斯可能會把所有的隊員都拉下來好好休息，以展開最後的攻擊。或許該讓這件事告一段落了，我們大多數、也可能是全部的人，都已經受夠了這個地方，都非常想回家了。

重新看前面這些話似乎充滿了沮喪，實際上狀況並不像我說的那麼糟糕，只是我自己覺得不舒服，在最後的登頂行動中，我頂多只會扮演一個支援的角色吧，甚至於我是否可以擔當也還不知道呢。然而，我不該如此自憐，克里斯與另外兩名雪巴的狀況比我還悽慘，可能還不能爬上高處呢。我想我只是一般的疲倦，或許當我回到山上，我的感覺就會好多了。

伊安的撤退造成了另外一次補給線的危機，湯姆與米克迫切需要至少五百英尺長的登山繩，以及必要的糧食與燃料。我們還需要在第五營建置必要的氧氣儲存量，以及第六營與第七營的營帳，我們已經將需求數量減到最低了。

我曾經考慮過在發起最後攻擊前，將所有的隊員都拉回基地營好好的休息，而另一個方案是只將攻擊隊拉回來，讓雪巴挑夫與其他兩三位隊員持續對第四營與第五營運補。然而，這兩種方案都會引起隊員的反感，它將會打擊那些留在山上的隊員們的士氣，而那些被拉回來的隊員們也未必舒服，因為遠征活動到了這個階段已經兵疲馬困，幾乎整個團隊都有一種「讓我們幹掉它然後回家吧」的心情。此外，萬一在山下休息這段時間天候不錯，回到前線後天氣變化了，那怎麼辦？

因此我做了一個決定，就是讓整個補給線源源不斷的持續向上運補，一旦發生缺口時，就設法填補這個空檔。

如果沒有親身經歷，局外人很難感受到連續好幾天從第四營往第五營運補的艱辛。馬丁在七天內除了一個休息日外，其餘五天都從第四營一路直接運送到第五營，另外一天則運送到冰脊頂端的鞍部。以下是他對於這個過程的描述，這應該也是其他有相同經歷的隊員們的心情寫照吧：

朝陽並未帶來歡愉，今天同昨天以及前天一樣，我還是繼續從第四營負重上到第五營。

閃耀的朝陽開始鞭打著箱型帳時，我緩緩的從服藥後的沉睡中甦醒，今天我感覺既疲倦又頹喪，又要再一次揹負重裝上去第五營。炊事、著裝、打包這些繁瑣無趣的工作，然後又是五、六個小時艱苦單調、腰痠背痛的負重攀登。尼克這傢伙今天輪到他休息了，天啊！我厭惡這個早晨。

不自覺的我又開始數著步子了，四十五、五十，停下來，靠著繩子，喘二十口氣，再繼續往前。在兩萬三千英尺的懸崖上做普魯士攀登，你覺得呢？好吧！幹掉了這段繩距，把一個、兩個猶瑪換到下一段的固定繩。再繼續發射，在固定繩上搖晃了幾下，冰爪踩著堅冰，先把第一個猶瑪往上推，再推上下一個，身子用力的撐上去。天際線的橫渡過了後，是第一道的岩石區，然後是一道岩階。

暢快的流汗讓我通體舒泰，周遭盡是壯麗的山景，橫渡這段路有一些趣味，讓無止盡的數步子可以暫停一下。身子前傾繞過岩角，手上又摸到熟悉的裂隙。這是一種新奇的感受，當每一個把手點與每一次的移動你都知道的那一種滿足。

橫渡結束後，繩子開始往上攀登，那乏味的雪坡又要開始了。不再有那種令人與奮搖擺的節奏，取而代之的是毫無止盡的雪坡踢踏。

終於爬到了鞍部，可以坐下來休息一下，放鬆心情，吐一口氣，呵！我還得上來這裡幾趟啊？明天我一定沒辦法再爬一遍了，我一定要讓自己休息一下，身體以至於心理都需要休息一下了。這連續的苦工，無窮無盡的數著步子到五十下，天啊！真累！幸好，它終會有結束的一天，過幾天米克與湯姆會來接手吧！真的會嗎？我真的覺得累垮了，那尼克呢？他會覺得比我好一點嗎？伊安搞什麼鬼啊，怎麼就在這時候垮掉了呢？麥克呢，也累垮了，所以只留下了孤單的我們。

背包上肩，啟動自動計數的開關。再一個繩距，冰崖在前面霍然拔起。雲霧又湧過來了，如往日一般，我還是在最後一抹的陽光下，坐在雪地上燃起一根菸，直到又再下雪的時分。不久，雪花開始從山崖上滾落，一股灰暗冷冽襲上心頭。又是那討厭的橫渡，泳渡那不著邊際的鬆雪，陡峭的冰坡穿過了懸垂的冰崖障壁，然後就是無窮無盡的排雪前進，直到看見了第五營，獨自憂鬱的座落在裂隙的深淵之中。

一步、兩步、三步，步階垮了，節奏又被打亂了，上攀的身體停了下來，不能再前進了。每走幾步我就喘不過來，一塊石子穿越了迷霧正好擊中我身旁的雪坡，我卻累得無法理它。我聽得到大岩階帶上方的聲音嗎？那空洞的裂口在前方出現了，我癱倒進帳篷裡，終於上來了。

此刻，米克與湯姆正在前線與大岩階帶奮戰。天氣好不容易穩定下來了，接下來連續三天都是萬里無雲的好日子，下方基地營艷陽高照，可以用望遠鏡遠眺大岩階帶上方的攀登過程，在龐大的南壁上兩個小黑點看似毫無動靜。從下面觀察，攀登大岩階帶最簡捷的路線似乎是先往左橫越一系列的冰原（icefields），再攀上一道突出冰壁的岩石肋稜，它像極了愛格北壁上著名的地標——「鐵熨斗」（The Flat Iron）。依照湯姆的論調，攀登安娜普納南壁最優美的一條路線，其實是從正面劈開大岩階帶的一道巨大岩溝，但此時，我們已經完全放棄了這個念頭，雖然那條路線是如此的壯觀又似乎可行，但現在我們只求從最簡易可行的路線來攀上南壁。

湯姆與米克在五月十日清晨開始攀登大岩階帶。唐與道格爾曾經提議最佳的路線應該是從裂隙下側往左橫渡，越過一些覆冰的斜板岩（iced-up slabs）後，到了鐵熨斗下方的大雪原處直上。湯姆與米克那天早上依照這個路線進行，因為坡度平緩，所以就未結隊攀登，米克先行，湯姆隨後。他們只往前走了幾碼，突然間，湯姆腳下的雪塊忽然陷了下去，他剛好卡在一個大裂隙的瓶口上，腳在黑暗的虛空中踢著，這個洞看起來至少有六十英尺深，寬達六英尺。他匆忙的爬了出來，真是嚇壞了。兩人只好隔著裂隙兩側討論接下來怎麼辦。從這個位置他們得以觀察上方的大岩階帶，看到了一道誘人的斜展岩溝，接上似乎是雪坡上的一列岩階，可以往左橫渡到目標中的那片雪原。經過湯姆碰到的這個意外後，堅固可靠的岩壁路線似乎是比較受歡迎了。

他們決定退回到營地，然後沿著大岩階帶基部最低處的岩壁攀登，可以比較安心。在裂隙另外一邊的米克，因為沒帶繩子，得先想辦法爬過來。米克小心翼翼的從覆蓋著雪塊的裂隙上橫移，緊張的氣氛使腎上腺素高漲。會合後他們很快的回到營地，米克馬上又衝到了前面，他就是如此絲毫無法壓抑自己。

在裂隙中爬一小段上到雪坡後，米克以前伸爪往上攀登到了大岩階帶的基部，在岩石上敲入一枚岩釘，扣上鉤環，穿過了登山繩，然後沿著岩階下側五十度的冰坡往上斜攀。以阿爾卑斯攀登而言這算是陡坡了，與愛格北壁第二雪原（Second Icefield）的坡度相當。他用一支冰斧加上另一支冰鎚做雙斧攀登，這是湯姆登山裝備工廠的創業伙伴伊凡．修納德（Yvon Chouinard）特製的冰鎚，它有一道彎曲的鶴嘴，鶴嘴尖有一系列的鋸齒，依照揮擊的曲線擊中冰壁時可以刺得很深，並且就像魚骨一般可以倒鉤住冰壁，撐住登山者的體重。另外一把普通的冰斧就不如這般銳利，米克的冰爪尖經過這一段時間在冰岩上不斷的摩擦也已經鈍掉了。

米克先用冰鎚擊入冰面，靠著冰鎚支撐的力量，把雙腳冰爪的前伸爪也踢入冰面，此時冰面上只有薄薄的一層雪，對於腳部沒有任何額外的支撐力，再用冰斧鈍掉的鶴嘴不太有效的刺入冰面，然後再依靠著這把冰斧，直到冰鎚再次揮擊以獲得下一個穩固的支點，冰鎚的鶴嘴可以吃入堅冰大約四分之一英寸的深度。他就以這個方法持續攀登，這種攀登即使是在海平面也是要很小心而費力的，何況是在兩萬三千英尺的高處攀登。

這個繩距，米克往上攀登了大約一百五十英尺的距離，又可以回到岩壁上架設一個穩固的支點，以確保湯姆上來。他現在上到冰原上一處淺灘的頂部，接下來的路線要橫渡冰坡通往淺灘左側的岩石窪地。冰面更陡也更硬了，上面沒有絲毫的雪層可以提供保護，好像一個沉睡中的巨人的腹甲般光滑。他的冰爪在這片閃閃發亮的冰坡上毫無效率的踢著踩著，只依賴著修納德冰鎚銳利的鶴嘴尖，讓他能夠維持以冰爪平衡攀登，毋須費時耗力挖掘冰階來攀登。

這個激烈的攀登已經迫近了米克的極限，也或許是缺氧的關係，米克忘記了要架設冰樁做確保，現在已經在湯姆的左上方五十英尺處，萬一墜落的話，大約會墜落一百英尺左右的距離才會得到繩索的確保。他沒有挖掘任何步階，此刻只靠著冰鎚的鶴嘴支撐著，兩支冰爪尖幾乎沒有什麼作用，陷入了一個很不安全的尷尬情況。他也不敢砍劈步階，怕揮動冰斧的力量不小心擾動了脆弱的平衡。他就僵在那裡，心裡越來越恐懼了。

「湯姆，注意繩子！」他叫道：「我可能會墜落。」

「米克，要不要架個冰樁啊？」一個冷冷的回覆。

「天哪！我怎麼忘記了呢！」米克摸索著腰際吊帶上的鉤環，上面扣了五、六支冰樁。他用單手把一支冰樁從鉤環裡拿出來，把它插在冰面上使它獨自站立著——因為此時他只有單手可以操作。他用冰鎚把冰斧的鶴嘴敲深入冰壁一些，以獲得較佳的確保，然後再把冰樁輕輕的敲入了冰壁。

「我在那裡真的把自己搞得緊張極了！」米克自己承認。

但藉著冰樁支點，他恢復了信心，繼續橫渡陡峭的冰壁，主要是以前爪攀登，偶爾也需要砍劈一些步階。他朝著一片冰原淺灘底部的岩石窪地前進，從那裡他期望可以接上下一個雪階。但他接著又遇到了一個麻煩。

「我的冰爪鬆掉了，注意繩子！」他向下對著湯姆呼叫。

他右腳的冰爪帶子鬆掉了，只看到那冰爪懸盪在腳踝的冰爪帶上。萬一冰爪掉了，不太容易撿回來，而至少需要一天或更長的時間才能夠得到替代品，那這段寶貴的時間就損失了。但在那當下，米克比較關心的問題是要站穩，他距離前面一個冰椿大約高了五英尺。最後，他總算爬回了支點，還好沒有墜落，冰爪也沒掉。

把冰鎚刺入腰際的冰面，他小心翼翼的往下方移動，直到他能夠摸到那根冰椿，握住冰椿後再使身體滑了下來，同時間又抓住了正要掉下去的冰爪。花了大約十分鐘的時間繫緊了冰爪後，他仍然要繼續前進直到安穩的岩石區，前面有一大片岩石，上面似乎有不錯的支點，可以輕易的繞過進入雪槽（groove）中。用冰斧連劈三次後，他搖晃著身子幾乎可以碰到那片岩石，但在握住它後，它卻移動了。萬一它掉了下來，不可避免一定會砸到米克身上。鼻子正前方剛好有一道岩隙，但他只剩下單手能夠去取岩釘，鉤環上掛滿了岩釘，結果那隻岩釘就卡在勾環的閘口上。當他在與那枚頑強的岩釘奮戰時，另外一隻手幾乎支撐了全身的重量，疲累不堪。最後他終於取出了岩釘塞到了裂隙之中，用冰鎚敲了幾下讓岩釘就定位。米克小心翼翼的下攀到八英尺下方的一個小岩棧（ledge）

上，將一捲五百英尺長的登山繩剩下的繩索都拉過來，把它固定在幾枚岩釘上，完成支點的架設。當湯姆以猶瑪沿著固定繩上攀時，米克靠在岩棧上休息了一下，抽了根菸。湯姆在上攀的路上，每隔一個支點就把它解開，讓爾後上來的隊伍比較容易通過。

然後米克繼續下一個繩距的攀登。雪槽底部幾乎全是光滑的冰面，上面突出了一些看來鬆動的岩塊，而右側的岩壁比較陡峭，看來比較穩定，而且有滿多細小卻可以塞入手指或是鞋緣的把手點。米克脫下了冰爪與外層鞋套（overboots），準備開始以自由攀登的方式來克服這片有難度的岩壁。他先將岩釘掛在吊帶的側面以方便取用，同時把沒有掛任何東西的鉤環掛在吊帶另一側，可以很快的扣入岩釘。

「我可不想再被卡住一次喔！」當湯姆抵達他所站立的岩棧時，米克說。

米克再次出發領攀時，湯姆就定位，進入另一次漫長的等待，把攀登繩一英尺一英尺的送出去給前方先鋒攀登的米克。在湯姆的日記上他寫道：

在兩萬三千英尺的高山上，真是刺寒，儘管在大太陽下，零度以下的氣溫與風寒還是壓過了太陽的溫度。我們穿上了所有的衣服再套上羽毛夾克攀登，還是滿舒服的。再次來到岩石區令我欣喜不已，我忙著收集各式各樣小塊的岩石樣本，其中最美麗的岩塊我將獻給我的摯愛。大岩階帶由多種的變質岩所構成，全都有很棒的質地，這是多麼美妙的大地啊，多麼愉悅的攀登啊！

我在小岩棧上坐了一會兒，享受我最棒的時光，俯視著山下的美景。在這座高山上所有的尺度都超乎想像，高處上你可以看到下面的登山隊員微小的身影，從每一個營地揹負著重裝出發，一吋一吋的沿著看不到盡頭的固定繩往上攀登著。

一大早雲氣就凝聚在巨大的安娜普納南側冰河谷中，隨著早上的時光遷移，它也逐步的成長上升，一步一步逐次抹去了下面的每一隊登山者與每一個營地。望著這不斷前進的雲霧，像是一支常勝軍般鋪天蓋地而來，到了下午時分，它發展到了最高潮，把我們也吞沒了；它就像是一個老朋友般定時的回來探望，而你可以確定明天也一定會再與它相會。

在前方，米克正在與光滑的岩壁以及覆著薄冰的踏點搏鬥著。他巨大的雙重靴在微小的踏足點上顯得太過笨拙，而未著冰爪的雙腳也屢屢在未能清除的踏點上失足。

米克記下了他在這段繩距攀登時的想法：

湯姆現在在我下方七十英尺處，我瞧瞧他，他也回給我一個微笑。右側有一道裂隙，我從繩環上取出一枚岩釘敲了進去。我已經累了，前面三十英尺看來還是很困難。休息個幾分鐘，抽了一根雪茄後，我才離開這個安穩的確保支點。前面這片光滑的岩壁，只有一小個刮痕可以落腳，沒有其他的支點了；我往上摸到一個尖岩（spike），但當我往下拉時，它移動了。剩下唯一的希望，就是用雙手握住裂隙，腳撐住對面光滑的岩壁，用背向後倚（lay back）的方式一吋一吋的往上移動。

我兩手都痠痛不已。把一隻腳跨上一片岩塊，結果它碎掉了。離下方的支點只有六英尺高，如果它能夠撐住那就沒問題，可是它撐得住嗎？沒得選了，我一定要將重量離開我的雙手，把腳翹上那片岩塊，輕輕的施力，伸展身體，握住了上方的一個岩棧。當我優雅的克服那片岩塊，握住上方的穩固的把手點時，我覺得自己好像是一個穿著蛙鞋的芭蕾舞者。

該要架設另外一個支點了，但可以嗎？如果架在這裡，那後面的攀登繩跨過這麼多的岩塊，一定會扯得很厲害。左側有一條通道，我跟著往前通行，找到一個十分可靠的尖突把手點。再往上一拉，我又回到了雪槽的基床上，坡度變得平緩了，我很快的爬上下一個岩棧。

米克再一次確保湯姆上來。五百英尺長的登山繩所餘的長度，讓他們又爬了一個繩距上到了岩槽的頂端，以及另外一個覆雪的岩棧起點，那個岩棧將接回那片大雪原。當他們在攀登時，午後的陽光溶化了冰雪，大大小小的岩石紛紛掉落，砸到他們附近的岩壁上或是下方的冰原上。湯姆在日記中對這個威脅似乎感到只能聽天由命：

呼嘯而下的岩塊偶而掉落在我身旁，其中有一塊掉在我的背包上，我不斷的感謝上帝庇護著我，遲早會有人會被這些落石或落冰砸到的。

另外一個危機就是，這些固定繩也有可能會被落石砸到而損壞，當其他的登山者將重量加上去，它可能就斷裂了，而這一定會造成嚴重的傷亡。他們對於這樣的風險真是無計可施，只能默默的祈禱它不要發生。當米克上到那一道可以通往大雪原的覆雪岩棧時，他在附近找了一些適合架設支點的裂隙，把固定點系統架設完成後，就滑降回去了。

湯姆在日記裡寫下了第二天的故事：

五月十一日一早醒來就像其他的日子一般的疲倦。因此我就繼續睡，直到六點三十分米克醒來。早餐還是一樣凍得食不知味，除了那些鮭魚罐頭，我們在鐵罐上把它給煎來吃。

早餐後，米克和湯姆為了一件事幾乎就要吵了起來，這是他們倆在整個南壁遠征結隊攀登過程中僅有的一次。遠征隊大部分成員抽菸喝酒的習性，對於湯姆來說真是一個折磨，現在與他結隊攀登的又是這群傢伙中的老菸槍。米克特別喜愛Gauloises這種菸，他帶了七千支，而絕大部分他都自己獨享。那天早上湯姆特別的難受，帳篷門口的拉鍊拉上了，而且湯姆正在努力套上凍僵了的登山鞋。米克抽第一根菸的時候，他閉緊著嘴巴忍耐著，然後米克又點了一支，衝突就爆發了。湯姆突然把他的睡袋甩在了地上。「哈囉！怎麼回事？」米克正在想，然後想到了，整個帳篷已經像是著名的倫敦霧般一片朦朧了。

「喔！湯姆，對不起！我忘了！」然後他把菸蒂丟到了帳篷外面。

「沒關係，米克。」湯姆說，這一場衝突就化於無形了。此後，米克總是小心的在帳棚入口處抽菸。

早上九點三十分，準備完成出發了，他們帶了另外一捲五百英尺長的登山繩，以猶瑪攀升到了昨天的高點。這真是晴朗的一天，雲淡風輕，陽光還帶了一些熱度，而這高溫自然也帶來了更嚴重的落石。今天再次由米克領攀，他往上攀登到了岩壁下方，然後沿著岩壁基部橫越過了雪原的上方，直接通往了大岩階帶的基部。這是一段愉快而興奮的攀登，岩壁上穩固的支點提供了良好的確保，陡峭的冰坡在他們腳下直降而下。一小段冰坡，接著又是一些岩壁上的移動，岩棧上有良好的踏足點與把手點，然後又回到了冰坡。它的坡度與愛格北壁第三雪原相仿，但這裡的景觀則壯麗許多。往下遠眺，米克可以看到下方的每一個營地，無論是箱型帳或是圓頂帳都成了黑色的小斑點，登山隊員呢，則只是一個小黑點了。安娜普納南冰河遠在八千英尺深處，上方的大岩階帶棕色的岩石則高聳直達天際。左側的鐵熨斗，那是他的目標，像是一艘巨大戰艦的船首從山壁中突出。現在他只能夠看到它的頂部，近乎完全垂直不可攀登；另外一道突出的肋稜遮住了視野，使他看不到鐵熨斗下方的地形。除非繞過了這道肋稜，否則無法判斷鐵熨斗是否真是無法攀登。但是他判斷這道肋稜邊緣上，應該有一道岩溝可以上到它後方的鐵熨斗的山腳下。他距離這肋稜的邊緣只剩下五十英尺遠，可是後方傳來：「繩子只剩下二十英尺了。」

他們幾乎要用光了今天繩子的分量了。米克只得尋找一些支點，架設完成後回頭。而是否有一條路線可以爬上背後那一座鐵熨斗，仍然是未解的謎題。

我們在基地營下方用望遠鏡注視著他們的攀登進度，儘管使用了高倍的望遠鏡，他們還是像一個巨大螢幕上的小黑點。他們移動的速度極為緩慢，很難想像在上面攀登是多麼的困難。他們攀登的距離似乎不太長，我們在下面不免擔心，甚至於煩惱，他們並未依照原訂的計畫採取直上雪原的攀登路線行進，而是靠著大岩階帶的基部曲折而行，勢必造成補給上較大的困難。然而大太陽下躺在基地營點綴著野花的青草地上，要指點著上面的攀登路線也未免太容易了，我們完全無法領會在大岩階帶上方的攀登是多麼的困難，以及從第四營到第五營之間的運補是多麼的費力。顯然，尼克與馬丁快要撐不下去了。此外，今天已經是五月十一日，不到三個星期季風就要進來了。從基地營眺望，我們深切的了解聳立在米克與湯姆頭上的大岩階帶還有多麼高的距離。當我們決定避開從正面攀登，繞道大岩階帶左側，偏離峰頂稜脊，勢必會拉長困難攀登的距離，這是接下來必須面對的挑戰，只能祈禱最後這段路不會像看起來那麼艱難。

在這個氣氛下，我做了一個困難但卻合理的決策，讓唐與道格爾直接上到最前線去，而非依照原訂的輪值計畫讓尼克與馬丁進駐到前線。尼克與馬丁過去這幾天持續的往第五營運補，維繫著第四營到第五營之間的生命線暢通，已經非常疲倦。唐與道格爾無庸置疑對這座山有一股直覺與驅動的力量，這是其他小組的成員所沒有的。我們無法忍受在大岩階帶上部因為攀登路線決策錯誤所造成的傷害，大岩階帶可說是既複雜又極端的困難。唐與道格爾還占了一項優勢，他們這兩天在基地營休息，用高倍望遠鏡仔細的觀察未來的攀登路線；而大岩階帶上的隊員們只能專注在眼前幾英尺的問題上，抬頭觀望時，所有的地形也都不成比例的縮小了。

唐與道格爾在基地營休息了兩天覺得足夠了，決定在五月十一日回到山上繼續攀登，這一天伊安回到了基地營休息。

當晚下雪，把所有人沿著固定繩辛苦踩踏出來的步階全都填滿了，而第五營則幾乎被掩埋。米克與湯姆開始感受到這兩天在前線辛苦工作的後果，第二天早上醒來覺得既疲倦又昏昏欲睡，特別是前一晚都沒睡好，夜裡大部分時間得要不斷的推開屋頂與門口的積雪。儘管如此，湯姆還是勉強的在四點半就起床炊事。現在所有人對於高地餐包都倍感厭倦了，主要是兩個缺陷，一來是早餐沒有容易入口的麥片，再者大家習慣的熱飲像是茶包之類的，也付之闕如。這一天清晨，湯姆與米克卻享受到了前一天馬丁一個人孤單帶上來的特別豪華料理——速食的麥片粥，加上濃縮的奶粉。這真是超級的享受，只要煮一些熱水，灌到麥片粥上，就有一碗熱騰騰的美味食物，可以直接嚥下喉嚨。速食麥片粥或許是由於它特殊的風味，是整個遠征隊裡面最受歡迎的食物。

當他們終於要出發，還得要先把被數英尺深的積雪掩埋的登山繩挖出來，挖出來後，卻發現今天攀登要用的這五百英尺的登山繩，已經鬆掉而且纏成一團了。他們花了兩個小時才把纏在一起的繩索解開，又花了一些時間完成約翰．愛德華交代的攝影工作，請米克拍攝湯姆用對講機跟在基地營的我通話的影像。他們事先曾經提出警告，萬一清理繩索花費太多時間的話，他們今天只好休息一天；幸好湯姆在九點時已經整理好繩索，因此他們還是決定要再往前推進一些距離，至少要瞧一瞧肋稜轉角過去路線的地勢。

光是沿著固定繩攀登就是一件苦差事，而今他們卻要上攀一千英尺的淨高，有些是垂直的路段，穿插著難走的橫渡路段，只能夠把身體掛在固定繩上。當兩手扶著固定繩從一個固定點往下一個固定點換手交錯前進的時候，穿著冰爪的登山鞋在陡峭的冰壁上不停的滑落。中午十二點半，他們終於抵達了前一天的高點，照例由米克繼續領先攀登。

結果他發現肋稜轉角的距離遠比他前一天估計的四十英尺更長，難度也更高，是一段高難度陡峭的冰岩混合地形，沒有任何可以落腳休息和架設確保支點的位置。剎那間他真切的了解到，萬一他墜落受傷的話，救援隊伍至少要兩天才能夠抵達現場，最近的救援隊伍即是人在第四營的尼克與馬丁了。要帶著一個手腳受傷的人越過橫渡的路段幾乎是不可能的任務，這種天氣在外頭露宿也是必死無疑。米克很清楚此刻他絕對不能墜落。

米克接近了一道雪溝的入口，岩石穿刺出冰面，像複雜性骨折穿刺皮膚外露的骨骼一般。要穿冰爪攀登，還是要脫掉冰爪用登山鞋攀登呢？他陷入了兩難，在岩石上最好用登山鞋底的橡皮粗齒來攀登，但是登山鞋在冰面上卻毫無用武之地；但如果穿冰爪的話，在冰面上會好一些，但就抓不住細小的岩石支點了。最後他決定用登山鞋攀登，脫掉了冰爪與外層的鞋罩，開始攀登岩壁，他必須把每一個踏足點的積雪和積冰清理乾淨。

他往前攀登了一百英尺後終於上到了一個小岩棧，後面有一個不錯的裂隙可以架設岩釘確保，這是唯一可以暫時休息的位置。他正在猶豫是否要在這裡換手，但是上方三十英尺處似乎有一個更好的岩棧，因此他敲入一根岩釘，掛上繩環與登山繩後，繼續往上攀登。如今他背後拖著兩百英尺長的登山繩，繞過了幾個岩角以及支點，使他的身體往前推進時，感覺好像湯姆在後面拉著他，不讓他前進似的。

米克終於上到了岩棧，用手指頭緊扣著岩石邊緣，但後面的登山繩卻也用力的往後拉扯著。

「鬆繩、鬆繩！湯姆！」他大聲叫著，但心裡卻明白這沒用，湯姆應該已經盡力在給繩了，一定是這中間什麼地方卡住。

他單手用力的把繩子往前拉一些，繞過了手肘一圈，再一圈，試著把身體挺直，但登山繩卻把他往後拉扯，萬一他失足的話，那一掉就是六十英尺的高度，足以讓人粉身碎骨。用鞋底頂著岩石，他一個膝蓋先跨上岩棧，另一個膝蓋也跨上來，然後用力的、慢慢的把身體挺直起來，吁了好大一口氣。

距離雪溝入口還有一小段距離，當湯姆沿著固定繩上攀時，米克繼續往前探路，同時往回望著山下目前的狀況如何。他看到了一個孤獨的身影從漫長的雪坡往第五營攀登，而另外有一些人正在從冰脊上下攀回去第三營的路上，瞬間他不再感覺孤單了。

「這些好命的傢伙，他們在那山下一定私藏了一些好東西，真奇怪那些食物怎麼就是上不到我們這裡呢？」

湯姆此刻正氣喘吁吁的也上到了岩棧。

「湯姆，你覺得要往哪邊上去？我一點也不喜歡這一道雪溝，看來很難搞。前面這一段已經夠難的了，我們爬這段岩壁吧。」

「米克，我不確定。至少雪溝這一條路線很明確，而這一段岩壁很陡，你可能會困在那裡。」

「好吧！我先試試看雪溝這邊的路線吧。」

米克穿上了冰爪，開始往雪溝橫渡過去。前面那段驚險的岩壁攀登，必須用鞋緣站在一個滑溜的踏足點上，再跨到另一個同樣滑溜的踏足點。因此現在可以用冰爪穩穩的刺入冰面的感覺很棒。米克往前八十英尺，上到了雪溝的入口處。

「看來還不壞喔！」他往回呼叫：「它往上一百英尺，似乎就融入了南壁。上面似乎可以橫渡上到鐵熨斗的頂部。」

「聽來不錯。」

「好吧！我把繩索拉上來固定在這裡，今天工作量已經夠了。」

「時間還早嘛！你不覺得我們應該再爬上雪溝的頂部，看一看前面的地形嗎？」

「我今天累壞了，不想再花力氣了。」

「好吧！回來吧！」

他們掉頭下山，沿著一段又一段的固定繩盤旋而下。當他們還沒下完一段繩距時，午後的暴風雪突然間就拉起了序幕，似乎就像是某個人按了開關，前一分鐘還陽光普照，不戴手套就可以攀登，但一瞬間溫度就陡降了三十度，雪崩像瀑布般不停的從大岩階帶奔流而下，狂風嘶吼幾乎要撕裂你的衣衫。當他們終於回到了第五營，營帳幾乎要被掩埋了。

那一天尼克勉力登上了第五營，帶來了一捲繩索以及一些食物，馬丁經過連續三天運補作業後在第四營休息，麥克則奮力登上第四營試圖強化費力的運補人力。

那天晚上在暴風肆虐的帳篷裡，米克與湯姆開始感受到攀登的艱辛了。湯姆在日記上寫下：

> 五月十二日，今晚我累垮了，或是說至少是過勞了。沒什麼食慾，這很罕見。我們兩個頭都很痛。不曉得在這山上還可以撐幾天，我並不像米克一般想繼續待在前線，但問題是有誰可以上來替補呢？今晚唐與道格爾只上到

了第二營，他們帶了密封的自動相機，為了要拍登頂照。而尼克、馬丁以及今天上來的麥克，無法持續自第四營補給第五營所需要的物資數量，這是目前的瓶頸。許多隊員都被打敗了，高海拔發威了。

而米克覺得自己的狀況還不錯，仍然認為自己可以繼續待在前線，他寫道：

> 大雪紛飛，不停的雪崩。這種情況下，如果不能夠攀登的話，我們還是可以設法強化我們的戰線。目前第五營物資缺乏，基本上還是過著不知道明天的糧食在哪裡的日子。尼克很累，馬丁的手有些問題，伊安下山去了。唐與道格爾上來了，他們應該可以補強第四營到第五營運補的能量。我們很快就可以架設下一個營地了，也就是說我們還需要兩個人力來負責第五營到第六營的運補作業。
>
> 大雪堆積在帳篷門口，必須不停的拍打帳篷四周以減緩堆積的速度，也要不停的推開帳篷門口的積雪。在炊事的時候，我們得打開帳篷門口讓汽化

爐的油氣可以散開，同時我也藉機抽一根菸。可是這帳篷門也不能開太久，因為每幾分鐘就會聽到雪崩從上方的懸崖傾瀉而下，得在雪流進來前盡快關上帳篷門，等雪崩停了再打開。這上面的生活真的很辛苦！

那天晚上，他們的帳篷幾乎給毫不間斷的雪崩流給掩埋了。帳篷裡面因為體溫融化積雪形成了凹洞，也使得帳篷內的生活不適，所有的東西都滾向中間的凹地，爐子也架不直，很難炊事。此外，連續三天高海拔的艱難攀登讓米克與湯姆都累壞了，這應該是有史以來在高海拔最困難的攀登吧！聽他們在早上七點的通訊會報中說明他們的狀況後，我建議他們休息一天，一個人在第五營再挖一塊營地，另一個人下到鞍部協助運補。我希望米克與湯姆在明後天可以上到鐵熨斗的頂部，這樣我們可以在那裡架設第六營。唐與道格爾後天可以上到第四營，在這個階段，我規畫明天讓馬丁前進到第五營，可以替代米克或湯姆其中一人，或是從鞍部將物資運補上去第五營，當第六營架設完成後，唐與道格爾就可以越過其他人直接上到第六營。

湯姆比較累，所以他待在第五營清理營地，在這高海拔光是挖雪也是一件費力的工作，他在那天的日記中敘述著：

> 萬里無雲晴朗的一天，大多時候我都在兩萬三千英尺的高地上享受著周遭壯麗的景色，其間才花一點時間東摸摸西摸摸，處理一些最簡單的瑣事。

此時，米克則往下走到鞍部，在深雪中踩出一列步階。儘管是往下走，他也是花了一個小時，如果少了他開路，而是讓馬丁與麥克由下往上仰攻開路的話，那可真會累死人。他與馬丁在鞍部會合，馬上就對馬丁攀登的速度讚佩不已，馬丁從第四營上來一口氣就上到了冰崖，中間幾乎沒停下來。麥克則走得很辛苦，這是他到過最高的海拔，他也不曾在像恐怖的橫渡這麼陡峭的路段上使用過猶瑪。最糟的是，他已經連續十八天待在南壁上，身體的狀況已經不堪負荷。

米克在鞍部等到麥克上來，兩個人才再一起往上攀登到冰崖的位置，但一下子米克就發現自己大幅超前了。在冰崖山腳下，他再度停下來等麥克，心想他得幫麥克分擔一些重量，因為麥克揹著一些米克垂涎不已的美食，像是咖啡、罐裝奶粉、麥片粥等，這些是米克下定決心當晚在第五營一定要享受的美食。

此時麥克已經到了自己的極限，每走一步都要停下來，每前進一步都需要超人一般的努力，一步又一步的奮力前進，像是在永不休止的跑步機跨步前進，卻永遠無法達到目標。冰崖成為他最終的目標，無論如何他一定要爬到那裡，一步，休息一次，掛在固定繩上，再一步，可是目標好像一點都沒有變近。不知不覺間一個小時過去了，卻只前進了一百英尺，這距離在海平面只要五分鐘，但他還是以意志力支撐著前進，最後在萬般的堅持下終於抵達了冰崖。

麥克趴在雪坡上，用力的喘著氣。

「你還好嗎，麥克？」米克問道。

「不，我好慘。」

「在這裡休息一下，幾分鐘後你會覺得好一點。」

麥克拿出一些堅果遞給米克，但這時麥克的狀況惡化了。他的呼吸似乎快得無法控制了，喘息聲越來越快，變成沙啞的呼嚕呼嚕聲，覺得自己就要死了，心臟與肺部幾乎要爆炸。米克也一樣，相信麥克就要在他眼前死了，開始想萬一麥克停止了呼吸，要如何幫他做人工呼吸。像這樣劇烈的喘氣，幾乎要撕裂了肺部，應該沒有人能夠持續太久。

「我試著回想肺積水的症狀。」米克後來自己談起：「我就站在那裡，等著他停止呼吸，然後，我設法讓自己脫離緊張的情緒，問麥克他是不是被堅果噎到了？這一招似乎奏效了，麥克的呼吸慢慢恢復了正常，所以我把他身上的好東西揹上了第五營。麥克說他要在那裡等馬丁下來，再一起回去第四營。」

馬丁與麥克在下午五點的通訊會議前回到了第四營。此時我宣布了未來幾天的攀登計畫，而這卻造成了整個遠征過程中唯一的一次嚴重爭論。

14

鐵熨斗（五月十三日～五月十五日）

The Flat Iron

五月十三日下午四點五十五分，基地營的所有成員都圍坐在對講機前，等候當晚例行的通訊會議。這將會是今天的焦點，幾分鐘後，所有散布在上面一萬英尺、六個營地的所有隊員都將會集合在一起，說明各個營地今天的進度，以及各自補給的需求。這也是我推動整個遠征隊補給作業，以及遠征隊員在山區活動唯一的方法。

這一天傍晚湯姆・佛洛斯特與米克・白克位在第五營，馬丁、尼克與麥克在第四營，大衛與四名雪巴在第三營，唐與道格爾也正好路過第三營，艾倫・漢金森與兩位倫敦雪巴在第二營，伊安在回到山上的路程中與四名廓爾喀挑夫在第一營。

凱文・肯特在基地營手持著BANTAM通話器，我拿著麥克風。攝影隊與其他的廚房小弟則站在四周。再三分鐘就要五點了，無線電發出嘶嘶的雜音，此時第四營的尼克上線了。

尼克：「哈囉！基地營，有聽到我的聲音嗎？」

克里斯：「哈囉！第四營，聽到了，很大聲也很清楚。」

尼克：「你的聲音也很清楚。」

克里斯：「了解了。今天的運補狀況如何？」

尼克：「我沒上去，麥克跟馬丁上去了，他們把剩下的裝備與糧食都送了上去。我想麥克很累，明天應該得休息。」

克里斯：「做得很好。我們從基地營可以觀察到他們的進度。那米克或是湯姆有下來幫忙嗎？我們好像看到有第三個人呢！」

尼克：「那是米克，他下到鞍部來幫忙。」

克里斯：「了解了。第五營所需要的箱型帳與營地配件是否都已經運送上去了？」

尼克：「是的。」

克里斯：「好的。如果明天馬丁往上移動到第五營，接下來就由你跟麥克運補上去到鞍部，再由馬丁接手運補上去第五營，你覺得這樣可行嗎？」

尼克：「是的，我們也已經決定要這樣做了。馬丁明天會上去第五營，我明天會運補一趟到第五營。接下來，再看後續的狀況如何了。」

克里斯：「好的。明晚唐與道格爾會移動上去到第四營。」

尼克：「是的，我們了解這個狀況。」

克里斯：「也就是說，如果明天馬丁上去的話，後天唐與道格爾得要負責一趟運補上到第五營；然後，在大後天，唐與道格爾將會移動上去到第五營。這代表原先在第五營的三個人，需要有一個人下來到第四營。」

尼克：「那我呢？」

克里斯：「我們將會靠他們兩位生力軍上到前線，儘快往上推進。我認為這是唯一實際可行的方法。」

尼克：「不會吧！我只是半開玩笑的。好吧！無論如何，明天馬丁會移動上去到第五營，我會運補一趟上去第五營，晚上唐與道格爾會上來到第四營。」

克里斯：「沒錯，通話完畢。哈囉！第三營，你們在線上嗎？」

道格爾：「聽到了，你的聲音很清楚。」

克里斯：「道格爾，你有聽到我跟尼克說的話嗎？」

道格爾：「是的，聽到了，應該沒問題。」

克里斯：「你們明天上到第四營後，會比較容易判斷誰要下來第四營。但是後天要借用你們兩位生力軍，儘可能載運最大的量送上去第五營，特別是第六營需要的所有裝備；然後，大後天你們兩位就移動上去到第五營。」

道格爾：「這樣大概可以吧。其實我們在想，為了節省時間，我們也可以揹很重，連同我們的個人裝備一次就上到第五營，我們覺得要設法讓進度快一點……，讓前線多一些生力軍。」

克里斯：「你的意思是說，後天你們就移動上去到第五營嗎？」

道格爾：「嗯……是的，我們正是這樣想的。」

克里斯：「比起讓你們多拖一天，這確實是一個好主意。好的，我同意這個做法。」

通話完畢。哈囉！第四營，請說話。」

尼克：「我是尼克，克里斯。現在第四營的氧氣、糧食、繩索、各種裝備都堆積如山了，你知道嗎？」

克里斯：「我知道。但現在我想我們必須盡快往前推進，進度越快，所需要耗用的氧氣就越少。原則上，我們要儘可能使用最少量的氧氣，如果攀登者可以適應的話，也可以考慮只在攻頂的時機使用氧氣。」

尼克：「你說的也對，但是，有誰可以不吃飯就可以攀登呢？」

克里斯：「我想關於食物運補的問題應該不難解決。我認為，針對唐與道格爾直接上到第五營的這個構想，想必大家會有很大的爭議，但這會比較簡單，除非米克或是湯姆需要從第五營退下來休息，不然的話，就是讓馬丁再退回到第四營下來。」

尼克：「你可能不了解其實馬丁現在的狀況奇佳無比。我的意思是說，雖然我自己現在的狀況並不是那麼好，但是針對這些不同的方案，應該各有其優劣點，這一點應該是需要再做一些討論的。」

克里斯：「了解了，通話完畢。第五營，請說話。」

米克：「哈囉！克里斯。我聽了你們的討論很久了，如果你讓唐與道格爾上來到第五營，那誰要負責第四營到第五營的運補工作呢？」

克里斯：「第四營到第五營之間，馬丁與尼克從第四營送到鞍部，你跟湯姆從鞍部接手運到第五營。」

米克：「這實在沒道理啊！唐與道格爾正好在一個最佳的位置，可以負責第四營到第五營的運補作業，特別是此刻除了馬丁以外，沒有人能夠從第四營直接運補上來到第五營。」

克里斯：「但問題是，我們希望盡快的往前推進，而我認為可以利用他們兩位生力軍的力量。在這點上我們必須要做一個明確的決策。唐與道格爾揹著重裝備直接上去第五營，你跟湯姆則從鞍部往上運補，可以藉此稍微休息一下，馬丁與尼克則從第四營往上運補到鞍部，也可以稍微休息一下。」

米克：「問題是，你可能不太了解這上面的狀況，在前面開路比在後面運補要輕鬆多了。說真的，如果要我負責運補的話，我寧可下去基地營休息一下，畢竟我已經在山上很久沒有回到基地營休息了，我想湯姆也有同樣的想法。」

克里斯：「如果你真想這樣做，你就去做好了。」

米克：「克里斯，你完全搞錯了，你好像覺得我在無理取鬧，但絕非如此。相對來講在前線開路比較容易，我認為我們開路的速度可以跟唐與道格爾他們那一組一樣的快速；但如果讓我們這一組退回去，在第四營與第五營之間運補，那真的太累了，你知道我們離開基地營已經有二十五天了嗎？運補工作真的非常非常的辛苦，我不覺得我們適合日復一日的運補工作。唐與道格爾他們剛從基地營休息上來，讓他們來幫忙第四營到第五營之間的運補工作兩三天，把裝備補給到第五營應不為過吧？」

克里斯：「那是除非我們現在已經做好萬全準備，就要放手一搏登頂了。我並沒有要把你跟湯姆拉下來，現在這個階段，我儘可能避免非必要的人力調動。唐跟道格爾進駐到第五營後，你們兩位還是可以待在第五營，只要往回走半程到鞍部，接運第四營送上來的物資就可以了。我了解這一點都不輕鬆，但假設我們在大岩階帶的進度順利的話，那這種接力式的運補作業應該可以相當快速。但是假如大岩階帶的攀登變成一場消耗戰的話，那毫無疑問，必須讓你跟湯姆，還有尼克跟馬丁全部都退下山來休息，那最後整個攀登作業將會變得十分的漫長。」

尼克：「我是第四營的尼克，可以插話一下嗎？」

克里斯：「當然，請直說。」

尼克：「我想你大概不了解現在第四營裝備囤積的速度有多快。我們兩個人的運補能量，幾乎只能夠勉強應付湯姆跟米克兩個人在前線的攀登作業，更何況若有四個人在我們上方，那就毫無招架之力了。我們至今還沒辦法把攀登所需要的錨樁等裝備送上去，現在每一天只能夠送上他們需要的登山繩與糧食。」

克里斯：「但是，請留意我剛才說的是接力式運補的方法，我們每一天還是兩份揹負量，但以四個人來運送，所以每一份揹負量應該可以更重一點的。」

尼克：「你可能忘了，克里斯，從第四營到鞍部，以及從鞍部到第五營，說來好像只是半程，但實際上它們各自的距離其實跟正常一天的距離相當。你仍然是試圖以兩個人的揹負能量來支援上方營地四個人的起居生活，再加上前線開路作業所需要的攀登器材，之前我們勉強只能成功支應兩個人。」

克里斯：「不，你們有四個人運補。四個人在前線每天需要的糧食包，再加上少量的燃料，這數量不算多。」

尼克：「沒錯，但是不要忘了，還有其他一些零碎的東西，像是底片、岩釘、登山繩，以及第六營所需要的營地裝備組，再加上登頂需要用到的氧氣等等。當你開始需要用氧氣的時候，它的消耗速度會變得非常的快。」

克里斯：「謝謝你的建議。事實上，把唐與道格爾這一組推到前線去，跟把他們拖下來進行運補，對於補給作業而言，其實沒有太大的差異。但是，如果我們不採取這種接力式的運補方法，我們所有人都會被拖垮，包含唐與道格爾這一組。我認為現階段我們必須設法快速的推進。這成功與失敗的可能性一半一半。假設無法快速推進，也就是如果面臨了極其困難的地形的話，我想那我們必須重新思考一下這個戰術，或許必須把所有人都拉回來休息後，再回到山上繼續奮戰。但是此刻，把唐與道格爾這一組推到前線，設法快速的推進，很可能是讓我們能夠成功的最好安排。我完全了解你們四位在第四營與第五營做了大量的工作，而且也真的非常累了。我可以充分的理解各位的看法，但我認為讓唐與道格爾這一組生力軍上到前線快速的推進，你們四位只要確保補給可以源源不斷的往上運送，對於整個攀登作業將會帶來實質上的貢獻。我希望我自己過兩天可以上來，而伊安今天已經出發了，我們兩個很快就會上去補強整個運補人力。」

尼克：「是嗎？克里斯，問題不是說我們累了。而是……，而是這裡有太多太多的工作了，我們並不是每天都在喊累，而是有太多太多的運補工作要做，只是為了支援登頂那一組人，只是為了支援前線的那一組人。」

克里斯：「好吧！這一點我願意做個妥協，讓唐與道格爾先進行一次運補把一些裝備先送上去，我們明天再觀察一下進度，再根據到時候的狀況做決定。」

尼克：「OK，我同意。」

克里斯：「哈囉！道格爾，你們聽到了嗎？」

道格爾：「是的，聽起來OK。等一下，唐有話要說。」

其實我應該這時就結束會議的。我後來自我反省了解到，當我接受了道格爾的提議讓他們直接上到第五營，而不要多花一天來運補到第五營時就已經錯了；雖然我很能理解唐與道格爾急切想要推進到前線的用心，但我自己身在基地營，從未親自體驗從第四營到第五營之間運補的艱辛，無法領會那是多麼的辛苦。

尼克對於整體後勤狀況的分析是十分接近真實的，現況是他們已經無法應付每日對上方營地基本補給的需求，更何況還有這個階段即將需要的那一打氧氣瓶，再加上第六營以及計畫中的第七營的裝備。但這個問題確實可以用接力式的運補策略來克服，也就是說馬丁和尼克由第四營運送上去到鞍部，由米克與湯姆從第五營下來接運上去，而讓已經有充分休息滿懷壯志的唐與道格爾一口氣推進到前線去，但這也牽涉到隊員的士氣與耐力的問題。以這個角度而言，我相信我所做的決定是正確的。

無論如何，這個會議進行到這個階段，我似乎已經贏得了全體隊員的同意，採取一個妥協的方案，讓唐與道格爾多花一天的時間負責第四營到第五營的運補，也就是我原先所做的規畫。但此時，唐接下來的談話好像丟了一顆深水炸彈一般。

唐：「我完全同意各位的意見。道格爾與我一星期前離開了第五營，可是至今第五營也還未進入狀況，往第六營的開路進度又這麼緩慢，我跟道格爾一路上來真的覺得很沮喪。我不了解米克是在玩耍嗎？第五營上去路程也不遠，他們要嘛就趕快把路開上去到第六營，或至少找好一個營地嘛，不然就把手放開，讓其他人來試試看啊，一個星期過去了，進度還是那麼慢！」

克里斯：「唐，你講話要公平一點。事實上，除了今天以外，前面幾天他們每一天都把五百英尺長的攀登繩完全用完，可以確定他們都已經盡了全力。我可以完全體會他們的感受，現在確實需要多做一些補給，明天再進一步檢討後續的作業。我絕對不會要你跟道格爾做多於一天的運補，但這一天的運補對我們確實很有幫助，接下來，隔天你跟道格爾就可以推進到第五營了。」

唐：「好吧！這一點我們可以同意。我們會設置營地和架設固定繩。用接力方式運補這個計畫早在五天前就應該推行了，之前就跟他們說了，他們卻還是堅持全程運補讓自己累得半死，直到今天才下來接運，真是夠了！」

尼克：「在山下的你們，倒是說說看，我們只有四個人，如何一方面要接力運補，同時又要在前線開路呢？」

克里斯：「停下來，各位，不要再說了！現在不要再爭論了，我們每一個人都是全心全力參與這一次的遠征，我們應該可以找到一個解決方案，而不要再繼續無謂的口角。我們就這麼定了吧，唐與道格爾明天推進到第四營，後天做一次運補，接著大後天就推進到第五營。這幾天馬丁與尼克請還是待在第四營，等到我們有四個人在第五營就定位後，就開始進行接力式的運補，這樣可以使第五營的隊員免於飢荒。請看在老天爺的份上，爾後不要再發生這種意氣之爭了，這一次遠征從開始到現在，大夥相處得都很不錯，希望我們繼續保持。會議結束。」

接下來我們繼續確認各個營地之間補給作業的一些細節，米克跟湯姆要了一些麥片，尼克與馬丁也同意再做一趟運補到第五營。凱文・肯特跟前兩天到此一遊的兩位法國與瑞士的訪客現在在第二營，因為剛好他們也是登山者，因此馬上就被僱用了，凱文接下來要進駐到第三營。廓爾喀族挑夫現在已經完全擔負起從基地營到第二營的運補工作了，凱文期望能夠讓他們一路推進到第三營。

當我們今天會議結束離線後，各個營地的隊員們對於我的決策開始議論紛紛。無疑的，在第五營的米克與湯姆是最火大的，他們過去三天在如此困難的地形上做了十分傑出的進度，卻完全被忽略了。湯姆在他的日記上記錄了這件事的感想：

下午五點的會議中，克里斯規畫了一個進攻計畫；在第三營的唐與道格爾將會推進到最前線，以他們現在充分休息的狀況，他們可能可以快速的推進，並且展開攻頂。對我而言，長打以取得快速的成功是OK的，除非它遇到了困難；但是，最大的問題是，這個安排會嚴重打擊那些正在進行辛苦運補作業的隊員們的士氣，他們一直期待在辛苦的運補作業之後，可以輪到他們上到前線去，特別是馬丁與尼克，他們持續的擔負著從第四營到第五營之間艱苦的運補工作，如今卻要被超越了，這使他們對於後續的遠征作業已經沒有太多的盼望，頂多只能扮演一個支援的角色。

這次遠征活動到了這一天，政治與人性的問題終於揚起了它那醜陋的頭顱，使這支滿懷理想的遠征隊消退成了一支普通的遠征隊。這些野心勃勃的人未來一生中終會飲下自己所釀造的這一杯苦酒吧，時間會證明一切。

對於唐．威廉斯這種打翻一船人的羞辱，米克跟我下定了決心明天要給他們一個好看，我們要把手上八百英尺的登山繩全部用完，展現我們實際上能達成多優異的進度。

第四營被超越的馬丁與尼克這兩位反應卻比較和緩一點，因為他們知道自己有多麼的累。尼克純粹就戰術上的角度來探討這項爭論，認為我們要先把第五營補給完成後，再往第六營推進。

第二天米克與湯姆一早就出發了，但他們花了四個小時才前進到固定繩的終點，位置在通往鐵熨斗側面的雪溝邊緣上。米克藉著確保繩的張力躍入雪溝的正中央，他抬頭張望著這一道陡峭的雪溝。兩側的岩壁都非常堅實而陡峭，雪溝底部的冰到了源頭成為一道懸垂的岩壁，這裡是一條死路。但雪溝對面的鐵熨斗側面岩壁似乎比較破碎，有一些冰封的裂隙與積雪的岩棧。

米克選擇了這個路線。米克小心翼翼的橫渡過雪溝，攀登覆雪的陡峭冰坡上到了鐵熨斗岩壁的山腳下，他設法找到了一個支點，然後確保湯姆上來。湯姆揹著五百英尺長的登山繩，外加相當數量的岩釘，慢慢的跟了上來。從他們站立的岩棧抬頭望著這整片岩壁，它比從雪溝對面看起來更陡峭也更為困難。岩壁從他們頭上拔起，垂直而接著懸垂。米克再次領攀，搖搖擺擺的橫渡過陡峭的冰坡，進入了一道似乎可以通向岩壁頂部的岩溝中。米克一吋一吋的往上攀登，沿路清除了岩隙中的堅冰，漸漸的湯姆手上的繩子快要放完了，米克為了避免繩索的牽絆，盡量避免架設太多的中間支點。這時候，他的手臂開始疲倦了，小腿肌肉也痠麻了，幾乎無法控制自己宛如在打電報的腳後跟，兩隻腳在岩溝中必須持續的做大跨距的伸展，而受到了很大的壓力。

他往上攀登了將近兩百英尺的繩距，來到岩壁上最後的岩牆，這道岩牆阻隔了通往鐵熨斗稜脊的通路。身後的登山繩扯得很厲害，每往前一吋都是一場奮戰。整片岩壁都是垂直的了，沒有任何的踏足點，堅冰封住了所有的裂隙。他用一個繩環套住一個突出來的岩片，慢慢的把重心移動到繩環上面，轉身繞出了岩溝，搆向另外一道從冰壁上突出來的岩石把手點。當他從一個位置精巧的移動到另外一個位置時，腳踝不停的打電報，幾乎要讓自己從踏足點上墜落了。手臂的力氣也耗用殆盡，幾乎無法完成那最後的幾步的攀登，上到那遙不可及的天堂——稜脊上的一道小岩棧。當他終於抵達了那一道岩棧，米克已經用完了整整兩百英尺的登山繩，也克服了整個安娜普納南壁遠征過程中最困難的一段岩壁。他把自己推到一個極限，也達成了在整個遠征隊中困難地形上最為可觀的進度。因為他艱苦卓絕的貢獻，也才造就了最後登頂的成功。

米克將剩餘的登山繩拉上來，利用一些岩釘做好固定繩確保系統，當湯姆沿著固定繩往上攀登時，米克也朝著鐵熨斗的稜脊前進。他用完了所有的登山繩，距離稜線卻還有一百英尺的距離。他猶豫著是否要獨攀上去一探稜線的另一面，幸好理智提醒了他，當他往回走時，正好看到湯姆從鐵熨斗側面垂直的岩壁邊探頭出來，上到了岩棧邊緣。

這一天他們獲得了豐碩的戰果，所有八百英尺的登山繩都架設完成了，也讓他們耗盡了體力。當晚回到第五營後，他們告訴我說他們明天得下來休息一下了，米克已經在南壁上二十八天，湯姆也不遑多讓。從一個比較尖酸刻薄的角度來看，如果不是唐·威廉斯的這種譏刺，無論它是否公平，他們奮力以一天完成的這一段路，或許正常的情況需要兩個整天吧！

很顯然在他們完成了前線的份內工作後，特別是以這種舉世最強的意志力，理當應該已經沒有力氣再繼續運補了。但我還是問他們是否可以再忍耐一下，再做一天的工，在下山前把第四營送上鞍部的貨物運到第五營，但是他們告訴我實在是太累了，米克胸部劇痛，湯姆則已經接近了他的極限。

如此，讓第四營有唐、道格爾、馬丁、尼克與麥克五個人在，當米克與湯姆五月十五號在大岩階帶上發動大進擊的那一天，唐與道格爾揹了滿滿的一大包裝備直接運到了第五營，馬丁則因為前面兩天辛苦的搬運累了，只運到了鞍部。尼克適應的狀況不如馬丁，所以那一天他在營休息。然而，最慘的卻是麥克的撤退。那天早上他與馬丁一起出發前往鞍部，在第一段固定繩的位置，他突然感覺到有血流到了他的大腿上，之前他雖然覺得衰弱而疲倦，但這一次的痔瘡爆發卻是最後一根稻草，他沒有其他選擇，只得退回到基地營休養。

從各個角度來看，尼克對於攀登狀況的剖析或許是很正確的，但是，另一方面，我依然認為以我們所剩餘極其有限的時間，必須確保在前線能夠快速的推進，而人選我除了唐與道格爾不做第三人想。十五日是忙碌的一天，我也開始上山了，胸部的疼痛已經有起色，成為一種不明顯的痠痛了，雖然自己覺得無精打采，但實際上走得滿好的。因此我決心要一次走到第二營，同時可以跟從山上下來的夥伴們碰個頭。我先見到的是米克，他看來累壞了，而且形容枯槁。

「嗨！別以為我們是找藉口下山來的。」他跟我說：「我們真的累壞了，沒有絲毫的力氣再繼續。」

湯姆則落後了一大段路，我到了第二營後大約一個小時他才下來。

「讓我以一個外人的角度講一下我的看法吧。你把唐與道格爾推到前線去，已經摧毀了遠征隊的精神，這幾乎是在尼克與馬丁的背上捅了一刀。」

「湯姆，你聽我說，我很能夠理解你的看法，但有時候為了攀登這一座困難的山，我必須選擇權宜之計而非公平性。馬丁與尼克確實做得很棒，但是他們幾乎已經耗盡了體力。此刻，我們必須用力往前衝，而尼克與馬丁已經沒有力氣了。他們兩人已經投入了太多，而唐與道格爾則有了充分的休息。」

「我的看法不太一樣，儘管是為了快速推進，你的做法已經嚴重摧毀了他們的士氣，爾後你很難再讓他們竭盡全力幫忙了。如果只有一組強壯的馬在前面推進，但同時後方卻沒有任何支援，那真不是件好事。」

「你的看法可能是對的，但我可以確信，此刻我們要是無法快速推進執行攻頂計畫的話，那麼整個攀登作業會停頓下來。我相信尼克與馬丁仍然會盡全力持續，畢竟，這不就是所謂的團隊合作嗎？」

「但這真的是團隊合作嗎？直到目前為止，我們大夥還算是輪流依序扮演不同的角色，但很顯然唐與道格爾運補工作做得比所有其他人都少，而是盡力在好好調養自己做好攻頂的準備。以我而言，我寧可面對失敗，也要讓所有的隊員感受到他們能夠公平的分攤前線開路攀登的機會，畢竟，這是我們來到這裡一起登山的目的啊！」

「湯姆，很抱歉，這一點我不能同意你的看法。我想人生中沒有所謂完全的公平。以希拉瑞與騰星而言，也是由領隊約翰・杭特（John Hunt）特別的照料才有機會一舉攻頂成功。如果想要獲得成功的話，我們必須採取相同的戰略，對此，我仍然堅持我的看法。我想這是讓我們遠征能夠順利完成唯一的方法了。」

我們繼續花了很長的時間討論這個爭議。在所有隊員裡，湯姆的毫不自私與判斷能力讓我最為敬佩，至於我的決策令他沮喪，讓我覺得萬般的難過。在這個討論過程裡，我們都試圖避免陷入尖銳的爭辯。

那天晚上在基地營，湯姆在他的日記上寫下：

針對把唐與道格爾這一組人推到馬丁與尼克的前面去，克里斯和我做了很深的討論，他對於他們的失望之情不是很了解。雖然我們對於這件事的見解不同，但我可以感受到他的誠摯，我想此後我們的友誼更為親密了。

那天晚上的通訊會議相當簡短而就事論事，第二天早上，唐、道格爾與馬丁三人進駐到第五營，伊安、大衛前進到第四營與尼克會合，凱文與我則前進到第三營，希望可以彌補米克、麥克與湯姆撤退後留下的空缺，但我不禁擔心馬丁與尼克還能撐多久。

15

消耗戰（五月十六日～五月二十日）

Attrition

五月十六日，馬丁、道格爾與唐進駐到第五營，伊安與大衛到第四營，凱文和我到第三營。我希望這是最後一擊，但都要看老天爺了；前面連續三天的好天氣後，那天下午又回到午後雪的天氣型態。此刻，我們沒有把握自己還剩下多少力氣，但是未來兩週，所有的隊員們勢必要將自己推到能力的極限以上。

道格爾在第十七章〈最後一擊〉中描述了最後這兩星期他個人的經歷，接下來兩章則是我的部分。這段期間我雖然都未能上到第一線攀登，主要是扮演著支援的角色，但卻是自登山以來我最努力奮鬥的一段經歷，馬丁、尼克與伊安等隊員也都是如此。當我們在營地碰面之時，道格爾與我的故事有一部分交錯重疊，但我們各自從不同的角度看待同一個事件，也做了不同的詮釋。因此，請允許我讓這些篇章交互陳述，補足這段時間遠征隊的經歷。

那天早上，我與凱文以及三天前造訪基地營的兩位法國與瑞士登山者從第二營出發。來自日內瓦的尚路易．帕拉爾登（Jean-Louis Pallarton）與來自史特拉斯堡的尚瑪莉．哈根穆勒（Jean-Marie Hagenmuler）兩人有一段悲慘的際遇；他們從陸路搭著火車與巴士從歐洲橫渡中亞來到了尼泊爾，想要仔細的勘察瑪恰普恰峰，或是偷偷的來攀登這座聖山。他們似乎樂昏了頭，並不清楚高海拔攀登的危險。但總之，整個計畫失敗了，因為他們在從德里出發的火車上，被偷光了所有的行李。

「火車日以繼夜的走了兩天，」尚路易說道：「我們無法隨時都清醒著，就在我們兩個都在打瞌睡時，所有的行李都被偷光了。」

他們到了加德滿都，想辦法買了登山鞋以及輕便的睡袋，決定到瑪恰普恰峰山腳下走走也好。而當他們來到了基地營，馬上就被凱文給僱用了，他把借來的裝備套在他們身上，就把他們給推了上山。凱文想利用他們執行到第三營的運補作業，所以這一天我們就一起出發了。當他們從大雪溝拖著沉重的步伐往上攀登時，覺得頭痛欲裂又十分的抱歉，因為他們各自只揹著二十英磅的重量。我們的雪巴挑夫坎恰，準備第二天回到基地營休息，一個人就揹了六十英磅的分量。

當我們上到第三營，與正從第四營運補歸來的四名雪巴碰面了，他們對於上面這一段驚險的路程讚佩不已，說那是他們經歷過最困難的地形了。他們現在使用猶瑪攀登已經非常的熟練，像是猿猴攀繩一般，從第三營來回第四營花不到三個小時。

當時我想要慫恿安格．邊瑪與邊巴．塔蓋這兩位最有經驗的雪巴上去第四營，來負責最艱難漫長的第五營的運補工作。這一段路程又比第四營更困難，但我期待以他們現在的熟練度，應該可以應付這種困難的地形。無疑的雪巴挑夫對於這種高海拔環境的適應力比我們好多了，若可以承擔起這一段運補工作，就可以幫我們將所需的氧氣與營地裝備送上去第五營。

凱文把我的想法告訴他們，然而他們的回答卻不是那麼的正面。邊巴與安格兩人已經持續第四營的運補工作超過一星期了，他們覺得需要一些休息。

「等我們在基地營休息之後，應該可以上去第四營。」他們主要的發言人邊巴說道。他們已經在這種困難的地形裡幫我們做了許多過去從未有任何雪巴挑夫曾經做過的工作，我毫無選擇只得同意他們的請求。儘管如此，他們仍然同意當天下午先下到第二營，明天一早會揹一份雙倍重的負重送上來第三營，之後再下山休息。如此，第三營的糧食與燃油至少足以支撐未來十天的攀登作業，讓我們可以專注於前線的攀登。

邊巴與安格兩人下山後，另外一位雪巴尼瑪羞怯的跟凱文說：「大人，明瑪跟我討論了這件事，我們非常了解你們在第四營以上迫切的需求，我們已經準備好了可以來幫這個忙。」

但是我們卻無法接受他們兩位慷慨的貢獻，因為這邊少了邊巴與安格，我們仍然需要他們兩位繼續從第三營到第四營的運補工作。透過凱文的口譯，這個三方會談進行了一個小時以上，此時那兩位法瑞雪巴步履蹣跚的來到第三營，就氣力耗盡的垮在威廉斯帳篷裡。這是他們第一次上到第三營，我們費了好大的勁才說服他們那晚下山去，回到原先過夜的第二營。

我原來準備第二天可以上到第四營，但天氣變了，走到雪原上固定繩的起攀點之前，暴風雪吹了進來。前面的兩位雪巴抱怨說猶瑪攀升器在結冰的固定繩上抓不牢，我卻暗自得意有一個藉口可以撤退了。這一小段上坡路我走得糟透了，幾乎和兩週前我撤退到基地營之前走得一樣落魄。

這是凱文第一次上到了第三營，而他也被第三營常見的頭痛毛病給擊垮了，整天都躺在睡袋裡。傍晚時分的無線電會議裡，約翰．愛德華和基地營的攝影隊員為唐唱了一首特別的生日快樂頌，這一天是唐的三十七歲生日，他只能在第五營上無法令人舒心的威廉斯帳裡享用著燉羊舌與聖誕布丁。

但到了五月十八日，這一天天候良好，我們再次從第三營出發，凱文頭不痛了，就跟我們一道上去，這是他到過最高的高度，也是第一次使用猶瑪與冰爪。我卻是個糟糕的師傅，很沒耐心，又忽略了要幫他檢查裝備等我們已經習以為常的細節，沒注意到凱文的冰爪比起登山鞋大了三號。我們涉渡了雪原上的新雪來到了固定繩的起攀點，然後語焉不詳的跟凱文交代了要把扣在固定繩上交替的推進，然後我就往上爬，想要從上面的角度拍攝凱文上攀的鏡頭。我上到了第一個支點處停了下來，凱文走得慢吞吞的，顯然他的冰爪有問題，兩腳的冰爪都鬆掉了，其中一隻還掉了下來，他蹲下身去撿，卻沒撈到，一路滾下去，還好被明瑪給接住了。凱文現在進退不得，兩支猶瑪又跟登山繩纏成一團；我大聲的指揮他如何動作，但其實我也懷疑那有什麼效果，最後他還是設法解開了纏雜的繩子，然後沿著登山繩往下走。我恐怕也沒教過他如何沿繩下降。當他下到這一段固定繩的起點時，他撿起一個明瑪留在一處岩棧的背包，卻不小心失手了，這背包就一路從陡峭的雪坡上滾落下去，一直掉到幾百英尺深的懸崖邊。我以為我的睡袋可能在雪巴的背包裡，我用盡力氣的呼叫凱文，命令他馬上回到第三營把我可惡的睡袋給拿上來。而一貫忠誠的凱文二話不說就跑回去第三營，然後再費力的爬上來。等到他回到現場時，我才發現其實我的睡袋沒在那個背包裡，那個背包裡只有食物以及凱文自己的外套而已。

我覺得很慚愧，特別是凱文的狼狽完全是我的錯，是因為我沒有花工夫檢查他的冰爪所致，也沒有稍微多花一些時間教他一些基本的登山技巧，我跟他道了歉。

這一回以及爾後繼續對第四營的運補工作多虧了凱文，這真是他的貢獻，過去他未曾爬山，而這一段路程相當的困難而特別。我們也學到，一旦架設好了固定繩，儘管是毫無經驗的登山者，也可以很快的學會如何應付這樣的地形；但如果在這裡遇上了麻煩，一個沒有經驗的登山者就毫無招架之力了。

我們在第四營與伊安以及大衛會合，尼克上去了第五營強化上方的人力至四位。當天伊安揹運到稜線的盡頭處，而道格爾與尼克則下來接運，讓唐與馬丁留在第五營整理營地。

這個階段我打算留在第四營運補物資到第五營，等到唐與道格爾上到了第六營，我再上去第五營。但這個計畫到了那天的傍晚又生變了。前一天馬丁與道格爾還有唐運補到第六營，到目前為止，馬丁在山上的表現絕不遜於隊中的任何一位成員，但之前六次從第四營往第五營運補作業的艱辛現在發酵了。在攀登大岩階帶上方的固定繩時，他發現雙腳凍僵了，回到營地後他只好把腳泡在溫水裡讓雙腳回溫；他休息了一天，但到了傍晚狀況也沒改善，反而壞血症開始發威了。他飽受驕陽曝曬的雙手，在他於冰脊上奮力開路時，被尖銳的冰雪岩石劃破，未曾復原。現在他似乎整個身體都要崩潰了，那天傍晚，他警告我們他可能第二天得下山休息一下，隔天早上他確定了要這麼做。

這個意外讓我們的補給再次捉襟見肘，唐與道格爾當天計畫要進駐到第六營，但如此只剩下尼克一個人在第五營肩負困難的補給任務。顯然我或者是伊安兩人其一必須要上去第五營支援，但如此就只剩下兩個人在第四營要設法將補給品一路送到大岩階帶山腳下的第五營。我立刻就決定自己上去第五營。當時伊安並未表示不同意，但在一封給妮基的信裡他寫道：

昨天克里斯上去第五營的路上走得非常非常慢，我走得比他好多了，如果考慮整個隊伍的成功，他應該讓我上去第五營的。大衛揹了三瓶氧氣瓶、總重三十三英磅，送到了冰脊盡頭的鞍部，好樣的。我也揹了三瓶氧氣瓶，卻被只揹著他個人裝備的克里斯拖慢了速度。到了冰脊末端後，再加上了五百英尺長的登山繩，我揹的總重超過了五十英磅。我接著一路直上穿過主要的雪原到達冰崖的山腳，但時間太晚了，只得放下東西下山。如果不是給克里斯拖著，我應該可以將這五十英磅的補給一路送到第五營的。唉！這五百英尺長的登山繩是迫切需要的裝備，克里斯只好認命，把它自己揹上去第五營了。

當時，我沒有留意到伊安的反應，其實我應該多一些敏感，或是至少也該猜測一下。我不認為自己相信所謂的預兆，但在這一次的遠征裡，伊安好像變了個人似的，跟我們以前一起攀登白朗峰佛萊奈中央柱稜以及愛格峰北壁時不同了，他看來既不開心又沉重。先前一個人押送著遠征隊的大批物資貫穿整個印度半島的孤單旅程，對於他的體能甚至於心智無疑帶來了一些影響。我想對於遠征隊的任何一名成員來說，這個重責大任都太過沉重了，當時我應該要派遣兩位隊員才對。但我所為難的是，在遠征初期我需要每一個可用之兵投入開發路線，而伊安或許也對於我的領導風格不以為然吧。從山上下來後，有一天晚上尼克跟我提起了這件事，他說：「你的問題是，你總是馬上把心裡的想法毫不遮攔的提了出來，那就是你總是那麼善變而過於衝動的原因。我想我們所有人，包含唐、馬丁、麥克還有我自己都了解你這個毛病，也都會考慮你的反應。」

尼克的這個觀察還滿接近真實的，但我懷疑伊安是否因為自己狀態的不確定，而覺得我這個脾氣讓他更難受。不可避免的，這種情緒侵蝕了我們的友誼，他傾向於不信任我的判斷，而由於他看來比較缺乏自信，我寧可決定超越他而自己上到了第五營。我個人想上去的動機難免是自我中心在作祟，為了直接接觸到第一線的攀登隊，隨時掌控最新的變化狀況。那一天路上我確實走得比伊安慢，我發現橫渡過冰脊側面，上登冰崖下的那片大雪原，真是耗盡了我的體力。

這一段路上，我跟伊安在確保支點處偶而會相遇，在放置補給品的暫存區他揹起登山繩的那個地方也碰頭了，但我們兩人各自隔絕在心裡的孤島上，無從去了解另外一個人心裡的想法。伊安對於我只揹著自己的個人裝備上去第五營不滿，而我卻不能了解，為何他堅持要揹負這麼大的重量從暫存區往上走呢，沒錯，此時第五營需要越多的裝備補給越好，但同樣的，我們也不能承受任何一位隊員把自己逼到極限而倒下的風險。最後我們取得了一個妥協來分擔背包的重量，我必須把這五百英尺長的登山繩送上去穿越過冰崖，掛在陡坡上的固定繩上，然後再一路上去到達大岩階帶基部的第五營。

我非常驚訝碰到了道格爾以及尼克，道格爾應該和唐上去第五營了。

「你怎麼了？」我問他。

「我把那該死的背包給弄掉了，像睡袋、睡墊、備用衣物等所有東西都在裡頭。」

我從沒想過要由我或是尼克其中一個人上去取代道格爾現在的位置，尼克也沒有，當然道格爾更不會這麼想。那天晚上我們想了一個方法，道格爾可以拿我的睡袋以及尼克的羽毛夾克回到第六營，而由第四營把替代品送上來，第四營則從第三營取得備用的睡袋與羽毛夾克。

吃完尼克煮的晚餐後，我窩到另外一個RAMFA帳裡就寢，讓道格爾穿著我所有備用的羽毛衣物跟尼克擠在威廉斯帳裡過夜。那天晚上我躺在睡袋裡已經覺得非常冷了，對道格爾來說應該是更加的酷寒吧！或許一部分是因為酷寒難耐，但主要是急著想回到前線彌補所浪費的時間，道格爾一早七點鐘就從第五營出發了，把帳內的位置留給我搬進去。

尼克前一天運補到第六營已經非常累了，所以他今天要下去鞍部把暫存品揹上來，由我來把繩子以及無線電機揹上去給唐與道格爾。早上道格爾出發時，只帶了一些食物，他希望輕裝行動，儘快上去完成一整天的工作，繼續往第六營上方開路。尼克還特別提醒我，往第六營這一段路，比從下面上來第五營還要更累！

尼克和我坐在帳篷裡煮熱飲，故意延遲出發時間直到最後一刻。第五營蝸居在一道往外懸垂突出的雪牆下面，它遮蔽了所有的陽光，使營地陷在永久的陰影下，使得這個營地格外的酷寒，早晨出發也特別的難受。雪牆外頭不時有粉狀雪崩滾落，它像是一道優雅的簾幕，把我們與外面這一片舉世最為壯觀的山容隔開了。

興丘利峰只是遠遠的下方楔型山頭了，山壁上有深深的冰蝕槽的莫迪峰與我們的高度相當，我們的位置可以看到，在越過了環繞著這片冰河谷的巨大山壁背面，有著由莫迪峰西北坡所環抱的另外一片歌劇院般的巨大山谷。黎明時分，幽暗的冰河谷與環抱四周的亮麗山壁形成鮮明的對比，像是一座死火山的一部分；夕陽西下時，冰河谷被燃燒成一片金黃，山壁卻躲在陰影裡頭，像是一座巨大的舞台，等著一幕希臘悲劇即將開演。

但這壯麗的景觀卻不再能引起我的興致，我已經在南壁上待了太久，過度曝光的相同景致已經讓我無法承受，而日復一日不斷的攀登已經太冷太累了。當我從帳篷裡鑽出來站在裂隙開口的陽光下時，陽光十分耀眼，斲傷了皮膚，但我卻只感受到一絲暖意。儘管如此，它比起帳篷那邊的幽暗陰冷，仍然是比較溫暖而令人歡喜的。穿上冰爪與吊帶，我準備好出發攀登那漫長的山路了。

隻身一人有一種奇異的感覺，有點興奮，又有點恐懼。這一條登山繩是唯一讓我知道，在這片巨大的南壁上，或是說其實在這整個安娜普納聖殿裡，還有其他人存在著的事物。在這第一趟運補中，有一絲面對著未知世界所帶來的興奮，這一條繩子穿梭繞行在神話裡那個人身牛首的怪物所盤據的洞穴裡，穿過了冰原、繞過了岩石肋稜、爬上了雪溝。在旅途中，最遠也只能看到五十英尺以外的景色。

這段山路十分曲折，一下子固定繩爬上了一道垂直的雪溝，接下來它又橫渡繞過一個轉角，甚至於下攀越過一段峽谷；如此一來攀登者幾乎無法建立起走路的節奏，而節奏是高海拔攀登唯一讓人能夠紓解的止痛劑。橫渡比垂直的路段更為費勁，我必須牽著固定繩一手換過一手交替前進，在這個海拔高度做這個動作，像是一個衰老的泰山，仍試圖無謂的嘗試要回到大螢幕上。

我走得慢極了，不時要往前瞧瞧下一個目標，一個岩角、雪溝的頂部、肋稜的岩脊。它可能只有五十英尺的距離，但這五十英尺卻要耗上一整個小時。我爬上了第一道的冰原，然後攀上了第一道的雪溝，越過了下一個冰原，再攀上了另一道的雪溝，就這樣似乎沒有終點的繼續前進著。終於，我上到了鐵熨斗正下方垂直的岩牆。尼克警告過我這一段路，米克與湯姆讓兩百英尺長的固定繩懸蕩在這片岩壁上，中間沒有任何的支點；就像他說的，在攀登前必須先把繩子往下拉二十英尺左右，再把全身的重量掛上去才可以開始攀登。往上瞧，可以看到這一段固定繩摩擦著數不盡的尖銳的岩角，假如有一個石頭從大岩階帶上掉下來，擊中了這一段固定繩？或許它已經被擊中，已經造成致命威脅了？要確認這點，我唯一的方法就是把自己身體的重量掛上去，如果它真的斷裂了，那就小命一乎哀哉了。我心裡突然出現一個生動的畫面：我的身體從岩壁上滾落，後面還拖著一段沒用的登山繩，猶瑪已經脫開，然後岩石把身體給撕裂了，鮮血迸出、腦漿四溢，繼續墜落、旋轉，直墜到那沒有盡頭的雪坡下，一幕血腥的恐怖片。回到現實吧！我把這些念頭拋在腦後，專注於接下來那幾英尺的攀登，推上一支猶瑪，把腳伸直，再推上另外一支。對一個登山者來說這是一種職業上的治療方法，你不能讓自己的想像力像幽魂般盤據心頭。

在這一段漫長而飽受蹂躪的垂直攀登路段上，我完全放盡了氣力，讓我忘記了恐懼。我試著讓繩索不要晃動以避開那些尖銳的岩角，有時又設法讓腳可以蹬到岩壁，一來保持平衡，也讓這個費力的工作稍微輕鬆一點。快到了，上面只剩下五十英尺了，我開始為自己感到高興，畢竟它並不像我所害怕的那般艱難。但是頂端的繩索懸空掛在一片突出來的懸岩上，把我從穩固的岩壁上拉了出來，我的身體無助地旋轉著，而這繩索的角度只比垂直再多一些，使得攀登的動作更加困難。攀登這最後的五十英尺的距離，花了我一個多小時，肺都要炸開了的一個小時，令人沮喪的一個小時，我的動作是以一英寸一英寸計算的，劇烈的喘氣讓心臟都要被撕裂了。終於，我爬上了懸岩，癱倒在一個小小的岩棧上。接下來是一片緩緩的長雪稜，下方散布著一些小岩石，最後接上了鐵熨斗的頂部，我可以看到一頂藍色的RAMFA帳篷佇立在那裡。

只剩下四百英尺的緩坡了，但我懷疑自己是否還有力氣往上走，我朝著帳篷呼喊著，那個藍色小點後方矗立著巨大棕色的大岩階帶，前方接著一道荒涼的雪坡，但它毫無聲息。我很期待有人會探出頭來，下來幫我把背包接上去。但是毫無選擇，我只得繼續往上走。

我開始拉著固定繩攀登這一段長緩坡，每一步都要重新凝聚意志力，彷彿進入了一個慢動作的時空，一個為我而設的慢動作地獄。上到了最後的一塊小岩石，距離帳篷還有大約兩百英尺的高度，四百英尺長的繩距。我一次又一次的呼叫，還是渺無聲息，像一個藍色的眼睛注視著我的奮鬥。決定了，我再也走不動了，我把繩索跟對講機卸下來，把它們繫在一個支點上，然後轉身就要下山。可是一個念頭卻戳刺在我心上：唐與道格爾現在沒有登山繩也沒有對講機，除非我告訴他們我把登山繩掛在這裡，不然他們明天可能會白白浪費一天空等。無論如何，他們至少需要這個對講機。

我只好解開對講機，把它丟進背包，雖然它只有六英磅重，但現在每一步它似乎都是一個沉重的負荷，不斷的把我往下拉。這是一個奇怪的感覺，我並不覺得很喘，但就是沒有力氣，或是那個驅使肌肉工作的意志力也消失殆盡了。走一步，停下來休息一分鐘、兩分鐘、三分鐘，最後再強迫自己再往前踏出一步。固定繩斜斜的往側面拉出一個很大的弧形，意即萬一墜落的話，會被拖曳著滑過這一整片的雪坡。雪質鬆軟難耐，儘管道格爾踩出來的步階有一些幫助，但每一步還是得用力的蹬下去。

實在走得太慢了，過了五點三十分還到不了營帳。我決心要每走五步再休息一次，一步、兩步、三步，繼續走，你這傢伙，第四步，然後停下來休息。再下一回，卻只走了三步。現在已經在帳篷下面了，那一道固定繩固定在帳篷後面的支點上，它越過了帳篷的頂部。抽搐著的喘息聲使固定繩敲打著帳篷，把道格爾呼喚了出來。

「你快到了，克里斯。」他說著，他的話語重新燃起我的力量，登上這最後耗盡氣力的幾步路。

當我爬上他們在這個鐵熨斗最頂端的稜脊上挖出來的這一方小平台，道格爾從帳篷裡端出來一杯熱騰騰的橘子飲料，他們溫暖的招呼以及用心良苦準備的這一杯熱飲，讓我感覺所有的努力都是值得的。聽來雖然有一點老套，但確實是我真實的感受。雖然明瞭現階段我還沒準備好能夠上到第一線攀登，速度也遠比不上唐或道格爾，但是仍然能夠站在這個位置對第一線的攀登隊員提供直接支援，這一點對我來說意義非凡。

我們坐下來聊了幾分鐘，他們提醒我所剩的糧食有限，只有早上道格爾帶上來的那一些碎屑而已。我說明天尼克應該會再帶上來，接著我就轉身下山了。

此時接近七點了。我像是稀薄霧氣中的一個遊魂，雪霧混為一氣，岩石彷彿是一個海上的鬼島，岩壁則是陰靈巨大的城堡。此時無風無雪，我決定邊下山邊改善這個路段，把這一段長繩距的懸垂路段分成幾個獨立的繩距，讓它經由一個比較省力的路線。我似乎沉迷在這個工作裡，解開繩結，測度著每一段繩距適當的餘裕長度。直到天色灰暗，我方才驚覺天色向晚。

尼克在第五營開始擔心了。天色漆黑到了八點半，我才終於越過了最後一段的固定繩回到了第五營，營地突然變成了一個溫暖的家園。尼克已經準備好了晚餐，現在已經用瓦斯爐取代了汽化爐。我鑽進了睡袋，聽著那令人昏昏欲眠的呼呼聲響。

那晚雖然我們萬分疲憊，卻充滿了興奮的喜悅，談論著要一起做第二波的登頂隊，組一個波頓（Bowdon）隊，因為我們都住在曼徹斯特城郊。我們也談及讓唐與道格爾超越馬丁與他的議題，尼克卻滿正向的，無論是他或馬丁對此並無怨言，不像米克或是湯姆明顯有那種感受。

「馬丁和我主要擔心的還是實務上的補給問題。」他說：「你究竟要怎麼把足夠的氧氣與裝備送到第五營？我跟馬丁的想法是要借助唐與道格爾充分休息後的力量來做兩到三趟的補給運送，讓我們有充足的儲備能夠發起攻頂行動。當時沒有絲毫的氧氣儲備，也只有一丁點的糧食。」

尼克說得也有道理，現在我們只有三罐氧氣再加上一副面罩在第五營，另外有三罐伊安擱置在下方的鞍部上。第五營到第六營的路段顯然比第四營到第五營更為艱難，此刻唐與道格爾幾乎沒有存糧，只有五百英尺長的登山繩。那一天我只能夠揹著三十五英磅的重量，勉強的上到了第六營下方三百英尺的位置。毫無疑問我們已經用到了最後的極限，但是時間也快用盡了。今天是五月二十日，季風雨即將到來，我感受到我們必須竭盡全力的維繫著繼續往峰頂攻擊那一丁點的力道。

位於兩萬四千英尺的第六營，距離大岩階帶的頂部大約只剩一千英尺的高度，我們了解一旦爬上了大岩階帶的頂部，再往上通往峰頂的路段就相對容易多了。而萬一大岩階帶上部的地形比米克所克服的下半部更困難，我們的麻煩就大了。那一天，唐與道格爾奮力的爬到了通往大岩階帶頂部的一道雪溝的入口處，下半部看來不難，但是他們看不到全程。但好消息是他們爬這一段路似乎還用不到氧氣。

那晚，我們同意明天由尼克往上運補，而我下去鞍部揹運上來。我很快的就睡著了，累得沒辦法再擔心。現在我們距離成功似乎很接近，又似乎還很遙遠。

16 支援（五月二十一日～五月二十七日）

In Support

「累死了，我今天一定上不了第六營。」尼克說。

我們躺在寒冷而透著暗綠光的威廉斯箱型帳裡，屋頂四周的牆上都結了一層厚厚的冰霜，我覺得好像是住在一個噩夢中的冰窖一般。尼克跟我兩個人都提不起勁，繼續做那反覆磨人的苦工，一直延遲著決定出發的時間。

「我滿慘的，我甚至不確定有沒有辦法下去鞍部把東西揹上來。」我承認說。

「我一點也不想。」尼克說：「乾脆我們這樣好不好，你來整理營地把第七營要用的RAMFA帳以及其他的裝備挖出來，我下去冰崖山腳下把那幾罐氧氣瓶揹上來。」

「好，我們就這麼做吧！」

所以我們又鑽回了睡袋，享受著自己給自己獎賞的輕鬆一天，直到十點鐘才從帳篷裡爬了出來。熟悉的雲海已經吞沒了聖殿的底部，沿著冰脊上升，延伸到了營地下方的這片雪坡。尼克擔心變天，馬上就沿著固定繩衝下去，而我則在營地四周閒逛，即使像是挖掘RAMFA帳、整理營地的補給品都讓我覺得非常累。一個小時後忙完了，又鑽回去威廉斯帳，它那昏暗的光影讓我覺得有一絲的安全感。此刻，雲霧已經爬上了裂隙，又開始下雪了。嘶嘶作響的雪瀑不斷的從懸垂的冰崖傾瀉而下，我拉起帳篷的拉鍊窩在睡袋裡，尼克此時卻在雪坡上奮戰著，飛雪灌在他頭上，在身體四周飛舞，鑽入了衣服上任何一道縫隙之中，冰寒的雪花灌入了嘴巴與鼻孔。冰雪沾滿了固定繩，使得猶瑪幾乎失效了，三百英尺高的雪坡，他整整花了三個小時的奮戰才回到了營地。

那天晚上，我們從無線電裡聽到了唐與道格爾傳來的好消息，他們今天沿著雪溝往上突破了四百英尺，但是糧食已經耗盡，迫切需要登山繩與第七營所需要的裝備，他們計畫在大岩階帶頂部建設第七營。我與尼克希望明天把所需要的裝備運上去。

從安娜普納峰北面也傳來了一個令人焦躁難安的訊息，陸軍遠征隊也是歷經萬劫，有一名隊員因為感染肺炎由直昇機後送了，另外一名隊員因為雪崩沖毀了一整個營地而受傷，但仍然持續著攻勢，終於在前一天，五月二十日，由攀登隊長亨利．戴（Henry Day）以及另外一名隊員傑利．歐文斯（Gerry Owens）率先有氧登頂了安娜普納主峰。我們一則為他們的成功登頂高興，但也更為迫切的想要達成我們自己的目標。

在第五營只剩下一罐氧氣，但為了減輕這一段運補的煎熬，我仍然決定要使用氧氣，兩個人輪流來使用。第二天早晨，我們滿載著食物、帳篷、登頂用的攝影機，再加上五百英尺長的登山繩。我們協議由尼克先使用氧氣，氧氣瓶重達十一英磅，外加兩英磅重的流量調節器，意即使用氧氣者要額外揹負十三英磅的重量，如果還帶了登山繩與一些糧食的話，那就重達五十英磅了。而氧氣則有助於高海拔的運動能力，它的流量可以設為每分鐘一公升、二公升、三公升、四公升或是五公升。遠征隊中過去只有我在攀登安娜普納二峰時使用過氧氣，我的經驗可以證明那額外的重量是值得的，尼克則不以為然，那個罩在臉上的氧氣面罩讓他感到幽閉恐懼，有時你也很難感受到是否真的有吸到氧氣。

尼克率先出發，從大裂隙中爬了出來，然後沿著岩石邊緣的第一雪原上攀，他移動的速度很慢，我更慢了。低著頭，一步又一步的往上爬，一想到前面還有一千五百英尺的落差就令人沮喪。尼克在前面突然停了下來，他靠在固定繩上面，當我接近他的時候，他說：「這不行，克里斯，我受夠了，我一定得先下去一趟。」

「你要不要調高氧氣的流量？」

「我已經調到最大了，但一點也沒用。我好像渾身無力了。」

「你要不要先回去營地休息一天，明天可能就會好些了。」

「這不管用，在這個高度不可能恢復的，我真的很抱歉，但我一定得下去了。」

我知道他說的一點也沒錯，尼克跟所有其他隊員一樣都卯足了全力，他與馬丁持續的由第四營往第五營運送物資，卻把自己給累垮了。

我們交換了揹負的物資，我拿了氧氣瓶加上一些糧食，但得決定要帶繩子還是帳篷。當時唐與道格爾還未登上大岩階帶的頂部，我不確定爾後的攀登有多困難，因此還是選了繩子。氧氣瓶裡頭有八百公升的氧氣，如果以每分鐘三公升的流量來計算，大約可以使用四個多小時，還不足以讓我推進到第六營，因為前一天我花了六個小時，但我仍期望吸氧攀登可以讓我的速度快上一點。

尼克孤零零的朝著下面的營地下降時，我繼續沿著固定繩往上攀登，就像踩著一台永不休止的健步機，周遭壯麗的景色絲毫未讓你放鬆心情。氧氣確實有幫助，雖然速度很慢，但可以持續的前進而不需要停下來休息。當我抵達了鐵熨斗山腳下這一片垂直的岩牆後，我將流量設為每分鐘五公升，沿著固定繩上攀時，就感受到一股推力，只花了半個小時就爬上了岩牆的頂端，前一天卻花了兩個小時。

當我爬上了鐵熨斗的稜脊時，那賦予我力量的嘶嘶的氧氣聲幾乎就消失了，壓力計指向了零度，使我揹了十一英磅毫無用處的廢鐵在背上。儘管每一罐氧氣瓶要價五十英鎊，我還是未加思索就把它扔到山腳下去了。

雖然背包少了十一英磅的重量，我即刻感受到缺氧的效應，速度馬上就慢了下來，每走一步都要休息一下，又花了兩個小時才抵達了第六營。

唐與道格爾已經回來了，他們在雪溝中工作了一整天，終於上到了大岩階帶的頂端。

「你有把帳篷帶上來嗎？」道格爾問我。

我只好承認我把帳篷留在第五營而拿了繩子。這一天他們把所有的登山繩都用完了，到了距離大岩階帶頂部只有兩百英尺高度的一個位置，然後就無確保攀登上到了稜線的頂部。

「我們上到了一個小岩階帶的頂部，」道格爾告訴我，它就在大岩階帶的上面，「再往上到山頂只剩下不到一千五百英尺的高度，看來不難。」

我跟他承諾明天一定會把帳篷帶上來。

「我可能可以上來協助你們建立起第七營。」我提議道。

「既然如此，怎麼不就跟我們一起上去登頂呢？」道格爾說。

這個提議實在太令人心動了，我總是覺得，身為一個領隊，我的責任是專注於將另外一組隊員推上峰頂，而只期望自己能夠扮演支援的角色，將裝備運補到最高的營地，心裡就很滿足了。道格爾的提議，在遠征後期的這些日子裡，幾乎是所有隊員們共同的盼望。遠征隊剛開始籌備的階段，我跟唐相處狀況不佳，一部分是因為兩人的個性南轅北轍，此外組織遠征隊的壓力也是一個原因。而開始攀登後，我們又找回了以往一起登山的友誼與相互的尊敬。

我未經考慮就接受了這個提議。伊安預計這一天當晚會上來第五營，以協助從第五營到第六營之間艱難的運補工作，這樣就只剩下大衛留在第四營，但此時米克與湯姆也在回到山上的路上，預計兩天後，也就是五月二十三日會回到第四營。現在在第五營有充足的糧食足以應付未來幾天高地營的需求，如今山頂在望，應該足以展開一次全力的攻頂行動。

回到第五營的路上，我邊走邊考慮著這個構想，並期待著在第五營可以看到伊安端坐在帳篷裡，瓦斯爐嘶嘶作響煮著一鍋溶雪。可是當我盪進了大裂隙時，卻發現這裡安靜的毫無聲息。

這一天南壁上部天氣晴朗，但是午後的雲層卻比往日來得更早，把冰脊以下的山谷完全的淹沒了。早上大衛與伊安從第四營出發，一出門就開始下起了雪，猶瑪無法咬住沾滿冰雪的登山繩，手指與腳趾都凍僵了，只好被迫折返到帳篷裡。同時，凱文與坎恰也從第三營往第四營出發攀登，由連日的風雪所帶來的積雪，使得前面沒有架設固定繩這段路越來越難走。而坎洽的牙痛依舊，他對於通往冰脊上第四營這一段陡峭的地形，比其他雪巴挑夫更為畏懼。在刃稜頂部與冰脊稜線之間的地形處，坎恰墜落了，他摔到了一段固定繩上而驚惶失措。凱文盡力的安撫他，並協助他上到了第四營的箱型帳中，他們給坎恰吸氧來安定他的情緒，讓他恢復元氣能夠回到第三營。此刻，似乎雪巴挑夫們也失去了能量了。

這一天晚上我就一個人住在第五營，這真是一個悲慘而令人沮喪的地方。我用已經快速消耗中的糧食煮了飯，接著吞了好多顆安眠藥好好的睡了一覺。第二天我一早就醒來了，等待著陽光照到大裂隙的開口處，再拖著身軀爬出來打包裝備。我必須帶著個人裝備、攝影機、一些食物，如果再加上了氧氣瓶，那重量一定超過六十磅，感覺起來它就是那麼的重。

剛走到大裂隙上面的第一個小冰原的半路上，我就知道今天絕不可能揹著這麼重的背包上到第六營，一定要減輕背包的重量。我沿著固定繩滑了回去，試著減輕背包的重量，那到底有什麼東西可以少呢？個人裝備——OK，把備用的手套、襪子甚至於日記本都給扔了，那還有什麼呢？攝影機嗎？它大約有七磅重，攝影隊要拍到峰頂的影像都要靠它了。我把東西都倒了出來，然後了解到依現在這種形勢，我絕無可能一起攻頂，背包還是太重了，因此我毫無選擇，只得將所有的個人裝備，也就是我的登頂機會也給扔掉了，至少那南壁首登的機會已然幻滅。我悲從中來，蹲在地上哭了起來，然後，自己覺得這樣真是丟臉，對著四周的大岩壁大叫：「鼓起勇氣來吧，你這蠢蛋！」

我把背包減到只剩下了帳篷、攝影機外加一袋糧食，總重大約是三十磅重，加上氧氣筒就是四十三英磅了。我再次出發，等到上到半途時，咒罵自己怎麼那麼呆，沒有把重量只有四英磅的睡袋帶著，那是登頂前住宿時唯一需要的保暖品了，因為天氣實在太冷，我已經把所有的保暖衣物都穿在了身上。

一方面，其實是直覺讓我停了下來，畢竟我的適應程度還不足以去登頂，那只會拖住了唐與道格爾。另外，其實糧食也不夠三個人吃。這一天我只將裝備糧食送到了第六營。唐與道格爾則停留在第六營休息，他們只能夠等待著我將最高營地要使用的RAMFA輕型帳篷送達，其他什麼事也做不了。我把東西擱下後就下去第五營，一路下山祈禱著伊安能夠突破風雪後的重重障礙上到第五營來，擔心著這又是孤單的一夜。當我跨進大裂隙時，看到有一列腳印踩著深雪上來，這應該就是伊安了吧！我心裡馬上就舒坦了，大叫：「見到你真開心！」

就像往常一般，伊安在深雪中奮勇攀登，揹著一個巨大的背包，有氧氣面罩、各種奢侈品中的奢侈品、一把Readi-Brek綜合穀類麥片包，以及一罐即溶咖啡，外加自己的個人裝備。他早上九點三十分從第四營出發，直到我進門的幾分鐘前才到，此時已接近下午四點三十分。大衛也試圖揹著一些氧氣瓶直達第五營，但是速度太慢了，伊安判斷大衛應該上不了第五營。儘管如此，大衛跟伊安說：「我了解，今天晚上我一定回不到營地了，但如果你真的迫切需要這些氧氣瓶，我可以在半路露宿。」伊安勸阻了他的念頭，因此大衛就把運送的裝備糧食放在鞍部上。

在這本書裡我很少談到大衛，他雖然未曾上到第一線參與開路工作，高度適應的速度也比較慢，而且他也體認到運送物資到達冰脊頂部的鞍部已經是他體能的極限；然而，事實上，在整個遠征隊裡，他所花在運補作業的天數卻是所有隊員裡最多的，儘管這是一個單調、無聊又沒有掌聲的工作，但如果不是大衛堅毅不拔的持續付出，特別是到了遠征的最後階段，幾乎所有的人都累垮了，整個遠征隊所要面對的挑戰將更為艱鉅。

等到在帳內坐定，一杯熱飲在手，我的精神馬上恢復了，開始規畫未來幾天的攻頂計畫。此刻，似乎再也沒有任何的困難可以阻擋我們了，固定繩已經架設到了小岩階帶的頂部，兩位先鋒隊成員也滿懷信心，從小岩階帶頂部直達峰頂的路線相當順暢，沒有明顯的障礙地形；湯姆與米克已經抵達了第四營，麥克與雪巴明瑪、塔蓋也駐守在第三營。馬丁出發往第三營途中發現自己的狀況不佳，只好退下山。儘管我們的人力已經超限使用，但是此刻在南壁上的每一個營地都有人員進駐，裝備糧食也補給完成了。過去許多遠征隊在最後攻頂階段，通常會有一組人馬在最後攻擊營地，實務上也會有繩隊在其他營地候補，我在一九六一年攀登紐布茲峰時即是如此。

當晚我擬定了攻擊計畫，並計畫第二天早上在通訊會議中宣布。

> 唐與道格爾今天（五月二十四日）將會建立第七營，預期明天可以順利登頂。登頂後回到第六營，但儘可能的往下移動。之後，這一組人直接下到基地營，並且留下包含無線電通話機等所有的裝備，唐與道格爾離開第七營時，請記得留下睡墊、瓦斯爐與炊事鍋等裝備。
>
> 伊安與我今天前進到第六營，明天到第七營，預計在五月二十六日登頂。米克：我們這一組人會在第六營留下睡墊與炊事鍋；第五營會有瓦斯爐，但請記得攜帶睡墊上到第五營。
>
> 米克與湯姆預計今天推進到第五營，明天到第六營，五月二十六日到第七營，預計五月二十七日登頂。登頂後，請將第七營的無線電話機帶下山，以及其他可以帶得走的裝備。

第三營的麥克與馬丁（此時我還不知道馬丁已經被迫撤退了）：兩位請往上移動到第四營，並駐守在那裡做為緊急時的後援隊。大衛，請守候在第三營，直到湯姆與米克攻頂後下山回到第三營為止。

這一份計畫看來相當簡潔，然而第二天清早狂風大作，天空滿布著高雲，想必是天氣不佳。我猶疑著是否該往上推進到第六營，萬一唐與道格爾未能建立起第七營，那情況就很尷尬了。但是唐在通話中告訴我他有備援的計畫，他們確認了將會建立起第七營，因此伊安與我就準備好要出發了。

這一天覺得自己狀況不好，連續三天運補至第六營也相當疲倦，此外我又在拉肚子。當登山者攀登的高度越高，排泄的問題就越麻煩。前一天夜裡，我從溫暖的睡袋裡爬出來兩次，外頭的溫度是華式零下二十度（約攝氏零下二十九度），這可真討厭啊！晚上想要尿尿的時候，通常會把帳篷門口的一角拉開來尿，有時也用空罐子解決；但是要挖雪煮水時，就得記得帳篷的那一邊是用來做為戶外的廁所了。

我率先出發，伊安隨後，但沒走幾步路，伊安就退回去卸下了氧氣面罩。他感覺自已被罩住了，有一種幽閉恐懼的感覺，因此寧可不使用氧氣，也減輕了揹負的重量。當我們上到第一片岩壁區時，天氣變壞了，強風吹襲著我們的衣服，把冰粒擲向臉頰，整片大岩階帶上盡是粉狀雪崩捲起飛舞的雪煙。此時，氧氣面罩發揮了保護臉頰的作用。

半路上我突然急著要拉肚子，此刻又正好位於一道雪溝的中段，雪流毫不間歇的從上面沖下來，此時要大便真麻煩又為難，全身掛在固定繩上，得解開身上的坐式吊帶，並且在胸前做好一個確保，然後光著屁股對著從山谷方向吹來的強風。就在那當下，一股雪崩滾了下來，填滿了我的褲檔，滲入了背部。

在登上了鐵熨斗岩牆的最後這一段繩距時，氧氣也剛好用完了，狂風從南壁上橫掃而過，我掙扎著登上最後這幾百英尺的雪坡。我比伊安早半個小時抵達了第六營，他走得慢多了，主要是因為他沒有使用氧氣攀登的緣故。伊安上來時，幾乎要失溫了，全身不由自主的顫抖著，雙手也凍僵了。不到五分鐘後，我聽到了上方傳來的呼嘯聲，唐與道格爾被擊退了。他們的外衣沾滿了一層冰雪，而唐卻把弄著一對結滿了冰塊、壯觀的落腮鬍。

因此，這一頂雙人帳此刻擠了四個大男人。此刻，任何人要再下山已經太遲了，湯姆與米克也已經上到第五營，今晚我們四個人必須困守在這個第六營了。以往登山我至少經歷過了上百次以上的急迫露宿，但這卻是最悲慘的一夜，伊安更可憐，窩在帳篷的角落裡度過這漫漫的長夜。

第二天早上天氣更形惡化，湯姆與米克已經進駐到第五營，伊安與我別無選擇只得退回到第四營，然後試圖繼續供應上方第六營的補給，直到天氣轉趨穩定為止。畢竟唐與道格爾適應的狀況比伊安與我好多了，對於誰繼續待在最後營地，我們從來沒有任何的疑問。

接下來兩天風雪未止，五月二十六日當天，伊安、大衛與我在滿天風雪中強渡關山，將補給品運送到冰脊頂端的鞍部上，湯姆與米克則從第五營下來接運。第二天，他們預計將一部分物品運送到第六營，唐與道格爾已經彈盡援絕了。

第四營以下的補給路線全部被切斷了，大量的積雪堆滿了第三營後方那一片未架設固定繩的雪原，使它無法通行。五月二十七日這一天，坐困愁城，我們距離成功的目標如此的接近，但是季風雨似乎也已降臨了。我下定決心要繼續待在山上，等候著天候轉變的那一瞬間，但是在山上剩餘的糧食也只夠支撐一星期的時間了。

那天早上，唐與道格爾說他們將嘗試建立起第七營，再回到第六營，但此刻的天氣似乎機會渺茫。下午五點鐘，當我轉開無線電話機，道格爾進來通話了。

「哈囉！道格爾，我是克里斯在第四營，今天有設法出門嗎？」

「是啊，我們剛剛爬上了安娜普納！」

17

最後一擊（五月十七日～五月二十七日）
The Final Push

在這一章，道格爾・哈斯頓描述了從五月十七日到五月二十七日之間他與唐・威廉斯攀登至南壁頂部的過程。

回到了鞍部以上的這段路，我重複著過去幾週以來反覆進行的動作，在及膝的深雪中緩慢的移動著，用一種奇怪的力道把大腿提起來放到另一隻腳前面。這似乎很笨，而我這一輩子幾乎大部分的時光都在重覆著一樣的動作。我經常懷疑自己的意志力是否仍夠堅強，過去許多年，我不斷的在訓練自己面對各種登山的挑戰。然而，在高海拔排雪開路是最難以面對的問題。唐在我後面，但他不能幫我的忙，這種事你只能夠自己去面對。過不久，我緩緩的環顧四周的狀況，這個疑惑就飄然而去了。腦子裡閃爍著光采耀眼的一片煙火，與不斷閃過腦海永難忘懷的記憶相互交錯征戰著。我不是躺在床上看著那萬花筒裡幻變的色彩而要發狂了；現在我是在兩萬三千英尺的山上，腦袋清楚——我如此期望著，但是或許大多數人卻不以為然。我曾經無數次的問過自己，我為什麼要登山，但窮究至極，我還是懷疑我是否真的了解自己，而登山真的愉快嗎？

到了第五營，站在裂隙中，雪粒不斷傾瀉在頭上，疲憊的胸腔劇烈的喘氣著。我躺在RAMFA帳中與唐及馬丁在煮茶，下定了決心要到外面去把箱型帳架起來，目前的狀況還好，天氣仍然不錯，過去幾週來這是少數幾天到了下午仍然還沒有刮起暴風雪的日子。火紅的夕陽高掛在狼牙峰頂，我們幾乎與左側的瑪恰普恰峰頂同高了。架設箱型帳頗為費時，登山者一旦褪去了攀登的壓力，那股懶散自然就取而代之了。但我與唐在箱型帳中共同度過了許多時光，惦記著它是山中最舒適的地方，所以我們還是把它給架了起來，鑽了進去，其餘就是日常的炊煮就寢了。等著天亮吧，今晚馬丁只好在RAMFA帳中獨自一人了。

天亮了，可是天候不佳。煮早餐時，我在考慮著今天的行程。目標是要建立起第六營，得揹著沉重的背包，帶著營帳、營具與爐子等，爬上第六營。米克對於第六營是否有一個適當的營地語焉不詳，他爬上了鐵熨斗的頂部，但是還沒到達鐵熨斗與南壁交會的地方。從遠處看那似乎真的是唯一可行的營地。當我用猶瑪跟隨著固定繩往上攀登時，發覺這幾天米克與湯姆在大岩階帶上開路的工程不免令人讚嘆。喔，糟了，是橫渡！用猶瑪垂直攀登至少還有一個韻律，但橫渡則不然，手臂與雙腿要持續緊繃著，從第五營到第六營這一大段路上大約有三分之一的路程都要橫渡。不知不覺間，我到達了這一條生命線的盡頭，好天氣也用盡了。米克與湯姆抵達的最高點是在鐵熨斗稜脊下方一百英尺處的一塊岩石，它距離目標營地還有四百英尺的距離。雲霧在四周翻騰，挾帶著間歇吹襲的風雪，我們在捆纏處討論著，馬丁的腳凍僵了，他考慮要先下去，當我往上攀登時，他就轉身下山了。這一段雪坡漫長而曲折，我用完了一整條最長的攀登繩。一起步時雪坡上都是雪泥般的積雪，而最後一段路是堅冰，稜脊頂部卻是令人失望透頂、刀刃一般的瘦稜。在南壁攀登一定要留意不可墜落。當我爬到鐵熨斗頂部的時候，我原來所期望的平台，實際上卻是一道刀稜，它是那麼的尖銳，當我爬上那最後幾英尺，穿過它上到頂部的時候，差一點就從另外一頭摔了下去。然而，只要我們做一些工程，似乎還是有機會弄成一個營地。當唐沿著固定繩往上攀登時，我的好奇心還是驅策著我以僅剩的一些繩子自我確保，到前面的轉角處一探究竟。繩子用完了，我把所有剩下的繩環通通綁在一起，剛好夠讓我探頭看到正上方的一道大雪溝，路況看來還不錯，可以直接往上幾百英尺。唐也上來了，我們恢復為正常的繩隊攀登，的確，這是一條連續的路線，往上我大約可以眺望到五百英尺的距離，然後雪溝就往右轉了。這是一個重要的訊息，儘管那兒沒有我們心目中理想的營地。這一段路程很遠，我們在風雪中在稜脊上安置了帶上來的裝備，然後沿著往第五營的固定繩轉身下山了。

尼克與馬丁都在第五營，我們在污穢的箱型帳中快樂的吃了一頓晚餐，而外頭的天氣卻糟透了。積雪越來越厚，箱型帳的屋頂開始凹陷下來，帳篷的半個入口不久也被積雪掩埋了。在設置營地時，我們有兩個方案，首先，可以將營地設置在雪崖下方，可以避開上方的雪崩，但上方這一片雪崖似乎隨時都有可能垮下來，若果真如此，那在下方紮營的任何人都難逃一劫。另外一個方案，則是把帳篷搭在裂隙外頭，那正好是雪崩的通道。我們選擇了第二個方案，如今只好為了自己的膽小而付出了代價。尼克想趁著空檔回到六英尺外的帳篷，他剛走出去，就聽到他掙扎窒息的呼叫聲：「老天爺，我快要窒息了！」唐以反射動作般的速度大叫：「快！把頭伸進來。」我們就看到了一幅掙扎著扭曲的臉鑽進了帳篷，尼克吞了一大口的雪沫差點就要窒息了。最後大夥終於可以就定位鑽進睡袋了。可是，沒一會兒，我們又得爬出來，費盡氣力用雙腳頂開屋頂的積雪。累了一整天，忙完這最後的把戲，我們倒頭大睡，不醒人事。

而隔壁帳蓬的好戲卻還沒演完呢。凌晨五點鐘左右，我聽到尼克跟馬丁已經醒來了，心想，這兩個傢伙真好，如果他們弄好早餐，那我們就可以早早出門衝上去把第六營架設起來了。一會兒，早餐就從被堵住了的營門縫縫遞了進來，我探頭一瞧，見到了一雙頹喪的臉和一片廢墟。昨天晚上雪崩不停的滾落，他們只好頭朝著營帳門口的方向睡著，結果夜裡厚重的積雪壓垮了營帳後半段，營柱跟後面的框架都被剷平了。假如他們頭是朝著裡頭睡的話，那當如何？在兩萬三千英尺高的寒夜裡，連續兩次的死裡逃生，尼克似乎是嚇壞了，講個不停。此時，很顯然沒辦法往上移動，整個戰場得清理乾淨，箱型帳跟所有的糧食與器材也完全被掩埋了。我們花了好一番工夫才將雪鏟挖出來，開始真正的挖掘工作。尼克與馬丁還少了一頂帳篷，在下面鞍部有一頂第七營攻頂用的RAMFA帳，尼克跟我兩人下去把帳篷還有其他的糧食揹了上來，另外兩個則負責清理營地，將箱型帳移動到比較安全的位置。此時仍是風強雪驟，但是從下面沿繩上來的時候，我卻有一股奇妙而歡喜的感覺，走得很輕鬆毫不氣喘，顯然是高度適應進入狀況了。那一瞬間，我終於有個空檔思索生命的議題。高海拔攀登中，大多時候都必須全神貫注，儘管周遭盡是壯麗的山景，卻令人絲毫無法領受，那些影像都像是在眼前一閃而逝。最期待的，就是巨大的山峰、嚴酷的環境，與艱難的挑戰，讓身心與四周的環境融為一體。我從大裂隙邊探頭進去時，正好看到歡喜的唐與垂頭喪氣的馬丁。馬丁此時倍感頹喪，連續多日的負重運補讓他疲憊不堪，被尖冰利岩割破的雙手又被感染發炎了。我感受到，一旦馬丁決定下撤，那將會是我在山上見到他的最後一面。我知道馬丁心裡也很明白，這種事大家心知肚明卻無法啟齒。每一個登山者都有自己要面對的難題，自己的期望與失落。清晨，少了一程的負重，眼前建立第六營的難題正等候著我們。前晚，兩頂帳篷都移到了雪崖的下方，大夥都睡得好些。

儘管如此，清晨醒來還是得從積雪中挖出繩索與瓦斯罐。從第五營到第六營這一段路仍是一段奮戰，正午十二點風雪襲身，唐與我在風雪迷霧中迷失了尼克與湯姆的最高點，唐覺得在這個天候中，非得趕快挖掘出一個營地不可。在這片雪霧瀰漫、天地一片混沌的天光下，除非你剛好站在一個平台上，否則絲毫無法辨識四周的坡度。唐橫渡雪坡上到稜脊，就開始挖掘營地了，而我沿繩攀登抵達鐵熨斗的頂端，取回存放在那兒的營帳。我毫不思考的就開始挖掘一個小平台，此處沒有太多的堅冰。在暴風雪中下方傳來一陣咒罵：「我挖到硬冰了，這裡真他媽的行不通。」我告訴他我現在的位置還可以，唐就爬了上來，慢慢的一個平台逐漸成形。尼克從下面呼叫，他要把裝備放在下方幾百英尺處不上來了。我下攀幾個繩距到原先唐挖掘營地的位置取回我的背包，路上再順便將尼克遺留的裝備帶上來。但就在我正要卸下背包換手時，一個不小心，那個裝滿我的全副個人裝備與第六營糧食的背包，一瞬間就消失無蹤了。

那幾分鐘我沮喪不已，狀況正好，峰頂在望，如今卻得下山補齊所有裝備再上來。一陣子後，心中的愁雲慢慢散去，我開始思考，或許我可以下到第五營先借用兩套睡墊禦寒，直到睡袋送上來為止，還可以把這個困難告訴克里斯，請他幫忙。唐看著我，他想必明瞭我心裡的感受，他建議我不妨先用他的睡墊，然後我們整晚開著爐子來保暖。這個方案支撐第一個晚上還勉強可行，但是它會削弱我的力量，同時我們又沒有無線電可以知會其他人我的處境，而此時尼克又早已轉身下山。我只好說：「明早見！」就轉頭下去了。我在暴烈的情緒中飛奔而下，僅二十分鐘就在最後一段的下降繩上追上了尼克，他翻進了第五營，卻只是一片寂靜與雪花滑落嘶嘶的聲響，絲毫不見克里斯與伊安的身影。更悲慘的是，我們已經斷糧了，我卻連睡袋睡墊都沒有。當晚，唐缺糧孤身站在前哨上。時間晚了，可能是大風雪阻斷了克里斯與伊安的行程，但至少還有無線電話機，還有一絲的希望。但是此刻幸運之神卻不站在我們這邊，我不斷的撥打無線電，但收訊糟透了，沒辦法讓人理解我的需求。最後第三營的凱文終於弄清楚我需要一個睡袋，他毫不猶豫的說要把他的睡袋讓給我用，明天送上來第四營，其他人可以將第四營的睡袋先送上來第五營。這方案似乎可行，但因此我得在第五營多等待一天，那唐在上面缺糧怎麼辦呢？接下來通話聲音比較清晰了，聽到克里斯與伊安一早就出發上來，但伊安背包過重，半途卸下來就先下山了，克里斯還在繼續往上攀登中。我到裂隙洞口下望，在暮色中看到了克里斯正在最後一段繩距上奮力上攀。這真是迷霧中的一線希望。克里斯揹了一大綑的登山繩。我們邊講話，把第五營所剩的糧食吃得一乾二淨。克里斯要把他的睡袋讓給我，也講好明天會有其他人將備用的睡袋送上來，如今大勢底定了，明天一早我得趕快上去跟唐會合，繼續往前推進。這個問題輕而易舉的就解決了，之前為什麼要那般焦慮呢？遠征登山不就是一個團隊合作嗎！這一晚我把所有可以收集得到的羽毛衣都穿在身上，蜷身窩在威廉斯帳中寒凍的角落裡，睡得並不好。酷寒尚且可以忍受，但無法忍住不去想，要不是自己那個愚蠢的動作，我本該可以繼續往上而不是往下走。我跟尼克聊了一會兒，他說明天他得休息一天。尼克一路上來一直在跟高度適應奮戰，我不免懷疑，何時這種明顯的疲憊會累積成為全然的耗竭。

天又亮了，我滿懷著興奮步向第六營，十一點鐘已經望見了正在米克與湯姆最高點的唐，而我又花了兩個小時才上去。猶瑪毫不管用，如果身子往後仰休息一下，整條登山繩就晃來晃去的；堅冰上的積雪鬆軟無處著力，在這種惡劣的環境下攀登，真是舉步維艱，我累得罵不出口。到了唐可以跟我對話的距離，他聽說我帶了食物上來，鼓勵我加快步伐，而我只有這個速度，這一回真的覺得疲倦了，這是從入山以來難得遇到的情況。我們聊著順便吃了一些麥片粥，這是第五營僅剩的備用糧。唐靠著雪茄與融雪度過了一個悲悽的黑夜，我也覺得累了，那一天下午，我們在雪溝裡爬了兩段繩距就下來了。唐爬到的最高點仍然看不到雪溝轉彎之後的景象，只好退下來回到營地休息。五點半左右，我彷佛感覺到壓過帳蓬頂端的固定繩答答作響，發現爬了上來的克里斯，看起來累壞了，他把一大綑繩子丟在三百英尺下方，知道我們沒有對講機，而鼓起最後一絲的力氣爬上了第六營。再次拿到了對講機的感覺真好，剛開始用時，真的很厭煩這個玩意還有那一大堆Roger（聽到）、Over（通話結束）等等的術語，當我掉了背包，才感受到它的必要性，如今在這個恍如孤島的第六營上，能夠以對講機跟外界聯繫的感覺真好。

座落在鐵熨斗稜脊上的第六營，三面懸空，前門有一小片三英尺寬的陽台，我們只能夠交叉著睡。當晚風勢猛烈，下方的營地受到安娜普納峰與狼牙峰連稜的保護免於強風吹襲，但現在的位置比那段稜線更高，已經毫無遮蔽了。狂風大作像浪濤般一波又一波襲來，當強風暫時歇息，我便開始打瞌睡，心想它終於停了。風勢最強的時候，整個帳篷彷如浪濤中的小艇劇烈的震動著，不免懷疑到底是什麼力量，讓這頂帳篷頂立在這高台上未被吹落。其實我們只釘了兩枚雪樁固定帳篷，再加上壓在帳篷頂端的固定繩，如此而已，剩下的就是背後的積雪，以及兩人的體重罷了。有一回，風勢實在大得不像話了，唐說：「我們睡覺時最好把鞋子穿起來，萬一要落跑的時候比較快。」從此以後，每天晚上我們都是著裝睡覺了。

那晚在強風中半夢半醒的，到了清晨還是強風不止，讓我們猶豫是否該留在帳篷裡繼續休息。但我們很想弄清楚雪溝轉彎之後的地形如何，就頂著強風出發了。畢竟帳篷裡面也沒什麼好留戀，只有一些可憐的食物，像是麥片粥、薄荷餅乾、即溶飲料等，還有一個披滿冰霜的帳篷與睡袋，如此悲涼的生活。我先下去把昨天傍晚克里斯留在下面的那綑登山繩撿上來，而唐先沿著固定繩往上。一個小時後，當我趕上唐時，四周的景色壯麗無比，雪停了，強風把新雪捲起數百英尺高，湛藍的天空忽隱忽現，但視野很快的就被木紋狀狂飆的白雲給遮蔽了。當我領攀時，雪下來了，整個雪溝開始蠕動，起初只有雪溝中間的積雪滑動，還可以沿著雪溝側邊繼續攀登。但後來雪越來越大，我剛架設好一個支點，整個雪溝就開始移動，雪崩朝我身上撲了過來，我只能用頭頂著來維持呼吸，但是雪沫充塞了我的眼鼻和嘴巴。我僵持在那裡等著雪崩稍息，但是雪崩不止，只好先將登山繩固定好然後滑下去，發現唐跟我一樣也全身都鋪滿了白雪。我們認為這風雪應該不至於持續整天，就先回到營地休息，讓雪崩先清除雪溝裡的積雪。此時雪崩已經像是一股湍流從高處不斷的奔騰而下。情況很清楚，只要下過雪後，我們幾乎就動彈不得了。那幾天幾乎天天下雪，我們在營帳裡苦思要如何突破這個難題。不久天色晴朗了些，強風看來也想暫時歇息了。過午時分，我們又回到了早上的最高點。雖然仍有一些零星的雪崩，但經歷過早上那種湍流，我們對此幾乎視而不見。在鬆軟的積雪中攀登，我們像是狗爬式般的游泳扒水前進，唐想到一個好主意，雪鏟跟冰斧併用，我自己覺得好像變成了一個探險隊員，在鬆軟的積雪中東倒西歪蹣跚的前進。在這種環境中攀登，需要一種特別的意志，完全專注在眼前幾英尺的問題上，把所有其他的感官知覺完全的關閉起來，最好能夠維持連續性的律動，不管是多麼的緩慢，然後試著經常暫停喘息一下，因為一旦停了下來，要再重新起步就困難多了。緩慢而有節奏的，我繞過了雪溝的轉彎處，發現上頭的雪溝還是持續往上，再往上斜登兩百英尺後，雪溝收斂成為一道煙囪地形，似乎已經沒有其他的障礙可以再絆住我們了。那天下午，我們的行程就到了這一道煙囪地形的起攀處為止。

回到營地，這又是一個孤寂的夜。沒有人從山下上來，只剩下些許麥片粥了，今天的進度探察清楚了雪溝轉彎之後的地形，讓我們明瞭這一條路線又可以往上推進數百英尺，覺得滿開心的。通話時間帶來了今天所有的消息，大雪封山，阻擋了山下所有營地的進度，有幾個小隊出發攀登卻都被大雪給擊退了。當我報告了今天的進度後，大夥都覺得很驚奇，在這種天候下，連我們自己也不免覺得有一些驚喜。這一晚跟前一天沒什麼不同，強風在帳篷四周狂飆。就像在山上的其他大自然的威脅一般，一旦經歷過第一次以後，心理就會慢慢接受它，爾後就會把它視為一種常態了。晚上睡覺時最困擾的是睡姿，我的兩隻腳伸不直，唐也只能蜷縮在帳篷的角落裡。但黑夜終將過去，在我實在覺得痛苦難當之後，冰凍的清晨五點，我已經升起了爐子。這將會是關鍵性的一天，雪溝會帶著我們上到一個平坦的地形，還是前面還隱藏著無明的障礙？

從鐵熨斗的稜脊上橫渡雪坡進入了這一條雪溝，像是進入了一個特別的酷寒地獄一般。唐過去在喜馬拉雅登山未曾經歷過這種感覺，在我最為艱險的多次阿爾卑斯登山過程中更是從來沒有的體驗。天候仍然不佳，強風依舊，雪粒在身邊飛舞，雪崩終於停息了。上攀的過程中，每幾分鐘我們就得停步揉拭凍僵了的手腳，手掌也因為操作猶瑪攀昇器以至於血液循環不良。我終於上到了昨天的最高點，等了好一會唐才跟了上來。「我把鞋子脫了下來按摩腳掌。」二話不說，我開始攀登這一段的煙囪地形，此刻，登山繩與攀登器材都十分短缺，只剩下三百英尺長的繩索，四枚錨樁，外加六個勾環。這一段攀登滿困難的，傾斜的岩面上覆蓋著鬆軟的積雪，每一個費力的攀登動作後，都得暫停喘一大口氣。上攀一百五十英尺處架設了第一個支點後，角度稍緩變成一道雪溝，我以游泳的姿勢爬完了整段的登山繩的長度。前面一塊巨石塞在雪溝正中央阻住了去路，但之後雪溝仍然繼續往前延伸。唐氣喘吁吁的跟了上來。接下來呢？從遠征以來，我們已經結伴攀登這麼長的時間了，這份默契不用開口都知道下一步要怎麼做。我們都迫切的想要知道雪溝盡頭的狀況，通往峰頂之路在此一舉了。我們很自然的解除了確保、繼續往上攀登，凸顯出我們對於彼此的攀登能力的信心。我在前面攀登，唐就在我身後十英尺。萬一我墜落的話，那兩個人就一起再見了。繞過一小段岩石肋稜，在雪溝中推進一小段距離，那塊塞住雪溝的巨岩上面只有傾斜而積雪的支點。雪煙在四周飛舞，雙手凍僵了，肺部劇烈的喘息著，再一段簡捷的雪溝，接著，幾乎難以置信的，我們終於上來了。這可說是這一次遠征中最棒的一段攀登。

坐在一片輕緩的雪原上，這個位置顯然在大岩階帶的上方，雲隙中可以望見安娜普納東峰的山頂，主峰仍然隱身在後，我們之前從望遠鏡仔細的觀察中明瞭，接下來最後這一段已經沒有特別的困難了。假如第七營可以設立在雪溝頂端附近的位置，那應該有機會奮力一搏來嘗試登頂了。我們滿懷欣喜，在午後的風雪中轉身下攀，不希望降雪遮掩住我們上攀的步階，儘可能快速的移動著。但這股欣然輕鬆的氣氛馬上就面臨了嚴酷的考驗，從那一塊巨岩下攀是令人屏息的一段攀登，在兩萬五千英尺做高難度的冰雪岩混合攀登，可不如假日登山般的愉悅。但我們終於又回到了營地，那我還有什麼好抱怨的呢？

回到營地鑽進睡袋不久，克里斯上來了，帶來了更多令人憂心的訊息。儘管吸氧攀登，尼克耗盡了體力還是上不到第六營來，他只好下山回到底下的營地恢復，讓克里斯一個人孤零零的上來，如此我們又損失了一名高地登山隊員的補給了。克里斯帶來的器材讓我們可以將固定繩架到雪溝的頂部，但是沒有第七營用的帳篷，也沒有任何的糧食。在暴風雪中的夕陽下，我們沮喪的癱在地上討論。克里斯說，明天他會設法將帳篷跟需要的糧食揹上來，這是登頂唯一的機會了。我覺得這不應該只是為了讓唐跟我登頂而已，因此就建議克里斯也把個人裝備一起帶上來，我們三人一起登頂。他顯然答應了，當他轉身下山後，那股沮喪的氣氛跟著消失了。目標十分的艱難，但每一個人仍然盡全力一起解決所有的難題，我們將團隊合作發揮到了極致。此刻已經有足夠的登山繩可以將固定繩架到雪溝的頂部，但還要等候第七營的帳篷，為了不要爬兩趟，我們決定明天休息一天，等克里斯到齊再展開最後的攻擊。

在兩萬四千英尺的高山上，所謂的休息日也並非真的可以好好休息。早上醒來通常見到的是凝結的霜雪和冰凍的睡袋。我試著煮了一鍋燕麥粥，再加上僅剩的一條巧克力和一些堅果，才或許可以讓燕麥粥多一些不同的風味而更加可口。對早已麻痺的口味來說，這可算是一種安慰劑吧。一直要到早上九點，陽光才會碰觸到第六營，一滴滴的暖意爬進了帳內，但也讓夜間凝結的冰霜溶化而開始滴水，但其實已經沒人在意了。我們很少交談，畢竟幾乎所有的期望與攀登計畫等等，早已經充分的討論過了，知道明天將會是關鍵的一天。當陽光越來越暖和時，帳內開始變得比較乾燥了，眼皮也忍不住闔了下來。在暖陽中，我沉入了一種半昏睡的狀態，感覺無比的鬆弛，這似乎是歷經了漫長黑夜的煎熬後一種自然的反應。這幾個小時的休息，比起前面幾天在這個營地的睡眠更為舒適。下午雲霧依然又湧了上來，但我們還是繼續打著盹，現在無所事事，只能夠等候著克里斯來敲響帳篷頂的固定繩了。近晚時分，他終於從固定繩的末端邊緣推著困頓的猶瑪現身，他的疲憊完全的寫在臉上。他帶了營帳以及一些食物，卻沒辦法把個人裝備一起給揹上來，對他而言那真是失望而痛苦。但伊安今天預計可以抵達第五營，那至少他們還可以組成第二波的攻頂隊。疲倦的道別後，我們換了一個新的菜色：一些燒烤，以及堅果與巧克力留待明天享用。假設天氣允許的話，再兩天就可以登頂了，儘管星光黯淡，也按捺不住我們的興奮，終於可以再次全力衝刺了。那天我們一夜好眠。

我還是在五點就醒來了，再次炊煮精力湯。冰寒的空氣讓喉嚨乾澀，夜裡整個嘴巴都會十分的乾燥，一定要先吸食一種珍貴的果膠讓唾液恢復功能，然後喝點東西，才有辦法開始講話，不然聽到的就只是沙啞單調的聲調。這個特別的早晨並不需要額外的討論，目標就是建立起第七營。天氣依舊是寒凍挾帶著雪煙飛舞劈啪作響的強風，我們開始進入雪溝上攀時，陽光還遠在兩小時外。前一天早上已經覺得冷了，但這一天尤其酷寒，每幾分鐘就不得不停下來按摩凍僵的雙手，鼻頭也第一次結凍了。儘管戴著防雪頭套又罩著了風衣帽子，還是得不時的停下來，用戴著手套的雙手掩住口鼻，讓它恢復一絲的溫暖。唐的鞋子穿穿脫脫的，但還是太冷了。花了很長的時間，我們終於抵達了固定繩的末端，此時天氣真的毫不留情了，唯一的目標就是三百英尺外的雪溝頂部。起初我們並不覺得它困難，畢竟兩天前我們已經無確保上下攀登過了，但今天的狀況卻稍有不同。我們往上爬了五十英尺，就什麼也看不見了，用力的脫下雪鏡，發現眼瞼瞬間就會凍僵，試著清理雪鏡，這回卻毫無作用。匈牙利手套上裹著滿滿的積雪，如果脫下手套，手指立刻就凍傷了。雪崩從雪溝中央不停的滾滾而下，漩渦般翻滾的強風從四面八方不斷的拍打著身體，可說是一種夢魘般的處境，奇怪的是我卻從未想要撤退，唯一的心思就是爬上雪溝的頂部，把第七營架設起來。以前在爬愛格北壁時，我曾經只用一根雪樁，沒有任何的冰斧或是冰鎚，在暴風雪極度惡劣的環境下沒有任何支點確保，攀登了一百五十英尺高的冰壁，現在的情況卻更加嚴酷，兩倍的高度，而困難度卻相當。我雙眼都被凍住了，很痛苦，無法思考要在哪裡架設一個確保支點，與下方的唐也失去了聯繫，狂風中呼聲傳不了五英尺就被吹散了。繼續摸索著前進，整個過程只有那麼一次思緒打斷了那恐怖的全神貫注，墜落的念頭一閃而逝。這種情況下大概沒有人會試圖攀登六百英尺吧。

不知道過了多久的時間，目標終於在望了，再十英尺就到了，繩子卻拉得緊緊的，我只好敲進一根冰樁，然後解開身上的攀登繩，我可以確信唐可以了解那拉繩的信號就是要讓他開始往上攀登，但我卻得避免他用我的身體當成固定繩的支點來攀登。當感覺到繩子上傳來的攀登動作時，我迷惘而空虛的呆坐在那裡，幾乎全然陷入了夢遊的狀態，直到唐也上來了，不知過了幾分鐘還是幾個小時。他罩滿了冰雪的臉龐出現在眼前時，才終於打斷了我的夢境。在當時，我們也沒有提到要撤退的意思。我架設了一個支點，解開繩索，然後雙雙繼續往上攀登，尋找著一塊平地來架營。唐在前方我們在雲霧中用前爪攀登著前進。不久我們抵達了一個岩石區，這是唐預定的營地了。他開始挖掘營地，但是每一次挖開表層的積雪後就碰到了堅冰，因此我們只好繼續往上攀登，雪坡依然陡峭。

當我停下來等待的時候，突然驚覺左手外側整個都凍僵了，馬上把它塞在腋下取暖。逐漸的，我終於明瞭此時的狀況非同小可，敗退下山是唯一的選擇了。但我們心裡卻絲毫不願意讓這個念頭溜進來，唯一的目標就是要繼續往上攀登。但是終於到了抉擇的時刻，非得轉身下山不可了。儘管如此，下山的路仍然是無比的考驗，所有的足跡在暴風雪中已經都被掩埋了，在天地混沌一片的荒原中，很難判斷哪一個方向才能找到通往雪溝頂部的通路。當我們跌跌撞撞尋尋覓覓時，神奇的雲縫中突然出現了十秒鐘的間隙，讓我們看到了下面一百英尺外的目標。抵達那裡後，我們還是不想放棄，試圖在雪溝通往雪原的開口處闢出一片平台，結果還是行不通，每一鏟都碰到了堅冰。希望瞬間破滅了，唐轉身從雪溝頂端的固定繩開始下降，每下滑一英尺，生存的條件似乎就進步了一些。此刻儘管狂風不止，有了雪溝的庇護，與上方雪原那種肅殺狂亂的條件完全無法比擬。這一番回顧分析也未嘗沒有一些樂趣。那時我們陷入了一種迷離失落而疲憊的狀態，但依舊能夠做出理性的判斷。

退回第六營後，我們發現克里斯與伊安也到了，雖然回到了棲身之所，但是四個大男人要擠入這一個小小的空間卻是一個難題。每個人身上都覆蓋了滿滿的冰雪，雪沫鑽入了背包，結凍的睡袋待會又會解凍溶化溼答答的。但在暴風雪中我們還是塞了進去。伊安擠在最角落，身體蜷縮成兩摺，唐與克里斯雙腳交叉相互疊著，我則睡在門口冰涼的風口下。也就是說，我得處理大部分繁瑣的勞務工作，有時得爬出去清理帳篷背後的積雪等等，但是裡面實在太擠了，這讓我也有稍稍喘息的機會。四個人擠在帳篷裡也有一個好處，我們的體重像是壓艙物般，讓帳篷免於在強風中被吹走。今晚那麼難熬，度過這漫漫長夜的方法就是煮茶和討論，我們雖然被擊退了，但已經想好要再回頭爬得更高一些，克里斯與伊安卻覺得適應的狀況仍不足以登頂，決定退回到第四營來支援，把糧食留給我們，以及在第五營就定位支援的米克和湯姆。唐和我則等待著這一道惡劣的天候過去，然後再試一次，設法把第七營建設起來。

清晨的光線在霜雪覆蓋的身體上閃爍著光芒，而我們的身體以奇怪的姿勢扭曲著。克里斯和伊安終於離去了，留下我們面對著強風和飛捲的雪花。天氣毫無改善，身上殘餘的能量只足以讓我們繼續躺著，但是帳篷還是必須清理，好讓我們在這裡可以繼續活下來。幾個鐘頭後，我們把帳內的積雪都拋了出去，也刮除了睡袋上的冰霜，幸好內衣還保持著乾燥。我們讓爐子持續開著，自己卻陷入了一種恍惚的狀態，就這樣過了一天。無線電傳來的訊息說，山上所有的活動都停止了，所有的營地都遭遇到了大雪，這似乎是一段等待的時機，過去的壞天氣都是很快就過去了，但這一回卻持續了好幾天。通話中夾雜著咳嗽的聲音，低迷的氣氛再度盤據我們心上，如果下面的營地雪太大，就無法再運補了，即使以現在低度的消耗量，也只能夠再撐個兩天。即便我們開始攀登，也只能先建立起第七營，再下來取得補給後，才能夠進駐上去。登頂的機會再一次遠離，我們陷入了一個捉摸不定的未來，懷著陰鬱的心情面對著永不休止的強風，隊員離去了，使得帳蓬被吹走的風險又提高了。一個晚上又過去了，帳篷門口的拉鍊有一個縫隙，每一股強風或是飛濺的雪沫，總是能夠找到曝露在外的身體。我們把所有的衣服都穿在身上，也把防雪外靴也穿了起來，然後把睡袋拉到了盡頭，只留下一個呼吸的空隙，那一晚呼出的空氣在這一個小洞也凝結了，把鬍鬚都緊緊的黏在了上頭。

隔天天候依然，我們只好繼續呆坐著，唯一的好消息是米克與湯姆下到了冰脊的頂部與從第四營運補上來的克里斯、伊安還有大衛會合，明天或有機會將糧食運補上來。晚上通話後，有一些星星露臉了，狼牙峰的身姿也在夜空中現身，這是三天來的第一次，明天似乎有機會把第七營架設起來了。隔天我們七點鐘不到就出發，唐比我早幾分鐘出門，因為我忙著先把攝影機準備好，我打算拍攝在雪溝裡攀登的鏡頭，還有架設第七營的一些畫面。我把一捲底片塞進了攝影機，把另一捲塞進了我的口袋。天氣雖然還不是頂好，雪煙依舊飛舞，但相對於前幾天在雪溝裡的景況，這算是很溫和的了。十一點鐘，我們再次回到了雪溝上方的雪原，在雪煙飛舞的間隙中，第一次看到了前方不遠處的安娜普納主峰的山頂，心裡充滿著興奮。我將RAMFA帳取出來，唐說：「我們最好繼續前進，儘可能在靠近最後岩牆的位置設立營地。」我毫不猶豫的同意了，但我們兩人心裡顯然還蘊藏著更大的目標。

前方有一片冰原通往一道尖銳的雪稜，然後接上一片八百英尺高的冰雪岩混合的岩壁。那岩壁上頭呢？就是安娜普納了吧！我們繼續前進，不需要額外的交談，甚至也不需要心電感應來溝通我們的想法。山頂似乎近在眼前，唯一的疑慮還是天氣，我們不想再陷入上一回那種幾乎無法全身而退的窘境了。我們確實可以在稜線上設立起第七營，但是缺了糧食、爐子、睡袋，只夠屈身一晚。我們應該可以熬得過去，但是體能勢必會被大量的削弱。唐在前面領頭，我揹著帳蓬和登山繩跟在後頭，以前爪攀登爬上冰原。雪稜就在前方了，我在一個平台卸下了帳篷，然後繼續前進。時間緊迫，因此不用交互確保前進，我們各自沉浸在自己的思緒裡。最後岩壁混合地形的攀登相當困難，有一些陡峭的冰壁混雜著突出來的岩壁，但我們的心智還是很清晰。我拿出攝影機拍了第一捲的影片，鏡頭中的畫面令人很感動，一個孤單的身影攀登著雙峰之間稜線下的山崖，偶而被飛舞的雪煙遮住。我的冰爪一直出毛病，在這片岩壁上它掉了三次，但我的腦袋在這困難的地形上還很清楚，每一次都把它給重新繫好。因此，唐約領先我一百英尺。

最棒的是我似乎絲毫未感覺到呼吸方面的問題，本來以為在兩萬六千英尺的高度會氣喘吁吁，但現在跟在四千英尺下方的感覺毫無異樣，唐也沒有任何問題。唐挑了一條優美的路線通往峰頂的稜脊，然後他的身影就消失在稜線後面了，有一小段時間只剩下我一個人孤獨的攀登著。最後五十英尺需要小心，斜坡上有一些不穩固、覆蓋著積雪的平板岩，要先清除乾淨。翻上稜線後，四周突然間寂靜無聲，北面毫無風息，一大片平坦的雪原向下延伸到雲海裡頭。唐已經先架設好一個下降用的支點，我們沒有交談，也沒有一些興奮之情，整個心思還是糾結在緊繃的情緒裡，此外，我們還需要這種極度的專注力來把自己安全的帶下山。但真正的峰頂在哪裡呢？我們站在一道稜線上，左側的山頂似乎是最高點，因此唐就橫渡過去，登上了最後這三十英尺高的稜線，我在下頭拍下這歷史性的一刻。北側的雪坡下有一些模糊的足跡，想必是前不久陸軍遠征隊登頂的腳印。我跟在後頭也登上了山頂，景致卻令人失望，四周只看到了東峰的山頂，原先曾期待著能看到龐大的道拉吉利峰的山軀，以及下方遠處環抱於聖殿中的基地營，此刻下方一千英尺處卻盡是無垠的雲海。這可說是我們登山生涯中最偉大的一刻，但卻只有木然的感受。我們知道興奮的感覺要等到那股緊張的情緒釋放以後才會迸發出來，而且我們還得面對下攀的挑戰。幸運的是，我隨身攜帶了一百五十英尺的登山繩，最後這一段最困難的地形可以用下降的方式越過去，它也就成為了我們登頂的紀念碑。一條固定繩，做為這一萬五千英尺南壁攀登的象徵似乎也滿貼切的。

我們全神貫注著下攀，我的冰爪又脫落了兩次，第一次在峰頂岩牆上，另一次在通往雪溝頂部的冰原上。沿著固定繩下降，那股緊繃的情緒慢慢的消解了，變成了一個美麗的傍晚時光，身心內外四周的環境看來都是如此的美妙。當我回到了第六營，唐正好要打開通話器，他把通話器交給我，喃喃說道：「一直都是你在聯繫的，這一回還是你來吧！」克里斯嚴肅的聲音傳了進來：「我是克里斯在第四營，今天有設法出門嗎？」我回覆道：「是啊，我們剛剛爬上了安娜普納！」收訊情況不佳，他要求我再重覆一次。我正要再講一次時，一股騷動從空氣中傳了過來，基地營清楚的聽到了這個消息，克里斯跟其他的營地終於也聽到了，你可以感受到那股興奮與解脫的情緒，在聲波中來回不停的顫動著。

18

悲劇（五月二十七日～五月三十日）
Tragedy

原本遠征到此就可以順利的告一段落了。但是正當道格爾與各個營地間興奮的交談時，米克突然插了進來：「接下來是否讓我跟湯姆明天進駐第六營，進行下一波攻頂？」

在推動整個遠征活動的過程中，目標一向是讓更多隊員登頂，畢竟這樣才公平，每一個登山者參加一支遠征隊的終極目標就是登頂。而米克與湯姆為了支援唐與道格爾的登頂，已經付出了這麼多的努力。

當時我毫不猶豫的就同意了，但是那天晚上，當所有的陶醉與興奮之情褪去後，我卻不禁開始擔心。我們是成功了，但是就在那一線之間。此時氣候相當惡劣，從下方進行的運補作業幾乎都已經停擺了，萬一發生任何意外的話，幾乎無計可施。前一天，伊安、大衛和我三個人幾乎上不了冰稜的頂部，我十分懷疑我們還能夠爬得更高嗎？

那天晚上我失眠了，登頂的喜悅已經消散遠去，我很憂心要如何處理米克與湯姆的事情。如果我阻止他們前進，他們無疑會埋怨與有一種被背叛的感覺，而最終將破壞自遠征以來大夥團結和諧的氣氛，但是身為領隊我有責任，不只要確保他們兩位的安全，萬一在山上發生任何事故的話，參與搜救工作的隊員的生命，也是我的責任。在評估整個狀況後，黎明前，我下定了決心要把他們拉下山來。

清晨的通訊會議開始時，第五營比較晚上線，我已經下達指令要求道格爾撤掉了第六營，這時湯姆上線了。

「克里斯，請聽我說，你計畫用三天的時間撤退下山，可否讓我們今天上去第六營，明天試著來登頂，這樣對於整個下撤的行動絲毫沒有影響啊！」

湯姆說的也有道理，對於他的判斷我一向都很重視，因此我就讓步了。

「好吧！湯姆，你們今天上去第六營，不過請答應我，無論是否登頂，後天一定要下來。」

「OK，克里斯，這很合理。」

「但請務必記得，你們只能夠靠自己了，萬一中途遇到什麼狀況，我們恐怕會無能為力，這樣清楚嗎？」

「了解，了解！請不要太擔心，我們一定會非常小心的。」

我決定讓伊安、大衛和我三個人下撤到第三營，因為第四營的糧食已經快吃光了。下山的路異常駭人，所有的固定繩上結了一層厚厚的霧淞，我們下山途中一英尺又一英尺的清除，費了很大的勁。固定繩末端的雪原上，積雪深及大腿，往下還可勉強行進，往上則毫無可能。這幾天雪下得很凶，雪質濕度很高，印度洋的季風已經降臨了，空氣中彌漫著一股不祥的氣氛。這整座山似乎就要展開反擊了，我們像是一個渺小的異物般寄生在這一個龐大的活生生的有機體上，如今它的自我防衛機制開始啟動了。

麥克在第三營守候著我們歸來，他的營房總是那般的整潔，真是一個舒適清爽的天堂，只是一旦我入住之後，恐怕就要變樣了。

唐與道格爾跟在我們背後下來，中午時分在第三營見面了。我們都是很典型的英國佬，久別重逢真是無比的歡喜和興奮，但是相互道賀時卻是很拘謹而造作。唐把我心裡的感覺明白的講了出來：

「你最好趕快把每一個人都撤下來，整座山好像要塌了一般，我覺得現在這裡到處充滿了危機。」他說。

我真的是感同身受，十分懊悔讓湯姆與米克攻頂。令人驚訝的是，當你越往山下走，就越覺得危機四伏，可能是山下的積雪更厚而且溫度較高的關係。唐與道格爾繼續奮力下山，預計要在冰河邊緣與攝影隊員碰面，接受第一線的採訪；而麥克、大衛、伊安和我四個人則守候在第三營，等待米克與湯姆攻頂歸來。

他們沒趕上傍晚五點鐘的通訊會議，他們還在路上奮戰，湯姆在日記中記下了這一段旅程：

> 今天的天氣更糟，烏雲密布，大雪強風不止，大規模的雪崩不時從南壁上方的岩溝中沖襲而下。米克走得很慢，我大約在四分之三路程處超過了他，第六營的帳棚完全被雪覆蓋住了，直到很接近的地方才看到。米克癱平在後頭，我用瓦斯爐炊煮晚餐，這真是一個大餐，但是米克累得只喝了一碗湯，我擔心他明天能否攻頂。
>
> 我們的大好機會近在咫尺，我準備天亮前就出發攻頂。晚上十點炊煮整理妥當，我也躺平了，儘管把所有的衣服都穿在身上躺在睡袋裡，還是不覺

得暖和。

五月二十九日凌晨一點我又醒來了，滿心期待的準備出發，我煮了一杯燕麥粥，淋上我們特別準備的蜂蜜，再熱一罐浸著美味肉汁的鯡魚片，跟一瓶隨身飲用的熱水。四點鐘，準備完成要出發了。

我穿上乾淨的襪子、內靴、外靴、雪鞋與防雪綁腿等，在帳內就先把冰爪穿好了。我最擔心的就是腳趾的凍傷，一路上已經有多次腳掌麻痺的現象了。強風溫度很低，我穿上長褲、羽毛褲、羊毛登山褲、外加防風雪褲等；上身則穿了內衣、三件毛衣、羽毛夾克和雪衣；手上則帶著絲質的手套，加上一雙匈牙利手套。

米克賴在睡袋裡，說他不太可能登頂。這就像是智慧之書裡面的圖畫故事的證言，米克這個抽了十五年菸的老菸槍被高海拔給擊敗了，而我在高海拔通常適應不良，現在卻還能夠繼續前進。（註：讀者看這一段話，請留意唐至少抽了二十年的菸，每個晚上至少喝掉三品脫的酒，這個酒鬼加上老菸槍，在高海拔反而爬得比湯姆更好。）

我跟米克借了冰斧端的夾具，準備在登頂時可以用來架設相機自拍。與米克揮手道別後，我一頭鑽進了冷冽清新的空氣中，天色清明，弦月高掛，我第一次見到地平線遠端的星星，它的亮度竟然與頭頂天河的亮度相當。

湯姆全神貫注於登頂的目標，對於自己的判斷力有無比的自信，此刻內心一片寧靜祥和。我身在第三營卻飽受折磨，那一晚我又失眠了，心中掛念著湯姆與米克的安危。過去的遠征活動，我從未如此焦慮，我想主要原因是我們集中注意力在唐與道格爾登頂的目標上，而忽視了山難可能帶來一連串的危機。此外，在他們還沒下山前，我對登頂的路況毫無所悉，也讓我格外的擔心。以前都是我在前面攻頂，還不太習慣要承擔其他人生命安危的責任。

早上七點鐘的通訊會議我跟第六營連絡不上，就繼續跟在基地營的凱文繼續討論，直到最後一刻，再次跟第六營聯繫，這一次傳來了回音。

「哈囉！克里斯，我是米克。我剛回來，一早就出發了，但是實在太冷了，我怕為了登頂而凍傷腳，那就太不值得了。」

「米克，真幸運，那湯姆有跟你在一起嗎？」

「沒有，我想他自己一個人去攻頂了。」

我才剛鬆懈了的心情被一洗而空，湯姆一個人獨自攻頂，這個狀況更慘。

「那麼我們接下來每個整點都通話，直到湯姆回到營地。你現在如何？」

「滿慘的，不過稍微休息一下就可以恢復了。」

然後我們就開始了漫長的等待。八點鐘，我們開機，但是第六營沒有回音，米克睡著了。九點鐘，他回訊了，還沒看到湯姆。十點鐘，還是沒看到。我們只好在焦慮中繼續守候著。我從未感覺到如此的無助、焦慮與煩悶。

而湯姆持續往著他的目標推進，絲毫不知道我們的憂慮，他在日記中寫道：

> 我的鋁架背包裡放了緊急露宿用的睡袋、水壺、相機，以及其他用品，背包上肩後，我接上了帳篷上的固定繩，用猶瑪推升前進橫渡進入了雪溝，接著是一千英尺長的固定繩攀登的路線。不久，一股強風從陡峭的雪溝上頭直灌下來，掀起了一片雪煙，腳趾麻痺了，手指也第一次覺得十分的寒凍，

唐與道格爾說這一段路需要戴著兩雙匈牙利手套，如今我才發現他們說得沒錯。

早上八點鐘，我抵達了雪溝的頂部，踏上了海拔兩萬五千英尺高的峰頂雪原。眼前的景象令人失望，到山頂還有一段漫長的路程，強風狂野的吹襲著，極度的寒冷，及膝的深雪，經過四個小時的攀登後，我已經感受到那股滲入身體的疲倦了。

經過兩個小時的猶豫，我吃了一些麥芽，配上那早已冰冷的水，試著摩擦腳趾與手指回溫但顯然徒勞無功，心不在焉又有些驚懼的拍下四周從雲端突出的雪峰。我心裡明白大勢底定萬事休矣，在這種氣候環境下，我絕不可能成功登頂後又活著下山，唯一的選擇就是轉頭下山了。

是上帝的旨意讓我來登頂嗎？我無法思辯這個問題。我曾經反覆虔誠的禱告，是上帝的意志，而不是我個人的意志，讓我來達成這個目標。「請抓住，這是我的意旨，如果你要求的話，你將會得到它，但是人們並非總是遵循我的意旨前進。」我在峰頂雪原上待了三個小時，我曾經一度決定要遵循這個意旨前進，做為對我虔誠的信仰另一次的見證，但是風勢越來越強，寒冷不斷的滲入了我的身軀。有一個小時我似乎完全的陷入夢境之中，蒐集美麗的岩石標本，要獻給我的愛人以及我個人來自世界各地的收藏。我回頭再看一眼那籠罩在飛舞雪煙中的山頂，然後就轉身下山了。

正午十二點的通訊中，米克告訴我湯姆回來了，這個好消息讓我如釋重負，接下來剩下的工作就是撤退下山了。湯姆與米克現在應該儘可能的往下撤退，但今天他們頂多下到第四營為止。而我急著下山回到基地營處理許多的行政事務，包含將登頂成功的訊息發送出去，以及安排後續下山的後勤工作等等。心裡的一塊大石頭放下了，我急著想下山，因此讓大衛、伊安跟麥克三個人留守在第三營等候湯姆與米克下山。我最後一回從第三營下方的大雪溝滑降，在雪溝底部我發現了一片巨大的冰崩，它把唐與道格爾昨天走過的足跡完全的沖刷乾淨了，它的面寬廣達三百碼，這整座山好像要塌了一般。

回到基地營，抑制不住的興奮熱情已經退去，目標達成後，充斥著如釋重負與疲憊的感覺。最後一次將冰爪脫下來的感覺不錯，我在公共帳篷中躺進溫暖的睡袋讓自己鬆弛下來，但我還是放不下心來。

第二天早晨，我開始撰寫一份關於成功登頂的新聞稿，準備用無線電發送給我們遠在倫敦的遠征管理委員會。但我不時走出營帳用望遠鏡觀察著南壁，湯姆與米克此刻想必已經下到了第三營，而其他人應該已經回到了大雪溝的底部了。

記得馬丁跟我說：「克里斯，放輕鬆，攀登行動都結束了，不會有事的。」

「我得要等到所有人都下山了以後，才開心得起來。」

我很懷疑這是否是一個預感，我自己每當完成一次艱難的攀登後，下山途中總是十分的緊繃，直到回到堅實的平地，那股緊張的情緒才能夠平復下來。

我剛回到打字機前正要開始工作時，突然聽到有人狂奔疾呼：「克里斯、克里斯！」後面的話卻聽不見了。我衝出去看到麥克坐在草地上，用雙手把頭抱在膝蓋中間，大聲的啜泣著。他把頭往上抬起，整張臉因驚嚇而扭曲，悲傷而消耗殆盡了。

「是伊安，伊安死了，他在第二營前面被雪崩壓死了！」

大夥都從營帳裡衝了出來，呆若木雞的站在草坪上聽著這個噩耗，聽著麥克哭泣著訴說這個意外的過程，那五分鐘之間整個世界像是靜止不動，寂然無聲了。麥克是我所認識的朋友中最能夠控制自己的情緒，中庸而和諧的人了，但這一天早晨他忍不住那恐怖的悲傷而哭泣了。在我攬著他的肩膀，試著了解事情發生的經過時，我的淚水也忍不住要奪眶而出。

麥克、伊安與大衛三個人那天早上決定不等米克與湯姆下到第三營，就提早出發了，把所有的裝備器材儘可能的扛下山來。我們也安排好讓雪巴挑夫上到現在已經撤空的第二營的營地接應他們。

麥克與伊安在早上約九點三十分抵達了第二營，雪巴還沒到，他們就決定繼續前進。伊安提議稍停下來休息吃點東西，但麥克急著想下山，因此說走快點，再半個小時就到第一營了。

他們就繼續前進下到了冰河邊緣，進入了由一些冰塔構成的窄巷中，然後行經那一列冰崖下方的斜坡。我們一向認為這個位置很危險，但是在遠征早期時，那一片被稱為「達摩克利斯之劍」的最明顯的危險已經倒塌了，雖然上方還有其他的冰塔也有潛在的危險，但似乎不會這麼剛好在我們經過的那幾秒中突然崩塌下來。儘管如此，每當經過這個危險區域時，我們仍然是加快腳步通過。

伊安一馬當先，麥克跟在後頭，大衛落在五分鐘外的距離，他們正從狹窄的巷道中走出來，正要走下那一段斜坡時，前面已經看到五位上來接應的雪巴，正在冰壁前面的一塊小丘上休息。

毫無預警的情況下，一聲霹靂震天嘎響，只見一大片遮住整個天空、黑鴉鴉的龐然巨物垮了下來，麥克躲在冰壁下方的凹槽裡，他覺得在他前方的伊安好像往下坡的方向奔跑，試圖躲過這一片崩塌的冰塔，但他卻無法逃過這個意外。

「整片天地都是黑的，」麥克後來跟我說：「我想我慘了，就躺在那裡用我最尖銳的嗓門咒罵著，這種死法真是笨呆了！」

這陣崩塌似乎持續了好幾分鐘，而實際的時間或許並沒有那麼的長。麥克在冰壁旁被一些較小的冰塊掩埋住了，因此躲過了一劫。

雪崩雲慢慢的塵埃落定後，那恐怖的、轟隆尖銳的煞車聲逐漸消逝遠去，又回到了冰河慣有的寂靜。這時，生還者從冰堆中爬了出來，雪巴們為了求生，當時也是拔腿就跑，很幸運崩塌的距離沒那麼遠，因此也避開了這個危險。明瑪還是被一個冰塊擊中，但很幸運沒有受傷。

他們隨即展開搜索，在崩塌遺跡的山腳下找到了伊安的身體從冰塊中突了出來，當時他想必是馬上就喪生了。意外發生在早上十點，麥克馬上就衝下山來，而大衛與雪巴們則留在現場處理遺體。他們隨身攜帶了無線電機，因此麥克請大衛開機待命。

回到基地營剛過中午，我打開話機，大衛在線上，他說已經將伊安的遺體從冰塊堆裡挖掘出來了。

我馬上決定要先將伊安的遺體運下基地營來，然後在這裡埋葬他。第一營所在的島丘那裡太淒涼了，我覺得我們得要有一個儀式來向這位我們最好的朋友道別。此刻我們仍然因為這個恐怖的意外震驚不語。這種感覺很奇怪，假設這個意外發生在攀登的過程中，或許還比較容易去面對，但此刻，所有的攀登活動都告一段落，我們也成功的達到目標了，卻發生了這個意外。

我不禁覺得那是我的罪過，如果不是我決定將所有的隊員都撤下來的話，或許就不會碰上這個意外。從理智上來說，我可以丟開這個念頭，畢竟在遠征過程中冰塔隨時都有可能會塌下來，在阿爾卑斯山脈這也是登山者習以為常的風險。假如冰塔早一分鐘塌下來，伊安可能就逃過了這個意外，但如果晚個兩分鐘，那麥克跟五名雪巴就遭殃了。這是我們每一個人都必須面對和接受的風險，在喜馬拉雅遠征中，你一定得接受這種風險的存在。然而，儘管你明白有這個危險，但是當它一旦發生，你還是很難去理解接受已經發生了的悲劇。

但是危機還沒有解除，米克和湯姆還在山上，現在可能已經通過第三營了，我們還要設法將伊安的遺體運過島丘下方危機四伏的冰河裂隙區。我沒辦法自己在這裡等候著我的隊員下來，因此我請尼克跟我一起上去，去接應運送遺體的隊伍，以及迎接米克與湯姆下山。

他們正要橫渡冰河的時候，我們碰面了，我很難接受這個眼前的這個景象，一付擔架用雨布裹著一個了無生氣的冰冷屍體，前一個小時他還是一個活生生的人哪！帕桑嚴肅的指揮著由雪巴與廓爾喀組成的擔架隊伍，通過這亂葬崗般的冰河裂隙，你不禁會留意到上方那張著血盆大口、蠢蠢欲動的冰崖。此時，米克與大衛也跟上來了，但是湯姆還在後頭。他們請一位倫敦雪巴羅伯在後頭接應湯姆，但是我覺得我必須上去島丘，以確定湯姆已經安然無恙的下山了。我在迷霧中慢慢的往上走，混雜著痛苦與恐懼的心情，還是沒看到人影，該不會又發生什麼事了吧？快走到第一營時，我聽到了下方一陣落石滾動的聲音，原來在雲霧中我們錯身而過了。因此我們就一起下山往回走，至少現在所有的隊員都下山了。

那天晚上每一個人都很壓抑而寧靜，每一個人都將自己埋藏在這個悲劇的思緒裡。第二天早晨，五月三十日，從波卡拉出發的挑夫預計今天上到基地營，將所有的裝備器材運下山，我們在基地營上方一百英尺處的一塊斜板岩的底部埋葬了伊安，這兒是伊安花了許多時間教導攝影隊員、挑夫以及廚房小弟練習猶瑪攀登與繩索下降的地方。我講了一些懷念伊安的話，湯姆帶著大家做了一個禱告，然後我們就將伊安埋葬在墳墓中。整個葬禮簡短而隆重，特別是這些生死與共的好友們都獻上了深深的祝福。

雪巴們製作了一個木頭的十字架，挑夫們用草坡上美麗的花朵編成了一個花圈，把它懸掛在十字架上。營帳都已經撤除了，挑夫們等候著他們的重擔，過去兩個月在此所有的奮鬥、劇情與歡笑，最後留下來的只是一堆空罐子，以及一個孤寂的墳墓，裡面躺著我最好的朋友。

我們與安娜普納南壁道別，轉身下山，這是過去十個星期以來第一次回到基地營下方的冰河。上來的時候所有的景物都深埋在雪堆之中，但如今碎石堆露出了它的身軀，一道滿布灰塵的小徑穿梭其間，它讓我覺得好像是一個廢棄場一般。越過了冰河來到對岸，往下穿越了末端冰河側邊的峽谷，四處都是青翠的草原，點綴著各式各樣的野花。我想我們每一個人對於遠離了安娜普納南壁，朝下直直切入了深邃的莫迪峽谷一點也不會感覺遺憾，我們在山上待得實在太久了，投入了所有的精力，也都明白這是我們登山生涯中最精采的一次遠征，我們共同團結努力，終於成功登頂。自莫迪河谷漫步而下時，我們的心情混雜著悲傷，因為一位好友過世了，以及格外的興奮，這不只是因為成功登頂而高興，是因為我們成為了一個緊緊契合的團隊。

我不敢去思量，相對於一位好友的生命，以及我們所投入的青春與花費的金錢所得到的這個成功，到底是否值得呢？登山以及所伴隨的所有危險，它是我生命的一部分，對絕大部分的遠征隊員而言也是如此，那自然也是伊安生命中最重要的一部分了。當你結婚成家後，登山的危險很難被認為是值得的，我想我們大部分的朋友已經不敢再去思索這個難題。我們就是愛登山，這股熱情操控著我們的生命，引領著我們來到安娜普納的聖殿。

莫里斯．赫佐格在他描述安娜普納峰首登的故事裡，用了一句話做為他的結語：「每個人的生命中都有自己的安娜普納。」誠哉斯言，無論是在登山探險的世界裡，或是每個人的人生道路上，皆是如此。安娜普納峰南壁的登頂，象徵著喜馬拉雅巨峰大岩壁攀登時代的開端，而不是一個時代的結束。登山者會嘗試去尋找其他更為誘人的目標，或許會以更少的人數來攀登這些龐大的山壁，並揚棄這種極地遠征的方法，採用阿爾卑斯式的快捷方式來挑戰這些巨大的難題。

我們每一個隊員，也都會找到自己新的目標，唐與道格爾將嘗試挑戰聖母峰西南壁，湯姆繼續探索虔誠信仰的摩門教徒生活，米克則會嘗試開拓他的攝影事業，而我呢？此刻還不清楚，我相信我的生命中會有更多的安娜普納，每當達成一個目標後，自然會再去尋找下一個安娜普納。

登山術語
Glossary

英文	中文	說明
Abseil	下降	利用登山繩下降，通常是登山繩固定在上方的確保支點上，將登山繩穿過連接在坐式安全吊帶上有煞車功用的鉤環，藉以增加摩擦力而能控制下降的速度。
Acclimatization	高度適應	身體適應高海拔氧氣稀薄的過程。
Anchor	固定點	固定登山繩的位置，在岩壁上把岩釘敲入裂隙做為固定支點，在冰壁上則用冰樁，在雪地上採用阻雪板或是雪樁。橫渡時架設的固定點盡可能靠近，通常是每十英尺架設一個固定點，而直上的路段則是約每六十英尺架設一個固定點，以避免登山繩左右交叉造成的拉力。
Arête	瘦稜	瘦削的稜線。（譯注：阿爾卑斯高山受冰河與冰雪侵蝕，經常形成角峰與刀刃般的瘦稜。）

Belay	確保	以登山繩確保移動中的登山者，確保者通常是在一個固定的位置上。以安娜普納南壁的攀登而言，架設了大量的固定繩，確保通常只用在確保領攀開路的登山者，而確保者本人則以固定點自我確保，隨著領攀者上攀的動作，逐步給繩。萬一領攀者墜落，確保者可以利用登山繩摯動，而領攀者則利用動態確保支點來減少墜落的距離。（譯注：原文說明登山繩繞過確保者的腰部或是肩部進行確保，這是一種傳統的確保技術，若領攀者墜落，確保者的身體承受所有的衝擊力，墜落後，確保者身體在受力線上，須執行艱難的確保拖出動作，才有機會救援墜落的領攀者。比較安全的確保技術，則是另外架設一個確保支點，利用器械確保，例如8字環，衝擊力由器械與確保支點承受，確保者有更大的餘裕可以執行確保拖出救援墜落的領攀者。）
Bergschrund	冰河頂部裂隙	冰河頂部靠近岩壁或是冰雪壁處的大裂隙。
Bridging	煙囪式攀登	利用身體手腳撐開兩側岩壁攀登煙囪岩或是岩內角的方法，在岩壁上若有可相向施力的把手點，也可以採用這種技巧。
Bulge	凸岩	岩壁上凸出來的圓形懸岩。
Chimney	煙囪岩	岩壁上垂直的大裂隙，登山者把身體塞入裂隙中，用手腳或身體往兩側撐住岩壁，以三點不動一點動的原則，逐步往上攀登。

Col	鞍部	山脊上低陷的位置，通常可以由鞍部兩側登上稜脊。
Cornice	雪簷	山脊上因經常風向在下風方向形成的雪簷，雪簷下方懸空，稜線上行進必須留意避開雪簷的潛在斷落線。
Couloir	雪溝	冰雪沖刷形成的冰雪溝。
Crampons	冰爪	冰雪地攀登器材，鋼鐵鍛造的冰爪穿在登山鞋上，以攀登冰雪地形。現代的冰爪都是十二爪，前伸爪可用於前爪攀登，攀登陡峭的冰雪壁。
Crevasse	冰河裂隙	冰河表面張裂的地形，因為冰河坡度改變或是轉彎，冰體張裂或是擠壓所形成的裂隙。
Exposure	曝露感	潛在的墜落高度使登山者感到恐懼的感覺。在氣候惡劣或是登山者筋疲力竭時，特別是在高海拔山區，登山者的曝露感會快速提高，而造成登山者崩潰。
Deadman	阻雪板	一種鬆雪上使用的確保器材，形狀如同鏟子，斜插入雪坡，一條鋼纜穿過阻雪板上的兩個圓孔，再透過繩環與勾環連結登山繩，當阻雪板受力時，會切入雪坡更深處，使固定點更為穩固。
Fixed Rope	固定繩	為了長時間攀登，確保登山者上下行進的安全，通常會架設固定繩。可利用各種固定點來設置固定繩，在整個登山過程中，固定繩需要保持在可用的狀態。

Glacier	冰河	冰雪堆積所形成的冰河。（譯注：冰河流速緩慢，依地形轉彎或坡度變化時，張裂或是擠壓變形，所形成的裂隙與冰塔，當冰河蠕動變形時，也會造成崩塌危險。）
Harness	安全吊帶	安全吊帶以尼龍編織帶編織而成，通常用於攀登時連結登山繩確保使用，或是利用猶瑪攀繩器攀登固定繩使用。
Ice-piton	冰樁	冰樁用於硬雪層或是冰面架設固定點，通常是以冰鎚敲擊冰樁架設固定點。
Ice-screw	螺旋冰樁	螺旋冰樁用於堅冰，冰樁前端有螺紋，可利用冰斧鶴嘴或是冰鎚卡住螺旋冰樁的耳部順時鐘旋轉進入冰層；拆卸時，則逆時鐘旋轉，將冰樁由冰層中取出。螺旋冰樁通常是一種最穩靠的固定點。
Jumar	猶馬攀繩器	猶瑪攀繩器用來攀登固定繩。猶瑪攀繩器有一個單向的棘輪，往上推動時會鬆開，往下施力時會卡緊。我們也使用Cloggers與Salewa Hiebelers這一類簡易的攀繩器。
Karabiner	鉤環	鉤環用來連結登山繩與固定點，也可用來攜帶攀登器材，或是將兩個鉤環交叉下降使用。鉤環通常是鋁製的材質。
Layback	背向後倚式	一種攀登方法，通常用於岩內角傾斜上升的裂隙，用雙手扣住裂隙邊緣，雙腳頂住岩壁，手腳往相反的方向施力，把握三點不動一點動的原則，逐步沿著傾斜的裂隙往上攀登。

Leader	領攀者或先鋒	繫著登山繩往前攀登開路的登山者。
Monsoon	季風	每年五月下旬由印度洋帶著濕暖的空氣吹向喜馬拉雅山脈的鋒面，通常會挾帶大量的溼氣，在丘陵形成豪雨，高山上形成暴風雪，這個時節登山十分危險，須盡量避免。尼泊爾的春季登山介於冬雪融化與季風來臨前這段期間，而秋季登山則在季風之後的九月，以迄於冬雪來臨前的十一月初。
Objective dangers	客觀危險	外在客觀的危險地形，登山者無法控制，例如落石、雪崩與冰河裂隙等。
Overhang	懸岩	超過九十度的岩壁或是冰壁。
Pitch	繩距	在兩個確保點之間的一段攀登距離，稱為一個繩距。繩距的長短不一，但通常受限於登山繩的長度。我們通常採用五百英尺長的固定繩，一段繩距通常不超過兩百英尺。
Piton	岩釘	金屬鍛造的岩釘可用岩鎚敲入岩壁裂隙做為固定點，可用在確保支點、固定繩支點，或是動態確保支點。
Protection	保護支點的安全程度	動態確保支點的數量與架設的品質，決定了先鋒攀登的安全程度。
Ridge	稜線	山脊線，兩側都是往下垂落的山壁或是山坡。
Rognon	島丘	冰河上突出聳立的岩石或是冰磧形成孤立的島丘。

Running belay	動態確保支點	領攀者在先鋒攀登過程中，在適當的位置架設動態保護支點，例如以岩釘敲入裂隙，再扣上鉤環，或是由繩環連結兩個鉤環，登山繩穿過鉤環，萬一領攀者墜落時，可以縮端墜落的距離，確保領攀者的安全。假設領攀者攀登至確保者上方五十英尺處發生墜落，如果中間沒有動態確保支點時，領攀者會墜落兩倍的距離即一百英尺。若領攀者離最近的一個動態確保支點為六英尺，則其墜落距離為十二英尺，如此可大幅減少先鋒攀登墜落的距離與衝擊力。
Serac	冰塔	冰河或是冰壁上形成的冰塔，容易崩塌，非常危險。
Slab	斜板岩	三十度至七十度的岩壁，可稱為斜板岩。
Sling	繩環	短的編織繩或是傘帶，可用繩結打成一個繩環，可繞過頸子斜背在肩膀上，可用於架設固定點、動態確保支點，也可用來攜帶鉤環與岩釘等攀登器材。
Snowfield	雪原	一片寬闊的雪原，但有些雪原的坡度也可以相當陡。
Soloing	獨攀	不利用繩索確保獨自攀登。
Stance	站位	登山者可以施行確保的位置，理想的情況下可以舒適以站姿或是坐姿確保。
Step-cutting	砍切步階	利用冰斧在陡峭的硬雪坡或是冰壁上砍出踏階，做為把手點或是踏足點，讓登山者可以拾級而上。

Tension traverse	張力橫渡	登山者利用登山繩的張力橫渡通過一段缺少把手點與踏足點的岩壁。
White-out	雪霧	雪坡上遭遇飛雪迷霧無法辨識方向位置的天候狀況。

靈魂的征途
安娜普納南壁
Annapurna South Face

meters FM1004

作　　者　克里斯・鮑寧頓（Chris Bonington）
譯　　者　林友民
選書策畫　詹偉雄
責任編輯　謝至平
行銷企畫　陳彩玉、楊凱雯、陳紫晴
封面設計　王志弘、徐鈺雯

發 行 人　凃玉雲
總 經 理　陳逸瑛
編輯總監　劉麗真
出　　版　臉譜出版
城邦文化事業股份有限公司
臺北市中山區民生東路二段141號5樓
電話：886-2-25007696　傳真：886-2-25001952
發　　行　英屬蓋曼群島商家庭傳媒股份有限公司城邦分公司
臺北市中山區民生東路二段141號11樓
客服專線：02-25007718；25007719
24小時傳真專線：02-25001990；25001991
服務時間：週一至週五上午09:30-12:00；下午13:30-17:00
劃撥帳號：19863813　戶名：書虫股份有限公司
讀者服務信箱：service@readingclub.com.tw
城邦網址：http://www.cite.com.tw
香港發行所　城邦（香港）出版集團有限公司
香港灣仔駱克道193號東超商業中心1樓
電話：852-2508623　傳真：852-25789337
電子信箱：hkcite@biznetvigator.com
新馬發行所　城邦（馬新）出版集團
Cite（M）Sdn Bhd.
41-3, Jalan Radin Anum, Bandar Baru Sri Petaling,
57000 Kuala Lumpur, Malaysia.
電話：603-90578822　傳真：603-90576622
電子信箱：cite@cite.com.my

一版一刷　2021年5月

ISBN 978-986-235-902-0
版權所有・翻印必究（Printed in Taiwan）
售價　NT$ 520（本書如有缺頁、破損、倒裝，請寄回更換）

ANNAPURNA SOUTH FACE by CHRIS BONINGTON
Copyright: © 2008 by CHRIS BONINGTON
This edition arranged with Curtis Brown Group Limited through Big Apple Agency, Inc., Labuan, Malaysia.
Traditional Chinese edition copyright:
2021 FACES PUBLICATIONS, A DIVISION OF CITE PUBLISHING LTD.
All rights reserved.

國家圖書館出版品預行編目（CIP）資料

靈魂的征途：安娜普納南壁／
克里斯．鮑寧頓（Chris Bonington）著；林友民譯.
一版. 臺北市：臉譜，城邦文化出版：家庭傳媒城邦分公司發行，2021.5
面；12.8×18.8公分. －（meters；FM1004）
譯自：Annapurna South face.
ISBN 978-986-235-902-0(平裝)
1. 登山 2. 安娜普納峰 3. 尼泊爾
730.832　　　　110001694